时代之思·中国研究丛书

变量共生、组合创新与意识形态

——多维视野下的中国特色社会主义文化

黄凯锋 著

学林出版社

图书在版编目（CIP）数据

变量共生、组合创新与意识形态：多维视野下的中国特色社会主义文化 / 黄凯锋著. —上海：学林出版社，2012.3

（时代之思. 中国研究丛书）

ISBN 978 - 7 - 5486 - 0290 - 3

Ⅰ. ①变… Ⅱ. ①黄… Ⅲ. ①社会主义－文化事业－研究－中国 Ⅳ.①G12

中国版本图书馆 CIP 数据核字（2012）第 020050 号

变量共生、组合创新与意识形态
——多维视野下的中国特色社会主义文化

作　　者——黄凯锋
责任编辑——胡小波
封面设计——周剑峰

出　　版——上海世纪出版股份有限公司　学林出版社
　　　　　　地址：上海钦州南路81号　　电话/传真:64515005

发　　行——中国图书进出口上海公司
　　　　　　地址：上海市广中路88号　　电话:36357888

排　　版——南京展望文化发展有限公司

字　　数——22万

书　　号——ISBN 978-7-5486-0290-3/B · 17

目　　录

引　言

　　文化建设在中国历来是广大理论工作者和学术界十分关注的一个问题，不仅因为文章者，乃经国之伟业，不朽之盛事，更因为半部论语治天下的心理期待。关于中国特色社会主义文化，因为与中国特色社会主义道路和命运紧密相连，在一个高度重视文化和意识形态功能的国家，自然就变成一件非同小可的事情。

　　20 世纪 90 年代以来学术界和理论界一直在思考中国特色社会主义文化及其建设问题。比较有代表性的是北京大学黄楠森教授承担的九五国家社科基金项目《有中国特色社会主义文化研究》（山东人民出版社 1999 年版），该书分析了文化建设的具体内容，概括了我国社会文化的复杂现象，把文化建设分为国家意识形态建设、道德伦理建设、科学技术的创新、哲学社会科学建设、全民素质教育建设、文学艺术的繁荣和现代化大众媒体的建设七大类。笔者认为要说清楚中国特色社会主义文化的特征和内涵，除了上述比较全面的内容分类方法之外，还可以从建设主体的角度展开不同层次的分析。本书尝试采用的就是后一种研究方法。

　　如果说中国特色社会主义文化是我们今天的文化正统的话，实际生活中还有着隐性的、看起来不怎么正统的文化样式。如果只是以正统的眼光看待中国，我们得到的文化图景也许并非真相和全貌。改革开放三十年来，文化一次又一次地热起来，一次又一次成为经济发展到一定阶段需要回溯和反思的内容，但学者们研究的视野大多离不开孔孟、治国平天下和取其精华的思路，我自己也不例外。即使像纪录片这样未必需要宏大叙事的影片，其中好像也脱不开家国兴衰、历史必然等概念逻辑。究其根本是不是遗忘了正统之外作为不绝如缕的伴音而出现的活生生的、大众的、隐性的、优游的样式和状态？在我们的叙述中确实需要大量正统的内容，但是似乎也要尽量避免对所谓正统在理解上的窄化和独霸①。至少不能对存活于人民大众之中的隐性的文化样式视而不见，有意无意剥夺质疑的权利。如果长期被剥夺质疑的权利，正统文化的内涵就可能成为活水进不来，春风吹不进的死水。而死水的命运只能是鱼烂虾亡，最终腐化。

对于任何一个所谓的中心，总存在边缘，时时刻刻挑战中心的正统与正当性。这恐怕是任何一种文化比较正常的生态。因此，一个对专业诚实的文化研究者需要不断跳出某种固化的意识形态，挣脱历史传统和惯性思考的束缚，用新鲜、大胆的眼光重新理解自己的文化。历史之父希罗多德在 2 500 年前和中国的庄子一样也思考过文化和历史多重角度的可能性问题。他在《希腊波斯战争史》里讲了个故事：坎道列斯国王崇拜自己妻子的美艳，希望最信任的宠臣兼朋友巨吉斯也能目睹妻子美丽的裸体。巨吉斯不愿意，但国王仍然坚持。经过安排，巨吉斯果真窥见了皇后的身体。皇后发现了，认为这是对她极为严重的冒犯，女人的裸体只能由一个男人享受——她的丈夫。于是她交给巨吉斯一把匕首，要他去杀了国王，否则就得自杀。他手里拿着一把刀，一时间不知道究竟该对谁忠诚对谁背叛。最后他杀了国王娶了皇后，执掌王权，统治全国长达 38 年。他为什么不杀了皇后来维护男人和男人之间的道义呢？国王的臣民为什么不起来围攻"奸夫淫妇"呢？皇后又为什么如此自负呢？原来历史文化是可以换一个角度来叙述的。希罗多德曾经还举过一个例子：大流士王召集了一批希腊人到宫廷上，问他们什么代价可以使他们愿意去吃自己父亲的遗体。希腊人说不可能，没有任何代价能让他们去做如此可怕的勾当。同时殿前有一批印度人，这个部落的印度人是以吃父亲的遗体为风俗的。大流士问他们什么代价可以使他们愿意将父亲的遗体火化（希腊人火化遗体）。印度人大惊失色，不可能，没有任何代价能让他们去做如此可怕的勾当，想都别想。希罗多德由此评论道：这个

---

① 龙应台：《百年思索》，南海出版公司，2001 年版，第 8 页。

世界就是这么回事。吃掉父亲的遗体和火化父亲的遗体究竟哪个才应该是正统的呢？希罗多德认为两者的价值观其实是吻合的——对父亲要尊敬，只是表达尊敬的方式不同。

究竟什么是真正的中国？什么是真正的中国文化？什么是中国特色社会主义文化？中国有五十多个民族，我们究竟理解其中多少个民族的感觉？如果像大流士一样，把一个饱学宿儒，一个背上系着婴儿的妇人，一个苗族老人，一个贵州农民，一个残障者，一个梁山泊的抢匪，一个台北的同性恋者，集合在一起，让他们分别描述什么是中国，什么是中国文化，我们所得到的答案，可能距知识分子眼中的正统文化相去甚远。正统于是变成一个极其复杂的东西，这样也更接近真实的存在。所以也可以说文化是一条滚滚大河，主流、支流、逆流和漩涡彼此激荡撞击才造成河流的面貌。只有一潭死水才是没有逆流的，只有死了的文化是没有逆向思维的[①]。

文化多元与一元的辩证理解，其实已经逐步成为理论界和学术界的共识，也为具体的文化工作部门所认可，重要的是落实到具体的研究和实践中。为此，这本小书想做点不甚成熟的探索，从三个不同的视角探讨中国特色社会主义文化及其存在方式。

首先当然是意识形态意义上的。像中国这样一个人口众多，区域发展极不平衡的社会主义国家，客观上需要核心的指导思想，需要共同的价值支撑。经过理论和实践的双向互动，按照继承、创新和发展的时代要求，中国特色社会主义文化已被高度认同为毛泽东思想、邓小平理论、"三个代表"重要思想、科学发展观等一系列当代中国马克思主义成果的典型表达。一般情况下我们谈中国特色社会主义文化，基本上就是指以上述思想为核心的国家意识形态。在某种意义上，国家意识形态需要不断地完善和科学化，学术界和理论界承担着具体的解疑释惑的工作。而社会主义核心价值体系、中国特色社会主义理论体系等提法正是对中国特色社会主义文化所进行的国家意识形态层面的分析和解读。

---

① 龙应台：《百年思索》，南海文化出版公司，2001年版，第33页。

其次是组合创新的技术分析思路。笔者认为仅仅以主流意识形态概括中国特色社会主义文化还不够，还不足以反映改革开放三十多年来文化发展的丰富性、复杂性和层次性。从中国传统文化的现代性转化、革命时期形成的文化、马克思主义文化和西方文化作为中国特色社会主义文化的四大来源（所谓古今中外其实也是这个意思，所谓中体西用，西体中用说到底也与四种资源的权重有关）出发，概括总结中国特色社会主义文化组合创新的特点，也是一个可取的角度。笔者在与唐志龙教授共同撰写的《建设社会主义核心价值体系》一书（上海人民出版社 2007 年版）中就尝试了组合创新的技术分析思路。当然至今这个技术路线还存在一些值得反思的问题，远未完整。

除此之外，还可以有怎样的更加贴合实际的思考方式？中国特色社会主义文化除了明确的意识形态属性之外，发生作用的机理究竟是什么？与民众心理的关系又怎样？社会主义作为一种文化理想和道德追求，同时作为一种制度究竟如何并可能与市场经济相结合，产生良性效应？中国特色社会主义文化的合理性和生命力是否只以成败论英雄？经济增长的强势逻辑是不是可以不证自明地保证中国特色的合理性和合法性？所有这些问题会使中国特色社会主义文化的思考远远逸出意识形态和文化研究本身的范围。问题的复杂性需要我们对与这种文化相关的政治制度、经济改革、社会进步等一系列问题联系起来在具体进程中进行全方位的研究，即所谓跳出文化看文化。文化在这样一种视野中是起作用的变量，而非决定性因素。作为一个变量，共生于经济社会发展的历史进程，与人民大众的日常生活和实实在在的文化需求血肉相连。笔者认为这就是第三种分析中国特色社会主义文化的角度和思路。

出于阅读和理解上的考虑，笔者的叙述顺序将与思维顺序相反，先从变量共生意义上的文化建设着手，逐步进入关于组合创新和意识形态层面的研究。本书的核心内容主要围绕这三个不同的角度展开，试图构建一个关于中国特色社会主义文化的相对完整的宏观、中观、微观视野。最后，本书将对这三种不同层次上界定和说明的中国特色社会主义文化的互动互渗作初步总结和分析。这样一个结构安排是否合理，叙述是否得当，笔者没有把握，但愿意认真尝试，为当代中国的文化建设付出一己的心与力。

由于时间和水平的限制，书中难免疏漏之处，期待读者批评指正。

总　序

潘世伟

　　"中国研究"由上个世纪国外相对冷僻的学院研究,到今天已逐渐发展成为一门各方关注的显学,特别是有关"中国模式"的思辨和争论,将"中国研究"进一步推到了国内外学术研究的前沿,其中既有中国模式改变世界发展样式的"中国震撼",也有中国只是"富强的崛起"而非"文明的崛起"的责难。在一片热议声中,上海社会科学院中国马克思主义研究所和邓小平理论研究中心的"时代之思·中国研究"丛书仍然延续学术思虑与实证研究相结合的理念,努力以各学科背景的更广阔视野来做中国的"问题"研究,探索她的发展之道。

　　上海社会科学院中国马克思主义研究所和邓小平理论研究中心作为全国邓小平理论研究基地和上海社会科学创新基地之一,在 2009 年开始推出"时代之思·中国研究"项目,力求从理论性、学术性、思想性方面来建构主流意识形态的"中国研究",发出中国学者的声音。中心每年做 4 到 5 个子课题的研究,并结集出版相关著作。已经出版的《中国特色社会主义思想史》、《中国哲学精神》、《当代中国马克思主义与基本国情研究》、《中国选举:制度与理念》是第一辑成果。令人欣慰的是,这些成果问世后获得了广泛的好评,其中《中国特色社会主义思想史》还入选了中宣部和国家新闻出版总署"新中国 60 周年百部优秀作品"。而第二辑成果,即《中国马克思主义学术史纲》、《中西对话中的现代性问题》、《中国传统思维方法研究》、《中国发展道路的理论支撑》则在学理上做了更深刻的努力。

　　本年度的"时代之思·中国研究"已是第三辑,包括了如下五部作品：1.《中国式廉政——道路与模式》；2.《变量共生、组合创新与意识形态——多维视野下的中国特色社会主义文化》；3.《中国一号问题：当代中国生态文明问题研究》；4.《新中国的哲学历程》；5.《马克思与普遍历史问题》。这些成果反映了我们这个团队对中国发展实践的新思考新认识。

从长远来看，上海社会科学院中国马克思主义研究所和邓小平理论研究中心希望用数年的时间推出一批"中国研究"的专门著作，因为尽管当代中国取得了举世瞩目的伟大成就，但是正如邓小平所说："观察中国问题，一定要认识中国问题的复杂性。"由于中国近代以来长期处于封建社会的半封建半殖民地状态，成为世界现代化的落伍者，因此，必然会长期面临发展不足问题的困扰。由于当代中国拒绝了以资本主义方式完成现代化的世界通常模式，决心在社会主义条件下推进具有自己特色的现代化实践，因此，必然在探索中存在发展不明而待作出的原创性突破的挑战。由于世界范围内现代化内涵在实践中不断更新嬗变，生态环境、社会和谐、人的发展、生活质量等内容组建成为新的评判标准。而中国正处在工业化城市化市场化的中期发展阶段，仍然致力于经济总量、增长速度、综合国力提升的传统任务，因此，必然出现种种发展不当的疑惑。由于世界经济、政治、社会、文化的全球化趋势日渐加强，居于现代化先行地位的发达国家依托现存国际经济、政治秩序来约束上升中的中国，因此，中国必然会承受来自外部的发展不利的压力。由此可见，中国成长中的种种关于发展不足、发展不明、发展不当和发展不利的因素会彼此交集，从而大大增加了中国发展的复杂性和艰巨性，也大大增加了中国研究的复杂性和多样性。"时代之思·中国研究"丛书正是基于这样的理念来重新发现与认识中国。

激励我们做这样持续努力的动力在于：当代中国正发生着自身历史上从未有过的巨变，这种巨变，从人类发展历史来看也实属罕见。我们几乎只花了30年一代人时间的奋斗与创造，便实现了几代人的梦想和追求。这种进发式的发展无疑展示了中国人民创造历史的空前积极性。然而，我们也深刻知道，在造就奇迹的同时,自身的探索和实践中存在着诸多不足,留下了不少遗憾,隐伏着种种失误,就此而展开的修复和矫正,需要偿付更多的心血。展望未来,中国发展道路 能否最终定型,显示出不同于欧美国家现代化发展道路的特殊品质,进而成为广大发展中国家和现代化足资参照的样本;中国自身能够顺利完成发展方式的转变,并由此实现从一般劳动力向智慧型劳动力,从普通制造业向先进制造业、现代化企业,从商品输出到内需外需并重,从技术引进到科技自主创新,从物质财富积累到精神世界丰满,从环境受损到生态复原,从社会紧张到整体和谐,这样一系列的跨越提升,又为我们提供新的智慧和新的能力。所有这些,都是我们无法回避的历史使命。我们由衷地希望,理性思考的光芒能够照亮当代中国前行的道路,在当代中国知识分子的集体努力下,我们一定会建构起能够有力诠释中国现象、有效指导中国发展的主流意识形态。

第一部分

变量共生

说清楚不同层面上文化的内涵和特征,最关键的环节是明确文化的主体。中国特色社会主义文化无论是意识形态的角度还是组合创新的角度,其中关涉的内容非常宏观,其行为主体不是哪一个具体的个体,所代表的整体形象也不是哪一个具体主体。而我们最容易产生共鸣,最能有感性认识的恐怕是与个体主体相关的文化样式。这是一种既有理念支撑又有活生生形态的文化,这个文化绝对是中国特色的,又为广大人民群众所耳熟能详,感同身受。它活在民间,又关乎家国大业,在改革开放三十多年来的历史进程中发挥着并将继续发挥润物无声的作用。我们把这个意义上的文化作如下的特点概括和具体描述。

专题一　中国式打拼

一、国家富强、社会进步与人民幸福的合一

曾经看到一个很感人的纪录片,说的是从云南和安徽来上海打工的青年以及他们奋斗的故事。云南来的小伙子看上去二十多岁,黑黑的,个子不高,憨憨的。他在上海公兴搬场公司当搬运工。面对记者的镜头,他拿出了弟弟向他要钱的来信。家中兄弟姐妹五个,只

有这个弟弟在上初三。为了让弟弟上完初中上高中,上了高中再上大学,打工的他悄悄埋葬了自己的爱情,把几乎所有的精力和收入用来支持弟弟和父母。记者问他:你这样做,是不是太苦了自己?他想了想,回答:当然希望和自己喜欢的女孩在一起,但是弟弟的读书和前途更重要。"我的梦想就是再苦上7年,把弟弟的大学供出来。这对我们全家、对弟弟都有好处,甚至对我们将来的孩子也有好处。所以,再苦再累我也要坚持下来。"说到这里,他笑了起来,那种笑酸涩而甜美。

另一位来自安徽的青年已是搬场公司几十个员工的主管。回忆自己来上海创业的过程,尤其想到当年睡马路、扛水泥包的艰辛,他忍不住泪流满面。靠什么东西坚持到现在?就靠立足上海滩的梦想,靠打拼的精神。20世纪90年代初,他在一家运输公司打工,月收入500元,但当公兴搬场以底薪300元招工时,他毅然决然地去了公兴搬场。因为他觉得上海未来的发展必然有搬场业的大市场,可以帮助他更好地实现留在上海的梦想。果不其然,伴随城市产业结构调整、立体交通的发展和住房制度改革,搬场成了上海必不可少的行业。用这个安徽青年的话来说,搬场工扛起了半座城市。如今,他不再仅仅靠卖苦力为生,而且开始学习网络交易,梦想有一天通过智能管理进一步拓展市场,业务越来越红火。

感谢这样的打拼者和梦想者。人类历史如果删去了他们的奋斗和业绩,还有谁愿意去读?而现在的一切,不过就是过去各个时代打拼和梦想的总和。斯蒂芬森在他还是一个贫苦矿工时,就梦想着要发明机车,而他到底革了世界交通工具的命。

假如从我们的生命中夺去打拼和梦想的能力,我们中间谁会有勇气、有耐心、热诚不断地去敲生命之门呢?

改革开放以来,在探索中国特色社会主义道路的过程中,国家富强、社会进步和个人的幸福三位一体,为物质生活条件的改善和精神生活的优化而打拼已成为每一个中国人实实在在的文化品格。"打拼"一词,看似大众,略显粗疏,却支撑着经济生活的每一个环节,体现着中国文化应有的血肉滋味。当然我们不能说中国历史上的老百姓没有梦想,不会打拼,而是他们虽曾梦想风调雨顺,政通人和,国泰民安,但除了老天爷,圣君,清官,侠客,他们无法真正实现自己的梦想。近代以来曾经饱受屈辱的中国人都有一个中国梦,这个梦的核心就是强国。晚清时期中国知识界如郭嵩焘、薛福成、谭嗣同等几乎一致认为这个强国梦绝不仅仅是靠船坚炮利、财大气粗可以实现的,更加重要的还是政治文明、道德高尚的支撑。只有实现政治文明、道德高尚才是真正的强国的体现。这个意思,易中天和龙应台 2010 年 8 月在北大的演讲也表达得很清楚:"我倒是很愿意看到中国的崛起,可是我希望它是以文明的力

图1 《士兵突击》

量崛起的。"①但是究竟如何完成强国梦,想法就各各不同了。传统社会中国人的天下梦无非是大同、小康和治世,寄托了理想,也表现了无奈。1949 年以后中国人的梦想就有了新的版本。改革开放以后又有了新的解释,但无论如何,在笔者看来,强国之梦离不开民本之心,国家富强,是为了人民幸福,而人民是由无数个有生命的个人组成的。没有个人就没有人民,没有个人的幸福就没有人民的幸福。没有人民的福祉,大同之梦和强国之梦将全部背离自己的初衷,走向反面。实际上改革开放带来的价值观上的重大变化就是个人的权利意识和自主选择意识显著增强。公民获得了越来越多的选择自由。农民可以进城打工,工人可以下海经商,大学生可以自主择业,所有人都可以跳槽。当然这些选择,未必都成功,也未必都主动,但能够选择,敢于选择,就是成功。

---

① 龙应台:《从乡愁到美丽岛》、易中天:《大同梦、强国梦和幸福梦》,《南方周末》2010 年 8 月 5 日。

图2 《贝多芬之魂》

图3 《摇着轮椅上北大》

图4 《北京人在纽约》

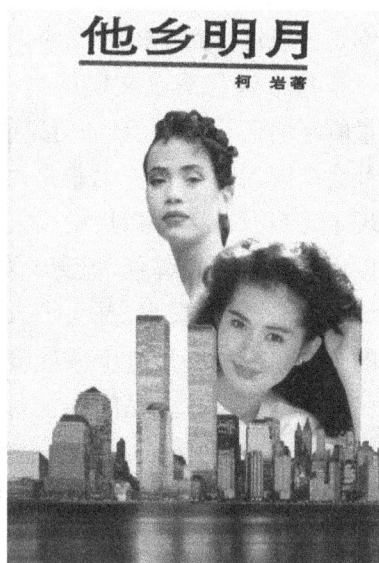

图5 《他乡明月》

　　我们不仅可以有国家的梦想,而且也可以有个人的梦想。比如自己的公司可以发展,自己的孩子可以出国,自己的工作可以调换,自己的户口可以迁移,甚至不过是自己的冤屈也可以有多种渠道申诉。但不管怎么说,我们不必集体做梦,也不必在同一个框架和范围内考虑个人问题,可以各想各的。从天下为公的大同梦到民富国强的强国梦再到自我实现的幸福梦,是情理和时势的水到渠成。社会、国家和个人原本就是三位一体。社会不稳定,个人就难发展,国家不强大,个人就没前途。但社会的进步和国家的富强又归根结底是为了每个人的幸福,为了每个人的自由全面发展。弄清楚这一点,我们就不难明白,为什么经过那么多努力,付出那么大代价,大同之梦和强国之梦都未能很好实现,就因为过去这两个梦缺少重要一环——每个中国人的幸福梦。我们只是想当然地认为,只要国家富强了,社会进步了,人民自然就幸福了,事实并非如此。只有把每个公民的幸福放在第一位,社会进步和国家富强才真正成为可能。这是改革开放的实践让我们日益意识到的简明朴实的道理。这样一个中国梦的变迁和位移,落实到具体个人的价值观和理想上就是对打拼文化的认同。因此也就不难理解,当胡锦涛总书记说出"我们都希望国家富强、人民幸福,让我们一起继续打拼"①这样大众化的语言时所引起的人民群众内心的共鸣。打拼文化使大同之梦、强国之梦和每一个普通民众的幸福之梦实现无缝对接。

二、中国式打拼:从尝试、探索到有序、规范、可持续

"打拼"这个说法,与执政党的工作理念,与艰苦奋斗的工作作风,与改革开放需要的实践精神是一以贯之的。著名演员李雪健(反映深圳改革开放以来发展历程的电视剧《命运》中市委书记宋梓南扮演者)对深圳的"拼""创""干"精神的概括就是一个形象的注脚。建党90年,新中国成立60年,改革开放30年,一路走来,我们确实一直都在打拼,所不同的是,在不同时期,我们打拼的目标、打拼的方式、打拼的效果有所不同。而艰苦奋斗、百折不挠、坚定不移、勇往直前,这种精神是一以贯之的。不同时期的打拼有成有败,有得有失,总体上是在不断探索,不断改革,不断发展。应该说全世界人民都在为了自己的美好生活而打拼,但我们的打拼富有

① 《人民日报》,2009年10月8日。

中国特色。我们打拼的目标一直是国家富强、社会进步和人民富裕。传统文化熏陶下的中国人历来讲究家国同构,位卑未敢忘忧国。尽管市场经济活动中许多打拼活动明显带有个人奋斗的特点,但是对国家强盛和社会文明的期待一直是个人打拼的背景和根底。这就是一种中国特色。如果说今天我们在中国共产党的领导下走出了一条建设社会主义的正确道路,正在形成所谓的中国模式,那么这个道路和模式离不开打拼文化。

"打拼"本身带有尝试中的勇敢、承受挫折的能力和具体而明确的目标引领。全世界没有现成的在市场经济条件下建设社会主义的经验,更没有在与发达资本主义国家共存的背景下发展社会主义的经验,客观上也需要这样一种探索精神和创新品格。普通老百姓对幸福生活的期待与整个国家对富强、和谐、文明的期待在文化心理上是高度一致的。所以打拼文化还不仅仅体现了老百姓实实在在的生存智慧,也是整个国家和民族没有退路的文化选择。因此胡锦涛总书记所说的"继续打拼",也就不只是要求每一个中国人继续为幸福人生而努力,更意味着要坚定不移地走自己的道路,在推进中国特色社会主义事业中继续拼搏。

打拼,听上去容易给人蛮干、傻干的印象,实际上却意味着要坚持解放思想,实事求是,科学发展。经过改革开放三十多年的发展,我们的打拼,是以实现全面发展意义上的"国家富强、人民富裕"为目的,并通过实践去检验。国家富强,不只是经济上的,还包括精神文化上的,不光是硬实力,还包括软实力。

人民的富裕也不只是物质上的、经济上的,也包括精神文化生活上的。所以,打拼不是目的,打拼是条件、是手段。摆正了打拼的位置,我们就敢于改革,敢于创新,至于做的结果,该是什么样就是什么样,能做多好就多好,不要怕像谁,也不要怕不像谁。"国家富强、人民富裕"是我们自己选择的目标,是我们经过自己的努力达到的成果,这就是我们打拼的意义所在①。也是打拼文化的魅力所在。

普通民众的打拼可能就是为了房子、车子,为了更好的生活。

---

① 李德顺:《我看"中国式"打拼》,《北京日报》2009 年 12 月 7 日。

图 6 《文化软实力》

图 7 《角色·责任·成长路经——中国在 21 世纪的基础性战略问题》

作为个体的中国人的打拼与中国式打拼的精神实质是完全一致的。群众打拼，靠实实在在的诚实劳动来改善自己生活，是全中国富强和幸福的一个细胞，一个点滴。如果全国人民都不考虑自己的生活，而去管那些自己既不了解，又管不了的事，那就比较麻烦了，也就谈不上实现中国梦。我们的"国家富强、人民富裕"就是在每个人的正大光明的奋斗中实现的。如果我们每个人都不自己去奋斗，而是每个人都等、靠、要，都依赖国家、社会和他人，那么这个文化理论概括得再好也是无济于事的。事实上今天的中国人已经把通过正大光明的奋斗改变命运、通过拼搏创造幸福当成了自己的权利和责任，既搞好自己的生活，又关注社会的发展。打拼文化已经成为绝大多数中国人生活方式的一部分。

需要进一步思考的是，当前，国家发展了，人民的生活好了，还要不要一如既往地打拼？打拼文化还有没有继续发扬光大的必要？实事求是地说，我们以往的打拼虽然取得了显著的成绩，甚至还打拼出了一条中国特色的发展之路。但是主要恐怕还是经济层面的打拼,文明、规范的程度还有待进一步提升。完善的市场体制和法治文化本身也在逐步建设的过程中,走过摸索和试错阶段,走向规范有序,还需要我们继续发扬打拼精神,坚持合法、合理、有效、可持续的发展原则。作为个人的打拼,要有明确的目标,合理的途径,同时又要有大家都尊重的公共规范,保障人们健康地、合理地、文明地打拼。我们还需要为打拼建立一种正当的、干净的社会环境。打拼不仅仅是简单意义上的物质生产、经济发展上的打拼,还有精神文化体系、社会管理治理机制等方面的打拼。打拼总会有成有败,但是一种打拼的精神不能放弃。我相信中国人会一如既往地打拼,有认准目标,百折不挠的奋斗精神。

三、文化自觉和文化自信

未来 30 年,我们的打拼也许会在精神文化层面实现一个飞跃。打拼,不仅仅需要重围中杀出一条血路的悲壮,更需要汗流浃背之际的坦荡和自信。近代以来的历史使我们在文化心态上总是在"以老大自居"和"失败者、亡国奴、买办"两者之间摇摆,通过打拼文化的积累和提升,相信全体中国人民能够在精神文化上真正站起来,学会正确地看待自己,正确地看待别人。通过继续打拼,强化民族自信,为世界、为人类做出更多贡献,体现大国文明。先进的大国、文明的民族心态,是与我们的经济建设、科技发展相伴随的应有的心态。中国道路实际上从来就不是一个理论问题,而是实践问题,期待有越来越多的践行者。

从根本上说,我们每一个中国人的文化自觉、文化自信和文化自强对于整个中国特色社会主义文化建设具有越来越重要的意义。改革开放三十年历程告诉我们:无论内外环境发生怎样的变化,身为中国人,中华传统文化总是我们文化发展的母体,应当礼敬,应当自豪地对待。否则金融危机也能演化为"经溶"危机——经典悉数溶解消失。中国共产党领导人民创造的革命文化是我们发展的优势,应当倍加珍惜。马克思主义指导思想是我们文化发展的根本,应当始终不渝地坚持。

源远流长、博大精深的中华文化,积淀了中华民族最深层的精神追求,包含着中华民族最根本的精神基因,代表着中华民族独特的精神标识,不仅为中华民族生生不息、发展壮大提供了丰厚滋养,也为人类文明进步做出了独特贡献;不仅铸就了历史的辉煌,而且在今天仍然闪耀着时代的光芒。马克思主义是人类思想史上富有实践性的伟大成果,它以科学的世界观和方法论,揭示了人类社会发展的基本规律,也为先进文化建设指明了正确方向。我们党领导各族人民在进行革命、建设和改革的历史实践中,创造了鲜明独特、奋发向上的革命文化。从井冈山精神、长征精神、延安精神、西柏坡精神,到雷锋精神、大庆精神、两弹一星精神,再到载人航天精神、北京奥运精神、抗震救灾精神,这些富有时代特征、民族特色的宝贵财富,不断实现着中华文化的再生再造,为我们在新的历史条件下推进文化建设奠定了坚实基础[①]。

与此同时,打拼也好,国家富强、社会进步、人民幸福的梦想也罢,其实又都需要吸收外来文化,兼具开放包容的胸怀。世界文化多元多样、各有所长、辩证取舍才是好的态度。开放包容不是盲目崇外,学习借鉴也不是照抄照搬,要有转化再造的能力。当然打拼文化和幸福之梦还要着眼未来,从世界发展大势中把握我国文化发展前景,从中国特色社会主义伟大实践中把握我国文化发展前景,从文化建设自身的良好局面中把握我国文化发展前景,从网络化、信息化的潮流趋势中把握我国文化发展前景。总而言之,打拼文化活在民间,契合强国之

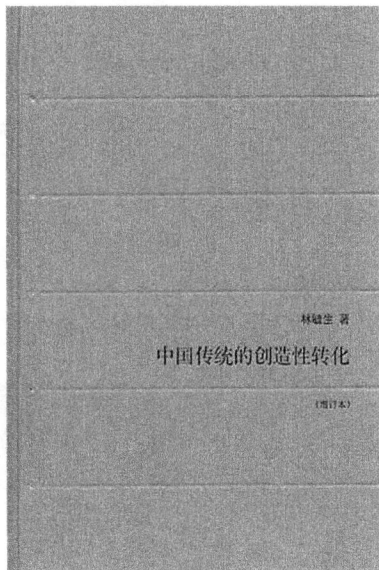

林毓生 著

中国传统的创造性转化

(增订本)

图 8　《中国传统的创造性转化》

---

① 云杉:《文化自觉　文化自信　文化自强——繁荣中国特色社会主义文化的思考》《红旗文摘》,2010 年 8 月 23 日。

图 9 《士与中国文化》

图 10 《中国文化的重建》

图 11 《圣境——儒学与中国文化》

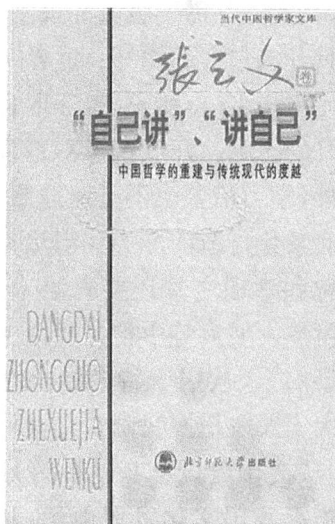

图 12 《"自己讲"、"讲自己"——
中国哲学的重建与
传统现代的度越》

梦,仍需不断引领和提升。

文化自信是一个国家、一个民族、一个政党对自身文化价值的
充分肯定,对自身文化生命力的坚定信念。只有对自己文化有坚

定的信心，才能获得坚持坚守的从容，鼓起奋发进取的勇气，焕发创新创造的活力。中华民族素有文化自信的气度，正是有了对民族文化的自信心和自豪感，才在漫长的历史长河中保持自己、吸纳外来，形成了独具特色、辉煌灿烂的中华文明。

而所有这些叙述之所以站得住脚，是因为每一个中国人都以自己实实在在的"打拼"实践验证行走中的中国文化所具有的蓬勃生机和活力。

图 13 《论语今读》

图 14 《美的历程》

专题二 实用＋理性

曾经存在、今天依旧活着的中国文化既有为理想"打拼"九死而不悔的精神，同时也不缺乏柴米油盐人间烟火的清醒和理性。注重实用，注重理论联系实际，用鲁迅的话来说就是：伟大也要让人看得懂，这些恐怕是中国特色社会主义文化的一种比较切合民众生活实际的表达。

义利关系是中国哲学的主要命题之一，重义轻利一直是古老、文明的中国所崇尚的基本准则。在中国的民间文化中，义薄云天，义从来都是一个核心概念。否则我们就难以理解为什么《三国演义》和《水浒传》在今天依然有很大的市场。

当然文化传统之所以绵延不绝、活在民间，本身有一个逐步积淀的过程。最早重视义的不是孔子，而是墨子。历史中的侠客与墨子相关。《史记·侠客列传》所陈述的多为墨子的后代。孟子吸收了墨子的思想，义与仁并举，第一个提出"仁义"。于是孔孟之道也就成了"仁义之道"，而"仁义礼智信"，则在汉代以后逐渐盛行。仁讲爱心，义则强调合理性，而合理性是可以变的，是与时俱进的。所以任何时代，它的义都是对的。但这些是不是儒家义利观的全部？按照北京师范大学周桂钿教授的考证和分析，许多人对儒家的义利观有误解甚至曲解。他认为利就是以刀割禾，在农业社会里，利的意思是收割，实际上就是指物质利益。而义就是合理分配。义利关系就是怎么合理分配的问题，这个问题说起来容易，但是做起来非常困难，在中国历史上反复讨论，经常不是偏向这一方面，就是偏向那一方面。而孔子的义利观，基本思想实际上非常简单，一个是见利思义，看到有什么好处就想合理不合理。第二条是义然后取，如果是合理的你就可以接受，不合理就不接受。孟子强调的义也是从这个基本思想出发的。义变成一个最重要的行事原则。任何利益面前首先都考虑是否合理，这是儒家关于义利观的基本精神。由此可见，重利轻义并不是完全的不要钱，如果该要的不要，本身也是不义。董仲舒继承了荀子的说法，他认为义利天生乃人之良友，

图 15 《千古文人侠客梦》

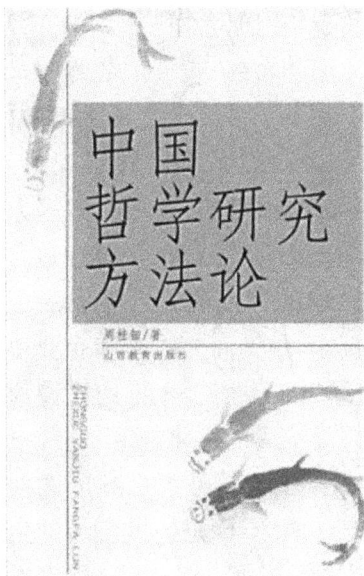

图16 《中国哲学研究方法论》

图17 《十五堂哲学课》

利养其体，义养其心，养其心，所以要重义轻利。儒家还有门内之事恩掩义，门外之事义断恩。家庭内部的事情，讲感情，不讲道理，讲道理没脸皮，讲感情可以，门外的事，就是义断恩。为什么儒家有时候讲大义灭亲？因为它是门外的事。门内跟门外是不一样的。这就是在义利关系上典型的实用理性。

按照李泽厚先生的理解，实用理性是中国文化的一个显著特点，这个特点今天依然很深地影响着中国人的思维方式和文化样式乃至生存方式。在中国哲学看来，不能把生活、现实、人生、语言等等归结为超验、先验或既定的范畴、秩序、结构和逻辑。恰好相反，一切既定的秩序、结构和逻辑都是从活生生的经验生活中涌现和产生出来的。理性只是生活的工具，是第二性的存在。理性产生于历史，其基础在于合理性，是历史地建立起来的，与经验相关的合理性就是中国传统文化的"实用理性"。①

我们今天所看到和感受到的温州的发展和温州人的文化特色就

① 李泽厚：《历史本体论》，三联书店，2002年版，第38—39页。

李泽厚著

实用理性与乐感文化
Pragmatic Reason & A Culture of Optimism

图18 《实用理性与乐感文化》

是关于实用理性的一个案例。

温州,在一般人们的直观印象中是一个多商贾之才的地方,哪里有商机哪里就有温州客。根据浙江大学陈剩勇教授等人的调查研究,温州在全国各地乃至全球的异地商会已经发展到数百家,足见商业眼光和企业协作精神。值得思考的是这种商业精神背后的文化根基,这种根基在我看来不是束之高阁的抽象概念演绎,而是经世济用的生活哲学。生活哲学不以逻辑推理的严密见长,而以切身经验为主。

温州历史上曾经产生过著名的永嘉学派,永嘉学派又称"事功学派"、"功利学派"等,是南宋时期在浙东永嘉(今温州)地区形成的一个儒家学派,是南宋浙东学派中的一个重要分支学派。前期代表人物有郑伯熊、薛季宣、陈傅良、徐谊等,叶适则集永嘉学派之大成。该学派在以下几个方面不同于朱熹的理学,也不同于陆九渊的心学:

1. 永嘉学派一开始就比较务实,从地方新兴阶层的利益出发来阐明自己的价值立场。这个学派的诞生与温州地区的经济发展紧密相关,代表当时的富商及经营工商业的地主的利益。主要观点是减轻税赋,恢复生产,尊重富人,提倡功利。而当时朱熹的"理学"、陆九渊的"心学"则大讲身心性命之学,主张从心性修养开出万世太平的理想。今天的人们已经越来越清楚地看到:道德理想主义当然有它的价值,但没有务实的制度安排和具体的行事规则,理想就可能成为空中楼阁。而对于市场经济社会来说,洗练的商业精神比抽象地谈论内心修养更加有效,崇高一定是建立在讲道理的基础上的。永嘉学派更多强调的是来自具体商业生活经验的道理。正如明清之际的黄宗羲所指出的:"永嘉之学,教人就事上理会,步步着实,言之必使可行,足以开物成务。"确实是对那些漠视现实、自附道学,于古今事物之变不知为何物的观点的一种纠偏。

2. 永嘉学派应该称得上中国少有的重商主义者,反对中国传统的"重本轻末"、"重农抑商"的思想,认为应该"通商惠工"、"扶持商贾",发展商品经济,并认为雇佣关系和私有制是合理的,富人应该成为社会的中坚力量。这个观点即使在今天可能也有待进一步讨论,所以可以想象当时在思想界引起的反响。对于这个观点,我觉得可以从历史和现实这样两个层面进行评价。从历史的角度去分析,永嘉学派本身就代表新兴社会阶层,代表富人,赞同私有制,肯定雇佣关系,就是题中应有之义;从现实的角度去分析,这个社会的中坚力量如果单纯考虑经济因素,那么永嘉学派的观点仍然有其合理性,但是这个社会还有经济之外的各种因素影响着人们对中坚这个群体的理解。今天人民群众无法接受的不是有人富起来了,只要君子爱财,取之有道,中国绝大多数老百姓不会仇富,他们不能接受的是社会对贫富的态度,富人对穷人的态度。

3. 在学术思想上,永嘉学派重视事功之学,认为讲"道义"不可以离开"利益",对传统儒家中所谓"正其谊(义)不谋其利,明其道不计其功"(董仲舒语)的说法表示异议,提出了"以利和义,不以义抑利"的观点,试图把两者统一起来。义利之辩历来是中国哲学尤其是伦理学的难题。见利忘义、杀身取义是经济伦理的例外,真正的赢家应是义利结合,两者兼顾。当然,永嘉学派确实比较功利,没有把道义同时看作目的论意义上的范畴。如果按照永嘉学派的看法,那么商人所有的诚信都只是手段,而不是自成目的的,都是因为有所图。而无所企图的诚信没有什么意义。这个观点笔者不能同意。诚信既为做事更为做人,要做人就不能事事图个有用。为了照亮世俗伦理,我们需要绝对的价值承诺;为了不至于完全脱离现实,又不能无视经验主义的一些主张。人生毕竟还存在非功利的精神追求,生活里毕竟还有一些东西超越功利之外,比如人性的光辉,真情真爱等等。在世俗的商业生活中也能看到不那么功利的追求,才能在义利之间保持一定的张力和平衡。

4. 永嘉学派还十分重视历史和制度的研究,希望通过考究历代国家成败兴亡的道理、典章制度沿革兴废,以找寻出振兴南宋、转弱为强的途径。其哲学思想基础就是"道不离器"。虽然是一个十分偏重功利实用的流派,但永嘉学派仍然具有治国平天下的胸襟和关怀。

强弱相生,优劣互存,矫枉过正,永嘉学派的一个重要价值是使儒家不至于完全陷入纯粹讲求个人心性修养的陷阱,因此成为南宋儒学的一个重要侧面。

那么作为一种文化传统的永嘉学派在今天的温州是否还存在,如果存在的话,它的表现形式和实现方式又是怎样的?

1. 今日温州的文化品格依然是永嘉学派务实、重商传统的现代回应。今天的温州人敢为人先,勇于创新,宁做鸡头,不甘凤尾,今天的温州企业分工明确,质量图存,注重诚信。所有这些经过市场打拼而成的文化品格依然是务实、事功思想的有力回应,仍然体现了道不离器的精神。温州有许多全国第一,如全国第一批个体工商户营业执照,全国第一家实行利率改革的农村信用社——苍南金乡镇;全国第一家私人跨国公司,全国第一条内地与香港合资兴建并运营的地方铁路——金温铁路。胆量和气魄并非天生,多半来自家用电器修理、矿灯配件购销、自产自销多品种螺丝等家族型小企业的务实实践;来自"一双手"(手工制作)、"两条腿"(外出营销)、"三分邮票"(订单邮寄费)、"四小产品"的白手起家;来自"白天当老板,晚上睡地板"的无所畏惧。真可谓历尽千心万苦,说尽千言万语,走遍千山万水,想出千方百计。有了资本,有了经验,更增添了创造的勇气和智慧的领悟,更加坚定自主改革,自担风险,自强不息,自我发展的信心。于是才有可能在别人看不到商机的地方发现商机,比如在天安门城楼上

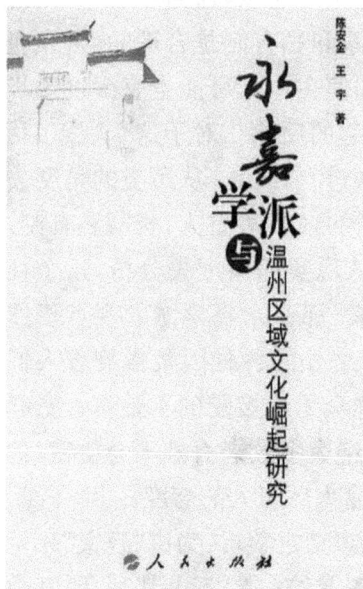

图 19 《永嘉学派与温州区域文化崛起研究》

开一家马列书店等等。

2. 今日温州的商业文化和致富心理与永嘉学派的义利统一一脉相承。温州人爱财，今天的温州文化还是一种商业文化，温州不缺文化人，但他们更喜欢做得学问下得商海的文武全才。在温州人眼里，相对于读书著述、从政办公、社会科学的"文"来说，经世济用，从商经营是不该偏废的"武"。温州的作家、律师、教师、医生很多是文武兼顾。温州民营医院、民办学校比例之高为国内罕见。这一点与永嘉学派的重商主义、推崇富人的思想也是一脉相承的。义利结合仿佛是温州传统文化的基因，讲实在，讲功利，更讲勤劳致富，永嘉学派对温州人有很深的影响。但是，不能否认，在改革开放之初，温州产品一度成为假冒伪劣的代名词，全国曾经兴起过消费者自发抵制温州货的风暴。君子爱财，取之有道，温州商人痛定思痛，增强质量、品牌和诚信意识，洗练的商业精神和经济伦理在霜降后的考验里逐步成长，接续了永嘉学派义利统一的商业文化传统。今天，温州鞋业终于敢理直气壮地打上"温州制造"的字样，温州再也丢不起诚信之名。

3. 今日温州发展新模式将是永嘉学派的创造性转换。温州曾经拥有的"中国鞋"、"中国合成革之都"、"中国包装城"等传统优势产业，因易于被模仿而削弱了自身的优势，市场经济体制的进一步完善和 WTO 规则的实施都客观上要求温州经济的整体转型。以强强联合、打破行业界限、整合品牌资源为特征的温州模式二次革命正是温州人突破传统民营企业管理模式的新探索。在这个过程中，民营企业只有从自身做起，变革管理理念、内容和方式，实施战略企业家＋职业经理人的新模式，建立现代企业制度，紧跟市场变化，提升产业和产品结构，通过企业制度的创新推动技术创新，利用资本市场，把企业真正做强，才能获得新一轮发展的动力和增长点。昔日的优势随着具体条件和环境的变化反而可能成为下一步发展的制约因素。温州如何实施全面产业升级，如何避免同质竞争，自相残杀，如何避免企业外流和资金外流，如何避免进少出多甚至只出不进，已经成为急需解决的重大现实和理论问题。温州如果有什么发展模式的话，这个模式不是一成不变的。

永嘉学派作为一种生活哲学,在今天的温州依然有很大的影响。但是温州未来的发展需要更宽广的视野,需要不那么急功近利的一种精神,需要融入长三角区域一体化的进程。温州商业文化需要新的创造和转化。

其实何止是温州商人,看起来最抽象最远离现实的哲学工作者都在研究范式和研究意义上不断经受实用理性的洗礼。哲学给人的印象是:一种在大学里被传授的高深莫测的抽象学问,是空谈加无用。尽管马克思主义哲学因为与意识形态有着千丝万缕的关系,几乎家喻户晓,但要是自己的孩子一不小心在高考志愿上填了哲学系,父母们的失望可想而知。纯粹的思考究竟有什么用? 爱智慧究竟有什么用? 还是多想想现实生计吧。

哲学的地位在民众中缺乏基础,在教学楼群里似乎也没什么市场,行色匆匆的年轻学子的脚步,仿佛在追赶校外工商社会高速运行的节奏。而哲学系,则挤在小小的角落,无奈地品尝孤独。有些人把哲学衰落的命运怪罪于现代社会的功利化趋势,认为在高速运转的社会机器中已经没有闲情逸致来欣赏哲学了,生存的压力淹没了一切。社会和国家好像也只能挑选极少数哲学家将其"供养"在哲学系(所)里,充当本民族文化方面的点缀。这些说法实际上都把哲学的衰落看成客观和必然。而各种各样国学班的开设、经济哲学、休闲哲学的兴起,不正是对上述议论的回应吗?

虽然学院哲学有其不可替代的空间,但今天如果谁一定要坚决排斥对现实问题的研究,难免书生意气。如果都只是满足于做大学教授,缺乏勇气也没有以哲学家的姿态参与社会历史的重大活动,仅借助晦涩笨拙的学术语言来折射自己的政治理念,那所谓哲学的衰落就怨不得别人。如果把哲学仅看成学术研究,而冷落参与社会现实问题的探讨,视其为雕虫小技,不把社会哲学和政治哲学看在眼里,那么出路也就是绝路。如果面对"对社会生活漠不关心"的责难还振振有辞:我没时间,我要组织考试,要开会,要维持教学机构的正常运转,我也没有兴趣,而且参与危险万分的现实具体问题的讨论如何证明我们的学术水准? 如何能增加我们升等提级的保险系数? 那哲学的明天就无从说起。教授们感兴趣的东西,并不能也没有引起社会公众的激动,反而导致他们的反感冷漠。这才是闭门造车的哲学走向终结的真正原因。

整个社会对哲学的热情和期望其实并不低。普通民众在校园之外热烈展开着属于他们的哲学活动,比如探讨理性与情感、战争与伦理、安乐死、教育产业化、网络犯罪及其预防等感兴趣的话题,从而有力推动着哲学的通俗化、具体化。他们决不可能像学院哲学那样作茧自缚,把自己牢牢限定在所谓纯哲学理论的狭隘框框里打转转,而是把哲学作为一个公开的思想交流的领域。在他们眼中,任何一种思想只要稍稍超出具体生活层面而涉及某种普遍的理性规则,就属于哲学之列。可以把这种哲学称为大众哲学或自由哲学,这种哲学已经受到整个社会的热情关怀和大力支持,它的蓬勃发展将把大众文化提升到一个新层次[①]。

当然,我们也期望学院哲学的觉醒,希望他们至少将一只脚迈向社会,把自己的哲学尽可能地与社会兴趣结合在一起。社会对哲学的期望本身就意味着对哲学的拯救,当然回应社会的期望并非容易之事,需要哲学家们的勇气和毅力。因为当哲学家投身大众哲学研究之时,他就不能像以前那样把学术活动仅仅限制在哲学史料的重新阐释,而应对在社会的各个层面进行准确把握的前提下,对当代人类状况的本质性内容作出说明,他也不能像

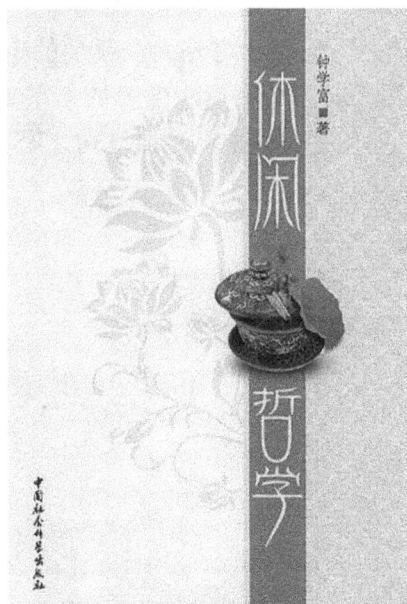

图 20　《休闲哲学》

---

① 甘绍平:《应用伦理学前沿问题研究》,江西人民出版社,2002 年版。

以前那样以纯思辨的精细之心态、用弘篇巨著来构筑自己学术上的成功阶梯，相反他有足够的思想准备来面对严峻和复杂的现实问题的挑战，要有不怕失败的精神。他也不能像以前一样只关心他熟悉的东西，奉行仅研究一部著作的"一本书主义"，或仅研究一个哲学家的"一个人主义"，而必须开阔视野，积极汲取自然和社会科学探索中具有普遍意义的最新成果。

哲学并不是只被研究和教授的东西，而同时也应该是被实践的东西。哲学不能仅存在于思辨的形式里，而应成为一种生活方式，哲学的内容应在生活中获得展示，这是康德对实践哲学的强调，在今天依然有价值。如果丧失对现实世界的热忱，我行我素，冷漠引退，拒绝以哲学家的创造性劳动来为实际的社会生活服务，那它确实没有什么发展延续的价值和必要。任何一位有责任感的哲学家都不应该逃避这种选择。因为积极的尝试总比坐以待毙强，关怀、支持的态度总比心怀冷漠强。

学院哲学之外大众哲学的生长，恰恰是改革开放三十年来实用＋理性文化不断滋养的结果。人才招聘中不拘一格的许多举措，各类职业技能培训机构之受欢迎都从不同侧面显示了实用理性文化的价值导向。

要更深地了解面向实际、朝向生活的实用理性，不妨驱车上高速公路体验一下：切入超车、不断蛇行换道、大卡车大巴士占用快车道、出租车穷追不舍。当然，你还会吃惊地发现：有人开车上路肩，路肩超车！其实我们不难发现身边熟悉的中国人的个性之中有着惊人的弹性，这种弹性像水，碰到山就往谷底留下去；也像草，遇到石砖就从缝里钻出来。高速公路实在堵得慌的话，路肩居然也可以成为大

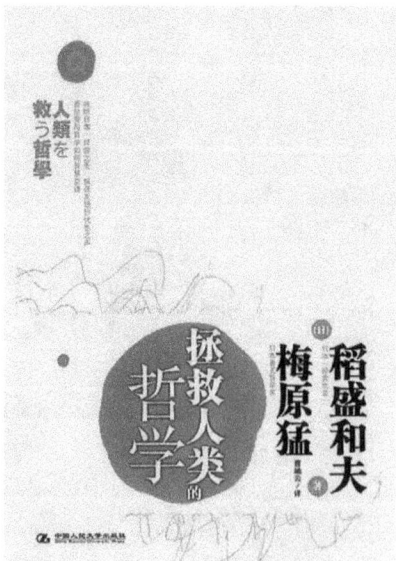

图21 《拯救人类的哲学》

道。即使哪里挂一块"此路不通"的牌子也不怕，且慢，我们给它开一条路出来就好了嘛。当然你可以说他们违法乱纪，但难道不是很管用的勇敢无畏吗[1]？不管你是否喜欢，这种山不转路转的伸缩自如，这种蔑视成规的性格，认准目标不管不顾的闯劲，无疑也是中国经济进步的种子。当然我相信从这样的实用理性中要开出笃定的生活秩序和心灵的宁静，还需要长长的路径。

专题三　乐观＋悲情

除了实用理性、动态平衡等特征外，改革开放三十多年来当代中国人还同时保持着乐观和悲情的双重品格。这样一种与传统文化濡染的乐观，李泽厚曾经在《中国古代思想史论》和《实用理性与乐感文化》中概括为"乐感"。原典儒学中确实随处可见对人的自然生命存在的肯定。随风潜入眼，兴到偶成诗，中国古代审美也把此生之情作为人生最后的实在。从古代到今天，从上层精英到普通百姓，从春宫图到老寿星，从行酒礼仪到划拳猜令，从促膝谈心到摆龙门阵，从衣食住行到性、健、寿、娱，无不展示出中国人对庆生、乐生，肯定生命和在日常生活中追寻幸福的传统特色。这个特色今天依然鲜活，依然为绝大多数中国人认可和赞同。那种用绝对形而上学的理性来支配、主宰人的生活的样式不为中国人接受。虽然在历史的特殊时期，中国人曾经追随各种假大空的理论和口号，至少也表示了不同程度的默认，但高压下的沉默并不等于认同。中国人更喜欢的是感性的、乐观的、肯定生命的生活方式。

对现世生命的肯定和乐观的文化品格决定了中国人信仰生活的世俗性和随意性。一般的柴米油盐，谁能想到阿弥陀佛？只要身心健康，多半啥也不信。六道轮回对古印度人来说也许是完全真实的，仿佛春夏秋冬，转着圈来。品德好的圣人说什么，就按说的来。佛法的修行和理论就是放松、放下、舍得，直至无我。总之，

---

[1]　龙应台：《看世界末向你走来》，上海文艺出版社，1996年版。

精神不再感到痛苦。但是我想真正看懂佛教理论的人是不多的，一旦进入到其中的逻辑部分，常常望而止步。概念之间喜欢转述，到头来含含糊糊，不知是说也说不清还是故意说成这个样子。

正如写《奋斗》的石康所说，真实的中国人只是凡夫，并且心安理得地甘于做凡夫：我们努力工作按劳取酬，而不是直接向人家要；我们偶尔也发善心，拿挣来的钱去帮助脑萎缩患者，而不是从一个人手里拿钱，再去帮助别人，顺便还给自己留一点；我们有了新发现，急着与亲人分享，而不是身怀绝技，深藏不露；我们知道癌症患者命运不济，但仍然竭尽所能予以挽救，而不去考虑什么劳什子业力；我们有时候为了朋友义气和承诺肯牺牲一己利益，若真有神通，更是乐得好好发挥，把人民的生活改善了再说，叫他们无病无灾富起来再说。总之，凡夫的道德境界也不低。只要认同自己是一个凡人，也就不大羡慕圣人了，圣人只是沿途看到的风景。二千年前的圣人日子能好到哪里去？天一黑就伸手不见五指，白天一刻不停地解疑释惑，而且一个问题要回答好几遍，周围如果围着的尽是些迦叶之类的好学弟子，那就惨了。

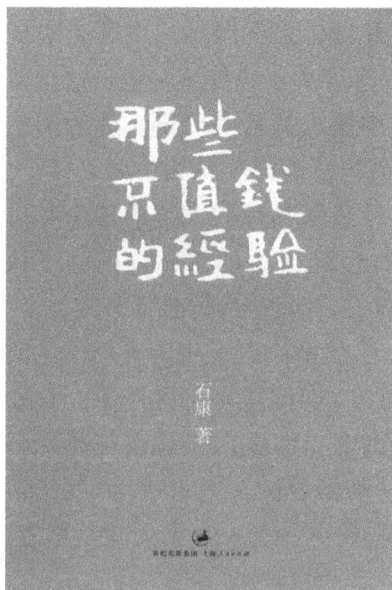

图22 《那些不值钱的经验》

什么叫"如如不动"？想想就觉得头痛。既不是动，也不是不动，既不是有意义，也不是无意义，既是又不是。怎么理解这中间的悖论？呵呵，成佛了你就能体验了，先信着吧，慢慢就明白了。这算什么回答？

得了急性肺炎不去医院，在家里一遍遍念"阿弥陀佛"，想一想就感觉大事不妙。还好，我们老百姓一般倾向于一边去医院治疗一边念佛，真正的双保险。不嫌麻烦的话，就这么干吧。如果你特别担心又特别想知道死后的事情,那么最好找一门宗教来信一信,而如果你像心理学家荣格一样觉得死后不会有什么事情发生,死后的事情死后再说,那么就什么也不用担心了,今生如夏花之灿烂就好。

改革开放三十多年,各地寺庙经济渐次发达,仿佛宗教信仰深入人心。其实不然,中国人在此过程中更愿意把各式宗教当成情感满足和心理安慰的一种现世表达。实现方式和许愿还愿的程序等等无一不是世俗的,亲爱就在人间。真正彻底的彼岸皈依毕竟是少数。纵然虔诚佛事,正襟危坐,其实多半是做给活人看的,死人是否看到和接受反而成了次要的。一切为现世,一切趋于乐观。这样一种在任何环境下坚韧、执着、不断探索、锐意进取、百折不挠、越挫越勇,相信明天会更好的精神支撑着中国的企业家创造一个又一个立于人间的神话,也有效推动了中国特色社会主义事业的蓬勃发展。如果这也算是一种精神胜利法,笔者认为这种精神胜利法在一定程度上是有意义的,也是可以接受的。

话说回来,中国人的这种乐观和随意不是因为盲目和无知,而是了然之后的坦荡和练达,其根底是悲情。

也许人更多的时间是活在一个梦想里,活在一些想法里头,但无论怎样,人一般不能接受一个没有我的世界,虽然原本我们就是从虚无中来的。如离世不久的作家史铁生所说,人的一切言论、一切猜测、一切怀疑、一切的不确定,都是在"有我"的前提下才能成为问题。但是,没有我了,任何一个具体的人死了,这世界上依然花好月圆,依然蜚短流长,一点也没有减损。既很难接受没有我的世界,又清楚地知道没有我地球照转,既想把握这无常的命运,又不知道这无

图23 《神了》

常究竟应该怪谁,于是产生深切的感伤,徘徊复徘徊。有生就有死,只能理解它,没法克服这个结局,更无法消灭它。

图24 《好说歹说》

每个人命定的结局是死,那么生的乐趣又是什么?或许真的就是那个腰腿不好仍坚持写作的陈村所说,是瞎跑的乐趣?人在生的感觉中难免自恋,我觉得我是重要的,否则很多事情无法开始,精心欢喜地养着自己,每天勤于浇水除草施肥捉虫。女人则更加兴兴头头,化妆啊修指甲啊被人疼啊等等。然后呢?将这份自恋和珍爱扩展开去,爱惜地球,爱护动物,保护环境,但在更大的几乎是命定的结局面前,如冰河期恐龙绝灭,如日本东北部的大地震等等,不分青红皂白,一概抹掉。在这个大手笔那里,一切都是瞎折腾,瞎跑,瞎起劲。这种时候仔细想想,每个人都会忍不住心疼自己。任何人都会冷不丁撞进终点又不能轻易言死,活下去是生命的本性,是向死而生的根本的处境和义务。不管你活得多么糟糕,你必须活,活不需要理由。

人生一无所本,被偶尔抛掷在世间,无所凭依,无所依皈,只能强健自己,苦其心志、劳其筋骨,去建立依归、凭据和根本,这比起有一个外在的上帝,岂不是更悲苦?近代以来,中华民族所承受的苦难几多?即使如此,中国老百姓还是更加愿意把眼光放在此人际世间。未知生,焉知死?执着于此世的各种情感,安顿此生。乐观的背后自有悲情作为根底和依托,而且努力化悲为美。

如果我们可以活一千年,大可以像山巅的红桧,扫云试雾,卧月眠霜。

如果我们可以活一万年,大可以翻览秦时明月,如翻阅手边的

图25 《佛教与中国伦理文化的
　　　冲突与融合》

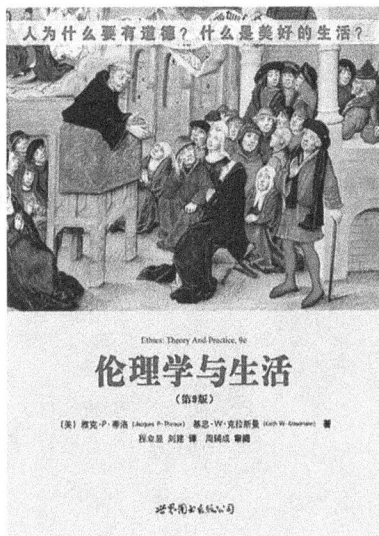

图26 《伦理学与生活》

零散手札。

如果我们可以活十万年，大可以纵容潮汐的乍起乍落，浪花的忽开忽谢。

如果我们可以活一百万年，大可以学大漠沙砾，任日升日沉。

可是我们只拥有百年光阴，短促悠忽，就如一声喟然叹息①。

人性中的悲情不难捉摸，随处可见，只要你肯静下心来思考。

人在旅途，经过车站码头和机场，看到密密麻麻人影和各种表情的美丽或不美丽的脸，心里会产生恍恍惚惚的虚无感。上次遇见的已不知身在何处，这次遇见的依然陌生，下次看到什么还是未知数。这种感觉如此强烈地震撼着你，就像在读萨特的存在主义。而那个思考的你，不也有点虚无吗？来自哪里？现在何方？明天又要去哪里？一切不得而知。存在的这种偶然和虚无足以使人产生最悲观的念头和最不负责的想法。而乐观的悲情才比较有人性，尽管虚无和偶然的感觉并没有完全消除。

---

① 改编自张晓风：《这杯咖啡的温度刚好》，云南人民出版社，2011年版，第150页。

变量共生、组合创新与意识形态

图27 《泰戈尔散文诗全集》

喜欢姜育恒《驿动的心》，喜欢歌里那种漂泊和偶然的感觉。曾经以为我的家，是一张张票根，撕开后展开旅程，投入另外一个陌生。佛教以特有的悲悯告诉我们无常是生命的底色。真实的总是那么残酷。慈悲的意念也许就是在对无常的了悟中升起的吧。一切都在不停的生灭幻化中，世界除了变化还是变化。

明明是绝望的结果，我们还要告诉自己天下一定有欢聚的宴席，虽然宴席要散；沙漠一定有绿洲，虽然绿洲会沙漠化。冷眼看，热心度。

知道生命的偶然和虚无，感受到无力和绝望，又试图把握和征服这种偶然和虚无，宣泄心里虚妄的感受，于是就会产生审美意义上的悲情。

爱又如何？既值得追求，又存在障碍。那些障碍和障碍中情爱的蓬勃生长与断然绝灭不断地为音乐、小说、电影咏叹。爱的方式有许多种，最基本的一种就是别离，或早或晚，再相爱的人也是别离，这是爱情的根底和最终结局。相爱中如花的生命如何接受？一方面我们歌颂爱的价值，爱是没有错的，另一方面又可能以现实的种种抛弃这种价值。这大概就是爱的无奈与徒劳吧？中国的《诗经》就描写过这样柔性的悲伤：所谓伊人，在水一方——无论怎么"游"、"从"、"洄"，还是"宛在水中央"。伊人具体可感，美且值得追求，但有距离、有障碍。放弃实在舍不得，要追求也不得，柔肠寸断，化为深切的哀叹、悲伤、询问和诉说。一方面内心产生无比深厚的悲痛感情，另一方面又把握住这种感情，这中间就产生审美意义上的悲情。

离愁别绪，追求而不得，抱负难展，虚无绝望，这些说到底都是

图 28　《沙与沫》

图 29　《向死而生》

图 30　《诗经》

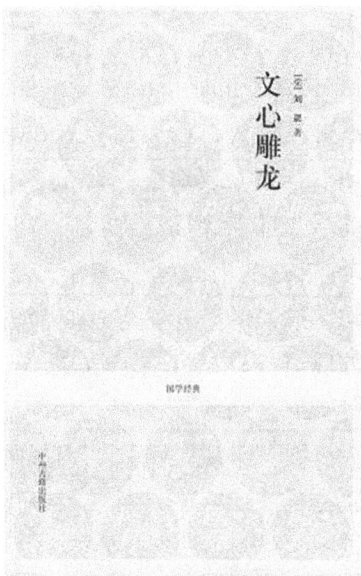

图 31　《文心雕龙》

日常人们可以体会的情感，它们能上升到人生深刻的悲哀和美学上悲情的高度，从根本上说就在于个人人生的有限性。有死的人生使离愁别绪的悲怆深入本根；个人生命的不可重复性使理想失落的幽怨带上永恒色彩。美学上的悲情，其深处包裹着的就是个人的有限性和宇宙无限性的矛盾，就是生与死的情结纠葛。陈子昂《登幽州台歌》的千古绝唱大概就是这样生发出来的吧。前不见古人，后不见来者，念天地之悠悠，独怆然而涕下。但另一方面，人又说不出离别、失恋、失意、死亡应该怪谁，因为它们就是自然大化和人生命运。所以不是什么与之决裂和拼搏的问题，而是一个理解和顺应的问题。为了实现理想首先就放弃理想，为了改变现实首先就适应现实，也许这就是中国式的乐观＋悲情的解释，而秦腔、二胡，成为中国人化悲为美的象征。

哪一个人的人生会一马平川，以至连一次小小的失意都没有？是人，就可能常常咀嚼忧愁，体味悲伤，伴随着许多不顺心来走生命之路，感伤情怀也就不以为怪。悲情需要宣泄和表现，需要安抚和解脱。在宣泄和表现中，在安抚和解脱中，悲情使人有审美愉悦。

越过这样柔顺的悲情，对不能把握的有形之物拼死抗争，就是悲剧。悲剧是一种深度意义上的悲情，包含激烈的冲突和坚决的抗争。人们熟知的《罗密欧与朱丽叶》就是这个意义上的悲剧。这个爱情悲剧包含三段结构，其一，发生越界行为，越界造成爱情的坎坷。罗密欧与朱丽叶的爱情打破两家世代为仇的局面，一开始就注定要面临挑战；其二，反抗到底。越界必然遭到最激烈的反对和阻挠，其中包括父爱之尊严，母爱之温情。但越界的爱毫不退却，反抗到底；其三，以死徇情。无论爱者如何坚定勇敢，面对强大的反对势力和社会狭隘的认识，要取得胜利是不可能的。而他们要坚持自己珍贵的爱，其结果只能是走向悲剧性毁灭。就反抗者为情而死来说，罗密欧与朱丽叶失败了；从以死徇情来看，他们又胜利了。死亡使人对导致爱情悲剧的传统和社会共识进行重新认识，在尸体加尸体中那些界限和障碍被推上思想的审判台①。

---

① 黄凯锋：《审美价值论》"美的形态"部分，云南人民出版社，2005 年版。

伴随悲剧的可能是惊心动魄、轰轰烈烈的死，所以悲剧不同于悲情，悲剧不是轻轻的叹息，不是默默流泪，也不是自我感伤，而是鸡蛋碰石头那样的抗争，是刚性的悲。人们喜爱悲剧艺术，愿意花钱买罪受，是因为在悲剧强烈的痛感中心灵受到洗礼，使人懂得什么是高尚的人格，什么是无畏的精神，什么是无悔人生，什么是真正的得与失。

而中国历来以和谐为美，人称"乐者，天地之和也"（《乐记》），所谓"乐而不淫，哀而不伤"，所谓"声歌之道，和动为本"，皆习见之论。而明中叶以后，文艺启蒙思潮却伴随一种新的审美类型，那就是欣赏"山奔海立，沙起云飞"、"掀天揭地"、"震电惊雷"的美，以冲突和破裂为美，以"冷水浇背，陡然一惊"为美。这种新的审美形态的动因是反抗现实的激情，效果是振聋发聩、惊世骇俗。而贯穿在所有这些方面的共同本质，是剧烈的冲突。文艺启蒙思潮的代表者们（如袁宏道、徐渭、黄宗羲等）是现实世界的叛逆者，他们自觉的历史使命，是"赤身担当"，"掀翻天地"。现实世界对待他们，是"不以为狂，则以为可杀"。而他们对待现实世界，则是"一世不可余，余亦不可一世"。这样的人，只有在"震电惊雷"、"山奔海立"的境界中才能得到精神的安慰，只有在冲突的美中才能得到自由的快感。这样一种痛感和美感，固然如朱光潜先生所说的那样，对于民族的生命力来说非常重要，但是就当下中国多数民众普遍的文化心态而言，不是主流。不到万不得已，不是逼得无路可走，中国的老百姓不可能以悲剧性的毁灭示人。执着追求但随顺自然，一往情深又天高云淡，合情且合理，是中国人悲剧意识和乐生意识的思想土壤。

乐观固然可喜，悲情却令人感伤。像中国这样一个起步较晚的现代化国家，在启动阶段，甚至在逐步走向成熟的阶段，都有一个"强国之梦"与"民本之心"的矛盾选择。今天人们已经越来越清楚地认识到现代化成果的取得是与农民暂时的利益牺牲相关的。当然这不是中国的个案。但是牺牲就是牺牲，不能把牺牲视为当然并心安理得。在暴力反抗这样一种形式已经失去存在条件和可能的当代，农民对这种剥夺和牺牲的承受度究竟如何？什么时候会濒临崩溃？这种崩溃又将以怎样的形式爆发出来？近年来，从国家经济发展的总体环境来说也遭遇了许多挑战，自然灾害连年

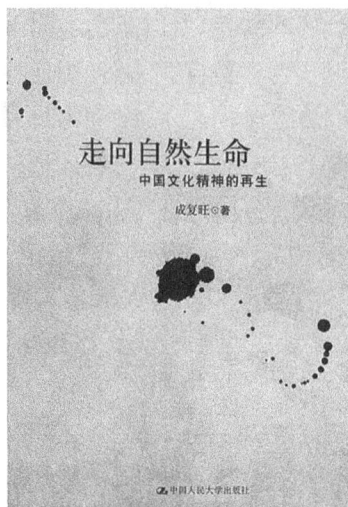

图 32 《走向自然生命——
中国文化精神的再生》

图 33 《神与物游——中国
传统审美之路》

不断,政治体制改革还有待推进,而国际竞争空前激烈。农民一方面支持改革,一方面承受着改革带来的巨大压力(包括土地自主权的丧失和不同等的国民待遇)。在不放弃强国梦想的前提下高度重视农民权益问题,应当成为我国公共政策的重要组成部分。而要维护好、实现好农民权益,不仅需要清醒的经济理性,还特别需要一种对农民的伦理关怀。要实实在在地、负责任地找到一种土地国有和民有的最佳结合方式,真正为农民建立、创造民主的政治参与渠道和形式,说到底这些都需要以对农民深挚的伦理关怀为基础。在农村土地开发中,在唾手可得的开发商提供的巨额利益面前,基层官员是要做一个公正的农民权益的代言人还是一个典型的买办,伦理关怀就是一块试金石,它可以测量出为政者的价值取向。不能老让广大的农民处处为难,不要使他们的生存环境越来越恶化。更不能逼得农民一腔悲情直接化为悲剧。笔者认为这是在了解乐观与悲情并行的民众文化特征后应当持存的基本立场和起码态度。

看起来是逐步制定一系列制度的问题,比如农民子女教育能不能纳入国家财政而不仅仅是县级财政的安排等等,但是这样的制度背后需要温暖的关怀为底色。农民,他们曾经是用生命和粮

图 34　《谁动了他们的权利？
　　　　——中国农民工权益
　　　　保护研究报告》

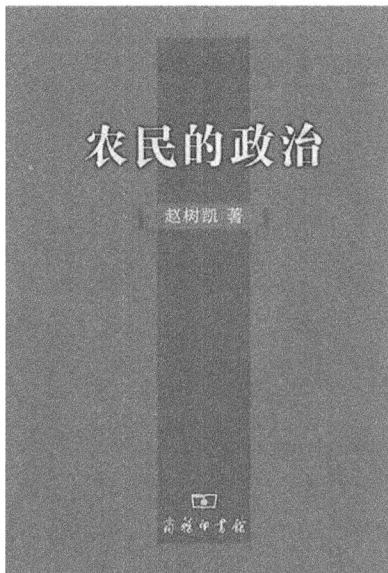

图 35　《农民的政治》

食把我们送进城的人，农民过去和现在都为中国现代化的发展做出重大牺牲，如果我们在享受他们的奉献所换来的成果的同时，以冰冷的眼光漠视农民权益的长期受侵害，视农民的处境为当然，那我们就失去了经济活动中基本的人性的滋润，这样的经济活动如果称得上理性，那么这种理性也只能是铁血的、凉心的。

　　单纯指责农民工是法盲，于事无补。我们必须从根源上解决问题。究竟有多少法律在保护农民工的利益？有多少政府部门来为农民工提供服务？农民工在做出一些极端的行为之前，其实都无数次尝试过所谓正常的渠道，比如与施工方谈判，向劳动部门投诉，只有当这些传统做法没有任何效果时他们才会铤而走险。如果我们不去反思制度和良知上的缺失，居高临下地批评农民工愚昧和偏激，那么还会有类似的事件重复发生，而且愈演愈烈。贫富分化也许在目前确实是一个基本事实，底层民众也承认其中的客观原因，真正激怒他们、使他们暴躁动荡的，是富人、强者对待穷人的态度，是人们心中丧失的一点同情心和公益心，是整个社会风气

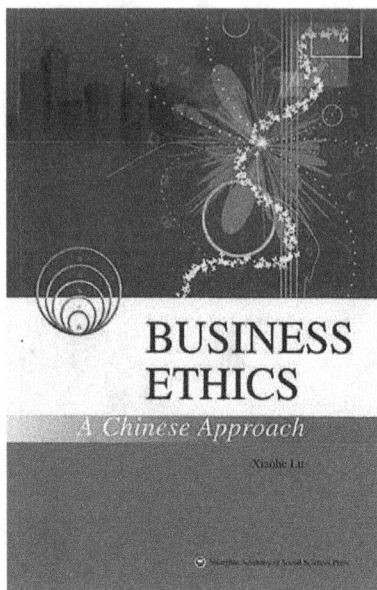

图36 《经济伦理学：中国研究》
（英文版）

沦落为权势集团和富有阶层的帮闲、帮忙和帮凶的巨大风险。

正是在这个意义上，有必要完善更宽泛意义上的经济伦理及其环境建设。有必要增强基层治理的道德含量。经济与道德是两难，发光的金子和发光的心灵是两难，但是，难不等于不能，也不等于不为。在我国经济不断发展的同时，各类政治和社会矛盾日益尖锐。扶助弱者，促其自强，有许多途径。加强农村城镇化建设，使农民实现身份转换是一种；给予道义关怀，在土地依法有偿转让中保证他们的合理权益也是一种。处在社会主义初级阶段的中国社会，一定程度的官民矛盾和劳资矛盾是不可避免的，可以避免的是对抗性、悲剧性的冲突。从根本上保护改革成果，不仅需要体现社会公正的制度安排，而且需要体现人道精神的伦理关怀。

专题四　动态平衡

除了打拼文化和实用理性，动态平衡、中庸之道也是与中国经济改革和社会发展共生的实践智慧和文化品格。

20世纪70年代末以来的改革开放，堪称现代中国最重大的社会变革，市场化、全球化、网络化及其由此带来的生存方式的变迁，从根本上置换了传统社会的文化基础、结构样态与联系方式。传统社会的价值秩序，必然随着其栖身环境的釜底抽薪式的置换而发生较大程度的调整。经历转型后的当代中国社会，道义不再超然独立于利益问题，物质利益的创造与实现成为价值判断的重要标准之一，"德性"、"道义"从形而上的、抽象的存在状态回到现实、具体的存在状态。当然,在道德滑坡与爬坡的争论中,在人文精神失落的忧虑中,在中国传统文化现代性转换与振兴国学的呼声中,我们也发现其背后矫枉过正的因素和合理处理义利关系的种种期待和努力。伴随改革开放三十年的实践历程,义利关系已经超越单纯的道德范畴,覆盖政治经济文化社会生活各个方面,成为诸领域多元主体价值优选的一个难题,义利本身的具体内涵也因主体和领域的不同而日益丰富。最为根本的是:传统意义上非此即彼的义利判断已经为实践意义上的中庸之道和动态平衡所取代。而义利关系上的中庸之道和动态平衡正是被学界和理论界称之为"中国模式"的文化基础和价值取向。

中庸并不是一个能用具体数量指标说明的范畴。也许重要的不是具体的度量,而是权衡。孟子说"权然后知轻重"。权术、权知、权变、权时、权宜、权略其实都是一个意思,矛盾双方总是在运动之中获得自己的存在,在变动中不断权衡并寻找共同点。中庸之道的"中"因权而变,关键在于度的把握。度就是掌握分寸,恰到好处。而恰到好处的把握首先产生和出现于生产技艺中。《周官.考工记》说:"天有时,地有气,材有美,工有巧,合此四者,然后可以

图37 《中国模式——经验与困局》

图38 《"中国模式"到底有多独特?》

为良。""弓人为弓，……巧者和之。"所谓"和"、"巧"等等都是描述生产技艺中无过无不及的"度"，这个出现于生产生活过程中的度本身就是人的一种创造和制作。从上古以来中国思想中一直非常强调"中"、"和"，"中"、"和"就是度的实现和对象化，遍及音乐兵书和政治等诸多领域，其根源就在于生产技艺中的"和"、"中"、"巧"、"调"，只有用"中"才有度的建立。度本身有某种不可规定性、不可预见性。因为什么是恰到好处，不仅在不同时空条件和环境中大不相同，而且随着文明进展、人类活动领域的不断扩大，这个度更具有难以预测的可能性和偶然性，它不完全是经验的综合，也不是逻辑的推理，而是一种创造。度意味着日日新又日新，不断突破旧的框架和积淀，突破旧的形式和结构，在不断创造和超越中前行[1]。改革开放的实践，其实就落实在这个度上，准确又模糊。度就是在浮沉、变化、对应以至对抗中造成生命的存在和张力。

图39 《历史本体论》

中庸之道实质上就是要寻求各方利益的动态平衡。中东西部统筹发展、和谐社会、协商对话等等其实正是动态平衡的生动体现。如果说中国特色社会主义建设已经逐步形成了可以称之为模式的理论形态，那么这个模式是与中庸的智慧和动态平衡的艺术联系在一起的。虽然改革之初我们采取了一些类似"单纯通用配方"来谋求经济发展，但从长时段来看，从价值优选的角度来分析，矛盾双方的动态平衡和中庸之道是总的价值取向。像中国这样一个幅员辽阔，人民生活水平和精神需求愈益多元化的国家，和谐、

---

[1] 参阅李泽厚：《历史本体论》，三联书店，2005年版。

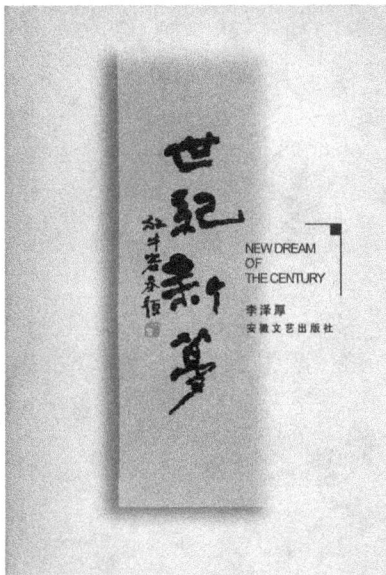

图40 《世纪新梦》

图41 《美学四讲》

中庸的理念尤其重要。当然,中庸之道、动态平衡的价值理念并不意味着采取实践步骤时左顾右盼,举棋不定,而是强调在发展结果的共享上,在宏观调控的过程中注意统筹兼顾,劳资两利,城乡平衡,内外统一。所以我们一方面强调发展是第一要务,是硬道理,尽一切可能克服困难、创造条件,促进经济社会全面发展,另一方面在发展到一定阶段、一定水平的基础上强调中庸之道,强调多元之间通过共识和尊重达成的交叉面和共同点,注重中国优秀传统文化的现代转化和实践运用,避免物质主义的命运。

改革开放过程中中国社会面临各种各样不同性质的义利冲突。如果抱着两极思维和一方战胜或消灭另一方的方法来解决问题,我们不可能赢得宝贵的和平稳定的发展环境。而且由诸多矛盾组合而成的社会结构使绝对一元的价值统帅方式受到挑战,许多"好的"、"有用"的、"正面"的、"积极"的价值元素同时包孕在那个矛盾重重的网络结构中,问题的核心不再是经过斗争最终确认其中一个价值作为唯一重要的价值,而是多个"好"的价值通过权衡、协商、组合构成优选的链条。中庸正是优选的一种艺术。这种

图 42 《每个人的政治》

图 43 《万民法——公共理性观念新论》

艺术需要一定的规范支撑，在一定程度上也可以模仿学习，但更加重要的是实践中的尝试和摸索。经济上的效率和分配上的公平，伦理上的崇高追求和股东的利益回报等等如何达到某个平衡点，这不仅仅是具体的法律法规可以解决和回答清楚的，而需要个案积累基础上的经验总结。改革的整个过程充满探索性和尝试性。因此也可以说中庸其实就是对不同时效条件下价值优选的感觉和经验上的把握，不可能完全是一个理性的分析过程。改革开放三十年，我们正是比较好地把握了义利关系上的中庸之道和动态平衡，一方面承认与肯定不同阶段价值目标的合理性，另一方面清醒认识矫枉过正的局限以及价值目标不断提升的必要；一方面肯定价值目标的原则正确性，另一方面又充分发挥实践步骤灵活性的优势。

将这种中庸之道和动态平衡艺术运用在具体生活实践中，难免不够革命，甚至可能被冠之于"滑头"、"捣浆糊"的骂名。其实不然。我们所熟知的关于实现公平正义的途径和方法的学术讨论，不外乎罗尔斯的无知之幕、艾克菲尔斯的计算机实验、哈贝马斯的交往理性和孔子的和谐策略。在《正义论》中,罗尔斯试图制造完全平等的处境以考察人们仅凭理性所能够作出的真正公平的选择:博弈双方被假设成是自私的,又是充分理性的。1980 年艾克斯罗德做过一个关于合作条件的计算机实验,博弈双方被假设为能力相等,不可能消灭对手而只能在得分上胜过对手,是对罗尔斯方案的一种仿真试验,但条件相对宽松,不要求博弈者必须是理性的,这个试验或多或少证明了好心有好报或者好人笑到最后。其中最大的一个困境是对手杀不死的假定。而哈贝马斯不满足于康德的实践理性,发展出交往理性,希望通过交往把原来相互冲突的不同意见变成一致意见。而圣人孔子的和策略基本上可以说是改进型的,追求的是同步对称的利益相互依存关系。即一种即时现报的连锁反应关系。一方选择对自己有利的行为,姑且权当对方同样获得利益;一方不得不选择不利于自己的事情,对方也因此而产生利益受损的结果,这样的双方关系和价值选择才符合公平原则,和谐才得以实现①。纵观这种种博弈的观点,不难发现其实无论哪一种主张,都是一种或多或少带有文学性的获得公平和正义的方案,都可以从中找出这样那样的缺陷和漏洞,但我们并不会因为其缺陷而否定价值追求的正当性。从这些前辈哲人和学者的努力中可以得出的初步结论是:公平也好,正义也好,它们的实现在现代社会只能是逐步妥协、交流和协商的结果。日日革命,月月斗争,不断地冲突和交锋,毕竟不是生活的常态。

　　当然,中庸之道、动态平衡,策略的灵活性等等需要以一个国家健全的法治为基础。道德理想的实现需要真正的法治。改革开放三十年来的一系列变化,客观上对我们原先关于道德规范的基本理念和信心产生了比较大的冲击。每一次改革的推进看起来是确立新规则的过程,订立各种法规制度的过程,实际上是不断打破规则,不断让潜规则悄悄起作用的过程。而这个过程,几乎可以突破所有的道德底线。那么其中的历史合理性和局限性究竟在哪

---

① 赵汀阳:《每个人的政治》"合作的条件"部分,社会科学文献出版社,2010 年版,第 18—41 页。

里？有人把其中的试错和探索行为说成是中国式的智慧,是原则坚定性和策略灵活性相结合的艺术,我并不反对,但是技术上的合理性并不能规避法治建设上的风险。目前更重要的是建设一个现代意义上的法治国家。而在实践中真正起作用的那些不成文的、有随意性的做法和"潜规则"与法治相去甚远,是以不断的违规实现它的效能的。如果连最基础的法制,最底线的道德都难以推行,那么更高意义上的道德生活和道德理想就是不可能的。

图 44 《隐蔽的秩序——
拆解历史弈局》

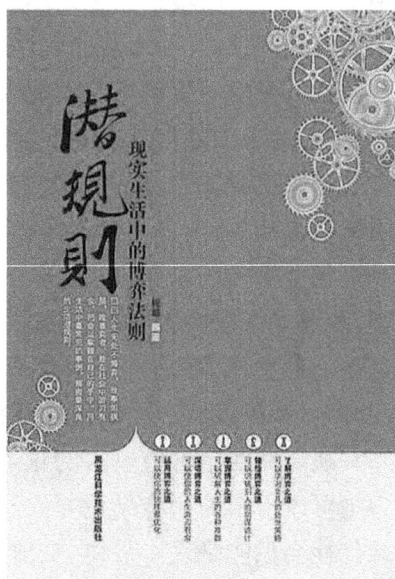

图 45 《潜规则——现实生活中的
博弈法则》

中国古代所说的中庸之道沿用到今天,可以归结为礼数和秩序。简而言之就是矛盾双方各守其位,家庭和谐了,村落和谐了,天下就和谐了。政治内部的矛盾处理好了,官民就和谐了,中央和地方就和谐了。因为两个平等的事物不能建立秩序,分出主次才能有和谐,所以古代的中庸之道所说的矛盾双方还是有层级之分的。从这个意义上说,中庸之道有局限。因为如果主导方面不修身、不自律,只是一味地有利于自己呢？如此,中必不中,出现偏移,偏移必然要倒塌。面对失衡和倒塌,儒家并没有设计出真正可靠的办法来挽回这个局面，实在没办法了，就采取最后的解决方案，即允许汤武革命，允许老百姓颠覆暴君。如果统治者不把老百姓的利益放在眼里，那他就丧失了天命，而天命就在人间游荡。但在革命爆发和官民失衡之前怎么来解决呢？没有可靠的办法，只能劝上，如果实在劝不好呢？那就只有"采菊东篱下，悠然见南山"了。有人认为现代西方民主制度为重建平衡寻找到了一种办法，那就是授予双方平等的权力。但这也存在一个问题，双方力量有强有弱，表面上平衡，实际上对强的一方更有利。因此，笔者认为不能抽象地谈论平衡点。小到每一个老百姓的行为取舍，大到中国外交战略的调整，中庸之道和动态平衡的艺术可以使我们避免武断，避免偏激和盲动，兼顾多种因素和多个方面。方法论上的意义是首要的，具体的中点还要靠具体的实践去探索和把握①。动态平衡的艺术用在政治发展上就是协商，用在一个区域发展极度不平衡的国家，就是要求中东西部统筹发展，用在思想观念上就是和谐文化建设。虽然改革之初我们采取了一些看起来比较单一的手段谋求经济发展，但从长时段来看，从价值优选的角度来分析，中庸是总的价值取向。像中国这样一个幅员辽阔，人民生活水平和精神需求愈益多元化的国家，和谐、中庸的理念对发展十分必要。在中国传统文化中中庸确实和一定的等级平等联系在一起，似乎不同等级的人各安其位，社会就和谐了。现代意义上的中庸之道和和谐之道应该超越这种等级思维。既然承认整个社会的利益格局和主体需求已经多元化了，就应淡化等级观念，强调多元之间通过共识和尊重达成的交叉面和共同点。

在今天看来，中庸其实就是一个对价值优选的感觉上的把握，不可能是一个十分理性的分析过程，更不可能像菜谱一样将分量配料计算得清清楚楚。关键环节有两个，一是度的把握，二是多元优选。与规则有关又不局限于规则，与理性有关又离不开经验感觉；与探索有关又不等于盲目犯错。

---

① 参阅曹锦清：《如何研究中国》，上海人民出版社，2010年版，第125—126页。

第二部分

组合创新①

专题一　在创造性转换中弘扬
中华优秀文化

一、多元融合

中国模式研究是近年来理论界学术界十分关注的话题。从有无中国模式之争逐步过渡到对中国模式特殊性、时效性、国际影响等具体问题的分析。在此过程中，坚持何种历史观对中国模式研究有着十分重要的意义。从两千多年的时段来看，中国模式理应包含中华优秀传统文化及其创造性转化；从150年的时段来看，中国模式理应包含学习、模仿别国发展的经验及其逐步扬弃的过程，包含以我为主，为我所用的理性智慧；从90年的时段来看，中国模式理应包括马克思主义中国化的具体实践和在此过程中逐步形成的优良革命传统；从30年的时段来看，中国模式又离不开改革开放取得的巨大成就、渐进式探索的创新精神和以人为本的发展宗旨。笔者认为中国模式是多时段层积性兼容发展的一种独特样式。我们既有抓住机遇发展自己的勇气，又有面对矛盾寻求动态平衡的

①　此部分以黄凯锋、唐志龙：《建设社会主义核心价值体系》相关内容为基础，特此说明。

努力；既有把握规律，顺应时势的自觉，又有尊重群众首创精神的自知；既有坚持社会主义必然胜利的乐观自信，又有不断尝试不断修正和完善的务实作风。因此，我们研究中国模式不是寻找一种"单纯通用配方"，更不是寻求向别人普遍推广的典范，而是实实在在地了解我们的历史、分析当前发展的优势和面临的挑战，从容应对国际关系领域各种各样关于中国问题的观点、争论甚至疑问，更加明确未来的价值取向和奋斗目标。对中国特色社会主义文化的认识和分析也可以从这样一个历史和现实相结合的角度展开。而无论这个多元结构将呈现怎样的特点，中华传统文化总是其中不可缺少的因素。

近年来各种规模宏大的祭孔活动层出不穷，小学生诵读经典也成为弘扬中华文化的载体。究竟如何看待中华文化的正面价值和负面效应？如何有效地实现中华文化的创造性转换，将其中的精华提炼为中国特色社会主义的核心价值理念？

中华文化历史悠久，形态多样，内容丰富，各要素之间看似互相矛盾，却因运用得当演绎出新时代的创造性转化，对中国自身三十多年来的经济高速增长和人民生活质量提高起了潜移默化的重要作用。

中华文化是以中原华夏文化为基础，在与不同民族文化的对话与融合中发展起来的，是文化整合的结果。殷周文化是整合了夏人、商人、周人以外的许多少数民族文化的结果。秦汉时期许多少数民族文化，如巴蜀文化、楚文化、吴越文化也被汉文化吸收整合，成为中华民族文化整体的一部分。魏晋南北朝时融合了鲜卑人、乌桓人、匈奴人的文化，五代至宋融合了契丹、女真、西夏等民族的文化。特别是东晋、安史之乱、南宋时期，北方文化的三次南移浪潮，对南方各民族的汉化所起的作用是相当巨大的，它不仅融合了南方各民族的文化，也使整个中华民族的文化走向了一体化。

中国佛教禅宗作为印度佛教文化与我国道家文化，特别是庄子与玄学相结合的产物，本身就是文化多样统一的例子。在西汉时期，固守儒学经典的博士是专以训诂注疏的章句之学，排斥各种新的理论观点。但是随着佛教的传入，老庄哲学与魏晋玄学的兴起，经唐至宋，一些士大夫受佛学与老庄哲学的影响，已放弃训诂注疏的章句之学而发展起了一种追求经学真理的精神。到宋朝仁宗、神宗之世，周敦颐、邵雍、程颢、程颐等开拓出了义理之学，他们出入佛、老，泛滥诸家，虽宗孔、孟，已不固守陈词滥调，而是以诚为本，以格物穷理、知礼成性为学问。及至南宋时期的朱熹，更是推波助澜，声高入云，终集理学之大成。程、朱理学发展到明代，儒、道、佛已完全合流了。儒、道、佛三种文化从汉魏六朝的分庭抗礼，到宋、元、明时期已发展为三位一体，形成了新的中华文化体系。到了近代，从 19 世纪末"戊戌变法"开始，经历了半个世纪，主要是吸收西方文化的民主和科学思想；从 20 世纪 70 年代末开始至今，经历近 30 年改革历程，主要是吸收市场和法制观念，当然，还有许多有价值的东西。从被迫打开国门到主动对外开放，中华文化在各种形式的对话交融中不断成长。发展到今天，中华文化的组成部分更加丰富多样，其中有传统优秀文化的继承，有马克思主义新文化的发掘提升，有革命传统的发扬，也有西方文明的借鉴。多种因素看似矛盾却能良性互动，为世界文化的多样和谐发展提供一个微缩的个案。中华文化能"各美其美"，而且能"美人之美，美美与共"（费孝通语）。

图 46 《禅宗与中国文化》

图 47 《中国儒佛道三教关系研究》

　　1985 年中国加入《保护世界文化和自然遗产公约》以来，目前已有数十处文化遗产被列入《世界遗产名录》，数量位居世界前列。大足石刻、平遥古城、北京故宫、云冈石窟、"东方圣城"——曲阜、皖南古村落、苏州古典园林等都实实在在成为中西文化交流的使者。以其品牌效应带动旅游产业蓬勃兴起，为世界各国人民了解中国历史和文化遗产起了潜移默化的推动作用，也为中华文化在世界其他国家和地区的传播创造了条件。而扩大中华文化影响力的一个基础工作正是开发利用中华文化资源，挖掘和保护本民族文化遗产[①]。近年来，我国政府在挖掘、保护、弘扬中国传统文化方面做了大量工作，逐步注意向世界范围输送、传播、馈赠中华文化的精华，重视介绍日新月异的中国新文化，树立改革开放、和平发展的当代中国形象，使世界人民更加全面了解中华文化的历史和现实，进而了解当代中国的真实面貌。同时也以开阔的胸襟，吸收和学习其他国家文化建设方面的宝贵经验和丰富成果，"法国年"、"俄罗斯年"、各种艺术节和电影节的成功举办实现我们"请进来"

图 48　《世界遗产在中国》

图 49　《世界文化与自然遗产》

---

①　童世骏：《文化软实力》，重庆出版社，2008 年版，第 66 页。

的承诺。在经历多年对外开放以后，我们正在反思，一种健康自信、利他利己的文化开放战略应该是有吸收、有扬弃、有反馈、有输出、有反作用的整体战略①。

二、凝聚"五缘"

中华文化以家庭为单位，由小及大，由近及远，由亲及疏，拓展形成整个人际社会网络。学者林其锬将其概括成"五缘文化"②，即亲缘——宗族亲戚关系；地缘——邻里乡党关系；神缘——宗教信仰关系；业缘——同业同学关系；物缘——以物（土、特、名、优）为媒介的人际关系。中华民族是经过几千年的同化融合而逐步形成，今天虽散居世界各地，持不同国籍，但都是这个伟大民族的一部分。中华文化也是数千年演进的产物，尽管在不同地区有不同表现和变异，但作为一个大的文化传统，不会因变异而中断。而"五缘"，完全可以成为沟通华人世界的纽带和桥梁，是一个在今天依旧珍贵的文化资源。

尽管"五缘"文化熏陶下的家族制有其自身的弱点，但无论在中国还是其他国家，一些著名大企业都曾把家族制的优势发挥得淋漓尽致。在当代西方社会，家族公司仍然是最普遍的企业组织方式。据统计，美国的上市公司中由家族控制的超过 40%，而一些历史悠久的跨国公司，如福特、杜邦、柯达、通用电器、摩托罗拉

图50 《五缘文化概论》

---

① 赵启正："文化复兴是民族振兴的基础"，WZWUBO 网站；于沛："关于中国文化大踏步走出去"笔谈，百度搜索。

② 林其锬、吕良弼：《五缘文化概论》，福建人民出版社，2003 年版，第 56 页。

图 51　《李嘉诚管理日志》　　图 52　《妈祖信仰与汉人社会》

等公司也都为家族控制。在东南亚地区,更有不少家族企业赫赫有名,如台湾王永庆的台塑集团、香港李嘉诚的长实、和记黄浦,马来西亚郭鹤年的郭氏兄弟集团等①。

中国的改革开放政策保持稳定不变,措施得当,基于"五缘"文化背景的世界华人经济协作将呈现美好前景。

从"神缘"的角度看,海外华人社会供奉的主要还是中国的神。以东南亚华人社会为例子,比较普遍的有"大众爷"(土地神)、"大伯公"(福德正神)、"三宝公"(郑和)、"关帝"(关羽)、"观音菩萨"、"女大伯公"(妈祖),还有城隍、山神河神等。此外,各行各业都有自己的保护神,农民供奉农事神,五谷神;木匠供奉鲁班先师;商人供奉关帝神——武圣(据说关帝还兼财神、神武之神、忠义之神),渔民和水手供奉海神。其中,关帝和妈祖的供奉最为普遍。由此可见,中华民族以伦理为中心的"五缘文化",在变异中连续,具有顽强的生命力。福建莆田的一尊妈祖,使眉州湾蜚声海外,莆田也成为台胞的集中投资地,一座"鞋城"因此兴起,这就是文化所造成

---

① 蒋铁柱:《家族企业第二次创业》前言,山西人民出版社,2006 年版。

的名望效应。

从"地缘"的角度看,沿海地区是众多华人的祖籍地,同他们有天然的联系,中国政府非常重视发挥"五缘"文化的桥梁作用,扩大并强调同海外华人的社会联系,通过引进资金、技术、人才和经营管理经验,建立起互惠、互补、互助的合作关系,积极推进企业文化、地区文化和海外文化的互动,求得世界炎黄子孙的共同繁荣。

在"五缘"文化的发展中,值得借鉴的是华人创业中形成的精神品格,其中包括:敢于冒险,勇于开拓,勤俭奋斗,坚忍不拔的创业精神;履信守义、热心公益、守望相助、同舟共济的"隆帮"精神;遵纪守法、廉洁奉公、赏罚严明、高效有序的法治精神。

创业精神是中华民族勤劳勇敢精神的发扬光大,它使海外华人敢于面对现实,勇于接受挑战,既不怨天尤人,也不限于陈规陋习,而是在奋斗中追寻机会,在忍耐中积聚力量,随遇而安,不屈不挠,任劳任怨,克勤克俭,不怕挫折,坚定不移地为实现自己的目标拼搏。

隆帮精神就是中华文化群体本位、因情有义的发扬光大。这种精神使得海外华人在远离家帮、孤立无援的异域他乡,能够凭借自身的团结,守望相助,同舟共济,求得共同生存和发展。

法治精神是现代海外华人随着生产规模的扩大与向现代管理的转变,吸收西方文明的典型。遵纪守法、廉洁奉公、赏罚分明、高效有序,是现代化企业生存和发展的需要,也是实现走向国际、经营世界化的必要条件。

中华文化在异域华人中衍生的这些精神品格,至今仍是我们的骄傲。

伴随经济全球化,世界华人为分散投资风险,赢得更好的发展空间,在管理模式、资本运作、产品生产、市场营销等方面作出相应调整,将夫妻店、父子兵、兄弟班等形式逐步转变为新型的管理形式,变革企业制度。在此过程中,"五缘"文化的影响方式将发生变异,但这种变异是内涵的更新,形式的调整,其潜藏的"文脉"仍将被传承。事实上,世界华人间的横向联系空前活跃,世界性宗乡组织纷纷成立,华人社团组织不仅数量激增,而且性质已向经济一体化迈进。目前已有越来越多的人议论建立"中国人共同体"、"中国经济圈"、"华人经济共同圈"、"亚洲华人共同市场",至少反映出世界华人在经济驱动力和民族文化凝聚力的双重作用下,走向大团结。

当然,我们不能把"五缘"文化、华人的创业精神看作是均一和静止的,更不会盲目高估"五缘"文化的作用,而要面对"五缘"影响下的家族企业在更新"家"的概念,扩充家的"内涵",引

图53　《亚洲华人企业家传奇》

进社会资本和职业经理人等方面的重要转变,将文化因素放到具体经济条件下进行综合判断。

三、推己及人

一种文化的优势和劣势不是绝对分明、一成不变的。一种文化要素的长处和短处常常结成一体,如影随形。最大的长处所在,往往也是最大短处的根源;最大优势的发挥,往往暴露出最大的劣势。

这里不妨分析一下中国传统道德思维方式的核心——推己及人。

道德的内容,它的规范和原则,从哪里来? 根据什么来制定和确立? 这些被称作道德的"元问题",是一切伦理道德体系的根据、前提、基础问题。而从孔夫子开始,中国历代思想家的回答,实际上都是以推己及人的方式,沿着由自己而大家的思路进行的,尽管他们总是打着"天命"、"天意"、"天理"和人的"天性"的旗号。

孔子最先提出推己及人的思路和原则,提出"己欲立而立人,己欲达而达人。"其中最根本的核心原则就是"己所不欲,勿施与人"——通过自己的观察和内心体验,找到人的天性和天理,然后

再将它推广到其他人和整个社会,得出一套道德规范和绝对律令。多年来,这种以个人意识为起点,自我——他人——一切人的思路,成为一种很有代表性的传统思维方式。乍看起来,它确实很有道理,似乎找不出比它更合理、更根本、更普遍使用而又简单明确的原理了! 但事情总有另外一面,如果不是停留在抽象的义理上,而是结合一下历史和现实,那么就会发现,恰恰是这种似乎无懈可击的抽象,其中包含着某些失误的因子。

首先是它的理论和逻辑前提,为什么要推己及人? 应该和能够实行推己及人的前提条件是什么? 在生活中,每一个人与己之间都是可以忽略具体条件而随时推及的吗? 这一点没有经过论证和说明。推己及人的致命弱点,恰恰是它预先想象了人与己之间是完全相同或一致的,至少也是应该相同或一致的:己所欲者,一定也是他人所欲;己所不欲者,也一定为他人所不欲,从而忽视了主体的多样性和特殊性。这种舍弃了人性的"人己同一"论,本身就是非历史的、主观化、抽象化的观点,或者说它只能是人的个性尚未充分发育时代的理念。随着主体多样化需求的个性和独立性的发展,无条件的推及必然遇到难题,人们需要说明人与人之间,在什么条件下是可以,而且应该看作彼此相同或一致的? 又在什么情况下决不可以如此一视同仁的? 在人人平等、各自独立的条件下,一个个个体有什么权力和必要把别人看得和自己一样? 有什么必要大家都去推及别人或接受别人的推及? 在生活实践中这样的问题是不可避免的。如果得不到说明,那么推己及人就很难成立。

其次要考虑的是推及的现实过程。过去的伦理道德是由什么人、如何推出来的? 未来的道德又指望谁,怎样推出来? 这些都有待考察和验证。但有一点却很清楚,世界上人与人之间,存在着各种各样的区别,有些甚至是根本利益的差别,在这种情况下如果让人人去推己及人,显然是行不通的,那么就要依靠少数人,即圣人或大人或统治者。但是少数人从他们自己出发所推出来的东西,能够无条件地适合大多数人吗? 如果有损于极大多数人利益的规则也要强制推行,那么这种推己及人的道德,就成了专制、剥夺和强加于人的借口,还有什么仁爱可言呢?

　　所以尽管推己及人看上去合乎情理，但事实上的结果却总是造成社会上一部分人己所不欲，偏施与人——有权势的人，将自己所不愿的东西，施加于另一部分人；无权无势的人，则不管是否为自己所欲，也只能接受别人的施与。同时权势的得失本身也有其不稳定、不可靠的一面，人可以一时得到它，也可以一时失去它。得到权势的人乐于施与人，失去权势的人则苦于被施与。于是人们总也看不到推己及人被全面、一贯地执行和落实，相反总看到它被作为实用主义的手段。一个似乎美好的原则，在现实中却可能成为虚伪的掩饰品和替代物。这就是一个抽象化原则的命运。

　　最后再看看推及的结果和产物。推己及人的道德思维必然以推及者的不同而有不同的结果。如果在最好的情况下，即人们是以最大的善意，从绝对公正无私之心出发，去进行最严密合理的推及，那么它所产生的思想成果，也只能是一种纯粹理想化的道德，一套抽象合理的观念，还不等于生活中成为必然的现实。仅仅依据个体善的本性的理解和推广，或凭借对恶的本性的超越而设想出来的美德和规范，往往只具有理想的性质和力量，而缺少现实的力量。道德常常只被了解成人类生活中某种发自内心的应然，而不是历史本身一定意义上的实然。这种观念本身是传统道德思维的一大特征。理想固然是重要而宝贵的，但缺少现实根基的理想，则注定在现实中处于弱势。在强有力的现实经济进程的发展和变革面前，道德常常受到攻击和亵渎，多被说成是社会进步的牺牲品。特别在社会的变革和转型期，在道德理想主义那里，总是发出道德滑坡的担忧，在他们眼里，似乎世俗的经济、科技和日常生活天生就是与道德背道而驰。在这种议论下，似乎道德的拯救多半寄托于恢复以往的东西，往往需要依靠某种政治或行政的力量干预才能实现，并不能从多数人的现实中得到支持。这种道德思考方式越来越与现实相脱离，甚至相冲突，这恰好说明推己及人本身有严重缺陷①。

---

① 参阅李德顺、孙伟平、孙美堂：《家园——文化建设论纲》，黑龙江教育出版社，2000年版。

图 54 《家园——文化建设论纲》

图 55 《良心论》

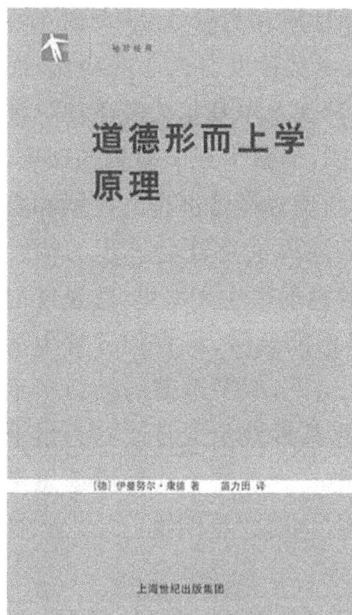

图 56 《道德形而上学原理》

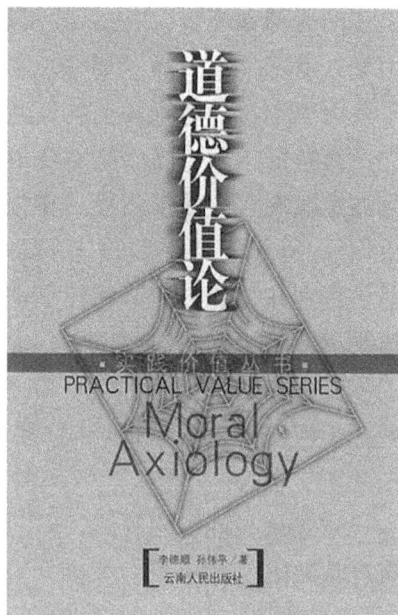

图 57 《道德价值论》

外推式的道德思路,是传统伦理一个影响很深的误区,它的根本外推是从抽象单个人出发,而不是从现实多样的人出发,用一种主观意向构造原则。从来都存在具体道德形态的差别,而不是有无伦理道德的区别,除了抽象理想化的道德,还有现实的真实存在着并发挥作用的道德,生活本身在什么样的范围和条件下进行,它建立在什么样的结构关系上,它要求怎样的秩序和规则,就必然产生什么样的伦理道德。现实的强势的道德,不是来自任何人推己及人的想象,而是由人们的共同生活和相互关系本身产生的,内生才是社会各个领域的现实道德产生和发展的重要方式和真实途径。道德是由人自己的活动创造生成的。如果说这里也有推及,那么它也并不是从个人出发,而是从群体出发;不是个人用头脑推及,而是群体共同的生活逻辑推出;不是从一个点向外,向他人推及,而是一个整体在向内深化调整,进行自我完善和自我规范。既然如此,现实的道德必然与人的生存发展相联系,并由人的实践本身强有力地创造出来。

四、临时抱佛脚

无论人们以什么为信仰对象,信仰这种精神形式的特征,都在于把某种价值信念置于思想和行动的统摄地位,成为全部价值意识的定向形式、调节中枢,成为人的主心骨[1]。以儒家学说为基础的中国传统文化,体现出一种"有信仰,无宗教"的情况。儒家学说的精神实质是以天为最高信仰的人本主义,但天本身却从未被人格化为一个统一的、唯一的神,而是可以由人们随时随地去认识、体悟、理解的信仰对象。从孔子开始就从没有对神或上帝有过认真的、系统的强调和发挥,而是始终以人的方式去理解和阐述天意。天意永远与现实的人伦政治联系在一起。所以关于天,并没有一套完整唯一严密的说法(教义),也不需要一套不同于现实的特殊组织形式去维护和实现它。宋明之后,儒家也有被宗教化的迹象。这是由于被定位于意识形态一尊后,通过国家政权参与的

---

① 李德顺等:《家园——文化建设论纲》,黑龙江教育出版社,2000年版,第222页。

推行与教化,使儒家学说不再仅仅是一套政治伦理学说,而进一步被当成不容怀疑的信仰,要求人们无条件膜拜。儒家学说的教条化,意味着某种程度的神化,同时孔子也被神化,具有至少接近于教主的地位。这使得在中国民间,儒家成了与佛教、道教相并列的"儒教",孔子成了与释迦牟尼、老子并排安放在庙宇的神像。儒教本身并非宗教,它的学说也非宗教主张,但儒家在现实生活中却有宗教化的趋势,这一情况很值得深思。一方面固然反映出在当时社会发展水平下,人们确实有一定的信仰需要,而信仰和宗教之间没有绝对的界限,确实很难截然分开;另一方面也显示出中国人对待信仰和宗教的特有方式。

中国自古以来有过无数大大小小的民间宗教,其中不乏历史悠久、组织严密的教派。特别是较早产生的道教和后来输入的佛教,也形成了很大的规模。但是却从未有一种宗教真正占据信仰生活的主导地位,成为具有国教性质的宗教。这恐怕是由于中国文化的主流一直是人本主义而非神本主义的。以人为本而非以神为本,在心理上意味着人们对神的来历与本意,可以不过分认真地追求,不求对其全面彻底的理解和逻辑一贯的忠诚,而只取其对人的意义,只问是否能够管人的事,只求适合于自己。孔子的态度一向是十分明确的,子不语怪、力、乱、神,而当有人问及如何事奉鬼神时,他的态度是:未能事人,焉能事鬼?祭如在,祭神如神在。一个"如"字表明对神究竟是否存在,采取的是一种存而不论的含蓄态度,而对人们的敬神行为,也采取理解和宽容的态度。这种异常的大度和睿智,从一开始就做出榜样,教会国人如何在神面前保持以人为本。

在中国民众的信仰中,并不是没有神圣的偶像,但人们所崇拜的神仙,并无严格的宗教体系,常见的情形是给各路神仙分配一定职务,请他们分管具体事务。因此可以超越森严的教义和教派,融儒、释、道、基督教等于一炉,甚至将孔子、关公、观音、耶稣供于一堂,人们求神而无定规,呈现典型的实用主义态度。例如为读书做官就去拜孔子,要求子嗣就去拜观音,要想发财就去求财神,有时连阎王小鬼都拜,供奉的目的就在于那实用的求,而不一定在于虔诚的信。如果要人信教时，最有效的方式也就是两种：一是许诺，二是恐吓（如果你不信就会大祸临头）。只是因为相信许诺或害怕威胁而信教，明显都是实用心理的表现。所以既无虔诚的宗教精神，又无严格的宗教秩序，而"平时不烧香，临时抱佛脚"正是中国民间信仰的典型形式。

在中国式的人本主义宗教中，人们多半表现出一种令人瞠目结舌的多变性、包容性和不严肃性，在这看似

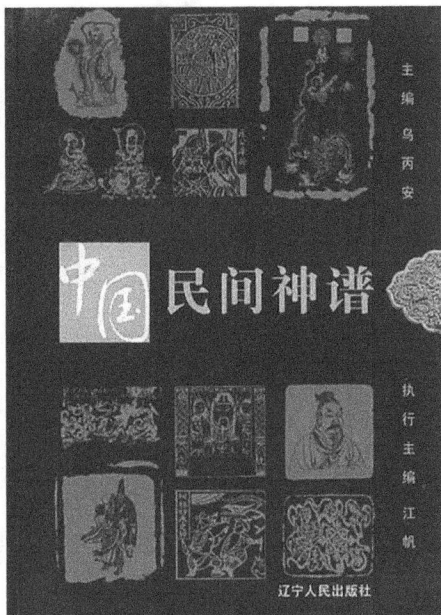

图 58 《中国民间神谱》

荒诞的背后，实际上含有一种深刻的人生哲理，它既有合理的一面，也有不合理的一面。合理的一面表现在它借助宗教的形式保持了以人为本的内涵。宗教的神来自人自身的异化和神化，因此中国式的宗教态度，实际上体现了从对神的信仰向对人自身信仰的一定程度的回归，自有其深刻的现实基础。同时，中国式的宗教态度，因其对于各种宗教都采取宽容态度，有利于避免西方特别是欧洲历史上多次发生的那种流血的宗教冲突，给社会的发展多保留一点难得的安宁和稳定。这种大度和睿智功不可没。不合理的一面在于：对现实中很严肃的大问题，往往关注得不够认真、不够彻底，对于信仰的对象缺少彻底的研究和一贯的把握，而是任其含混不定，随意改变，对于信仰这种心理和行为本身，则更少有正面的开诚布公的追问、反思和交代，而是将其当作心照不宣的约定，停留于自发的选择水平，这种大度和睿智的负面作用，恰恰是把合理的东西（以人为本的信仰）置于不合理的地位，而把不合理的东西（对信仰的不负责任）凸现于前台，把应该坦率地说明，并旗帜鲜明地加以发扬的东西（以人为本的信仰）掩盖于言行的背后，而把

图59 《近代中国社会与民间文化》 　　　图60 《闽台民间信仰源流》

应该加以自我反省和矫正的东西(对信仰的不求甚解、不负责任)
当成可以立身处世的方法。其结果是使人满足于眼前似是而非的
所得,而往往失去更大、更宝贵的机会。

平日不烧香,急时抱佛脚,抛开单纯的宗教用意,而取其对信
仰的一般描述,应该说很好地刻画了由于对信仰、信念缺乏足够自
我论证而必然导致自我矛盾、自我冲突的状况。究竟信什么,不信
什么,人只有能够彻底说服自己时,其态度才是真实虔诚、坚定一
贯的。仅用实用主义式的随机反应,则使人缺乏原则感、敬畏感和
自觉的理性归属意识,精神上极易陷入混乱和浅薄。它至多能保
证小范围的安宁,而不能产生追求真理和科学的强大动力,甚至可
以导致精神上的保守和堕落。一旦遇到巨大深刻的思想冲突,这
种心态就必然失控,陷入严重的危机,遭受重大的挫折。所以不仅
在科学上需要反思,就是在信仰问题上也要对传统文化进行反思。

五、重在建设

通过以上几乎挂一漏万式的梳理,我们不难发现中华文化传统具有两面甚至多面的特征。所谓的取其精华,所谓的提炼核心价值理念,不是简单地选择好的,抛弃坏的,即使如此,也需要一个价值判断的相对客观的标准。

中国今天的文化建设主张以我为主,立足现实向前看,通过实践而创造。从一定意义上说,这就是我们面对中华传统文化应该有的基本立场。而今天的现实,就是以往努力把中华优良传统与本国实际相结合的结果,今后也将朝着这个方向前进。

文化建设上的"向前看"着眼于未来的发展,而不是一味"向下看",把一切已有的东西都当作固定不变的真理;文化建设上的"向前看"是以前进的目标和心态去行动,而不是一味"向后看",仅仅定位于向前人看齐。总之,"向前看"就是学会自己面对现实和未来,进行创造性思考,把现在和过去达到的文化成果作为进一步发展的基础。这是文化走向现代化最需要的积极心态。

近年来关于中国文化的发展,曾经有过一种主张,重在强调和挖掘我们过去"有什么",主张通过"弘扬优良传统"来重振中华民族。这种"传统论"实质上是"向后看"的思路。而中国的文化建设是我们自己的事,不是古人的事,只能立足于我们的现实"向前看",而不是完全寄托于前人的"向后看"。这就意味着我们要走一条自己的新路。

中国的文化传统是中华民族在历史上形成的自身品格和形象的代表,它在很大程度上能够说明中国过去曾是、今天正是、未来将是什么样的人、什么样的民族和社会。而我们今天的文化,不仅来自几千年的民族传统,其间(特别是近百年来)也吸收了许多西方近现代文明的因素,而半个多世纪以来的社会主义革命和建设事业,也造就了一定的革命文化传统,还包括以往计划经济体制下养成的特征和习惯。中国社会的现实文化,因此是多种文明和文化因素的综合,对于未来而言,它就是我们现在已有的"传统"。

实事求是地看待自己的传统,我们不难发现它是有两张甚至多张面孔的守护神。几千年来,我们悠久的文化经历了艰难曲折的发展过程,在中华民族的兴衰史上有过大起大落的不同作用。既有悠久的文明,又曾被认为不"文明";既曾陷于落后和屈辱,又能以自强和不屈走出落后，这是我们的文化传统在历史上显示的总体面貌。无论是从过去还是现在看我们的传统文化，它都有一定的长处和短处、优势和劣势。我们从历史走来，所以决不可能脱离自己的传统；我们向未来走去，所以决不应该停留于自己的传统。以科学的方法去认识传统，既要有自尊、自强的精神，也要有清醒、理性的态度。既要对自己的历史负责，有自爱自立的意识，敢于肯定和弘扬自己传统中一切优秀的、美好的东西，又要对自己的未来负责，有自我批评和自我超越的精神，敢于否定和抛弃自己传统中一切落后和丑恶的东西。

古往今来，装进中国人头脑中的各种"土教条"和"洋教条"数不胜数。它们共同的特点就是制造迷信而不受实践检验，不对中国人民的现实发展负责。而中国的文化，是在亿万人民活生生的实践中创造出来的。我们完全有能力破除迷信，实事求是，探索文化发展之路。

近年来，关于和谐理念的一系列创新探索正是重在建设的文化发展之路的生动实践。既吸收了中国古代关于和谐的理解和历史上中华文化在融合交流中不断成长的经验，又立足当前，目标长远，为科学发展观的贯彻落实打好扎实的文化基础。

"和谐"是一个相对的概念，它与失衡、混乱、危机、冲突和对抗等相区别，是指社会的内部结构均衡稳定、社会运行安全有序、社会管理（自我调节）有效顺畅、能够自主应对环境变化的一种整体状态，即一种高度有效的"自组织化"状态。一个社会是否和谐，并不在于有无内外部差别、矛盾和冲突，而在于自身是否能够持续有效地解决矛盾、化解冲突和对抗。构建社会主义和谐社会，并不是要在"全面建设小康社会"、"建设富强、民主、文明的社会主义现代化强国"等目标之外，再去构造一种不同的社会形态，也不应理解为解决现实突出问题而采取的一套权宜之计。而是高度重视营造和保持应有的张力和平衡，以形成和完善一套使国家长治久安、社会健康稳定、积极发展的良性机制。

在人类历史上，原始社会、奴隶社会、封建社会、资本主义社会、社会主义和共产主义社会等等，每一种社会都有自己和谐与不

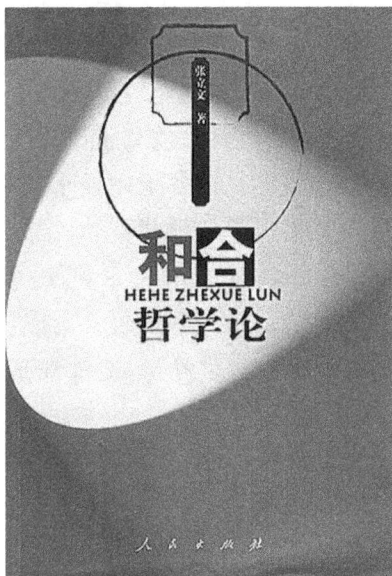

图 61   《和合哲学论》

图 62   《中国社会和谐稳定报告》

和谐的状况,而每一社会的主导者都力图实现和维护特定秩序下的和谐,这是不言而喻的价值选择和文化导向。但是建立在阶级分裂和根本利益对立之上的社会制度以及维护这种制度的"和谐",与建立在消灭阶级对抗、实现公平正义基础上的"和谐"之间,存在文化性质和水平上的根本差异。社会主义意味着创造和谐、走向和谐,但还不等于充分和谐。党中央总结已往的经验教训,正视当前的困难挑战,根据新世纪新阶段我国经济社会发展的新要求和我国社会出现的新趋势新特点,提出了要致力于构建社会主义和谐社会的战略任务。这一战略抉择更着眼于建立长远的社会工作机制①。

现在提出社会主义和谐社会的目标,不仅因为建设"和谐社会"所要解决的那些问题更加突出了,而且因为解决这些问题所需要的条件更加具备了。建设社会主义和谐社会并不是要回避社会矛盾;恰恰相反,这个目标的提出,正是着眼于改革开放以来,不少

---

① 　参见李德顺:《论和谐社会的文化建构》,百度搜索。

社会矛盾正在积累,有的甚至有不同程度的激化。现在提出重视这些问题,也是因为我们解决这些问题的条件比较成熟了,我们有了比较强的中央财政,有了相当好的地方积累,有了比较统一的思想认识,包括在比较发达地区的比较富裕的民众中,也有了比较统一的认识。目前的任务是让更多的民众,尤其是让各地领导干部,让掌握着优越的政治资源、经济资源和文化资源的那些群体,把思想统一到建设社会主义和谐社会的目标下来,一方面设法把更多的公共资源用于全体人民,另一方面努力创造出更多的公共资源,使得改革开放和现代化的成果为更多普通民众所分享,使社会主义作为"社会"主义更加名符其实。

"和谐"因此而可能成为从中华文化而来,又符合新时代要求的核心价值体系建设的一个重要理念。

专题二　在批判性扬弃中吸收西方文明成果

从多元组合创新的角度分析中国特色社会主义文化,西方文明的优秀成果也是一个丰富的人文资源。如何以我为主,为我所用?拿来究竟如何可能?具体来说,如何辩证的和客观的认识所谓的"西方经验"?

一、现代化原型与中国特色

一方面,西方资本主义发展的政治和经济经验确实对中国现代化进程产生了深远影响,从"现代化"、"后现代化"、"民主"、"科学"这些概念的引入到资本市场管理的具体方法,无不打上西方文明的痕迹;但另一方面,中国现代化道路又与所谓的西方模式有着显著区别。

以西方现代化的原型英国为例。在英国,从封建主义向资本主义过渡,首先是封建私有制向独立的农民和手工业者私有制的过渡,再逐步转变为资本主义私有制。这一转变的关键是拥有较大资本、具有独立经济条件的社会集团的兴起,这些社会集团采用追求利润的资本主义经营方式,使狭小地区市场转变为全国市场,形成真正竞争型的市场经济。其中,政治权力是实现经济权力的手段。经济自由主义的原则自然引导出政治自由主义原则,促使原有的封建议会现代化,并代表新兴阶级利益,而议会权力的壮大有助于推动英国沿着较少暴力、具有代议制民主形式的资本主义道路前进。何况旧贵族早已没落,后期的新贵族已资产阶级化,代表新兴工商业的城市自治化,又不需要建立强迫劳动体制。这些独特的历史条件使资本主义私有制市场经济、代议制、民主制这三者得以在长期互助过程中发展起来,形成高效、有自组织功能的新的社会经济结构。这种古典的资本主义发展模式对现代社会生产力显示出巨大的适应性。但生产过剩危机与发展中贫富差距的增大形成资本主义古典发展模式的基本结构性矛盾,即资本主义发展危机。两次世界大战和一次大萧条,给所有资本主义国家带来巨大影响,一端出现了反动的法西斯式资本主义发展道路,另一端则推动对古典发展模式的修正。凯恩斯革命、罗斯福新政、民主社会主义、有组织的资本主义等都是西方国家试图修正旧模式的产物。20世纪下半叶,发达工业国发生新的结构性变化,最突出的是单个资本家所有制向公司所有制发展,国有化成分与计划性的增长,所有权与经营权的分离,对自由市场加强调节,以及国家垄断资本主义的发展都表明,古典发展模式中市场经济、代议制、民主制等基本变项的变化引起内部结构功能性变化,最终促使资本主义发展模式日趋多样化。所谓的西方模式也不是一成不变的①。

与上述模式相对抗,前苏联发展出社会主义公有制+计划指令与有限市场相结合+集权型现代国家机构的现代化模式。它形成的历史条件大致有:传统社会结构老化,但传统的权势集团仍牢固把握政权;经历过不成功的或流产的初始现代化尝试;由于社会贫困化或特殊原因造成严重的国内危机;外国资本的渗透,经济不独立,并长期受到边缘化威胁;一般具有较长的专制或集权制传

---

① 罗荣渠:《现代化新论》,北京大学出版社,1993年版,第150—153页。

统；强有力的领导现代化的政治组织的确立和形成这几种。这种社会主义现代化是在内部动力不足的条件下采取非常手段进行的赶超式现代化。这一类型中的所有制形式、经济政治机制、政治结构等诸多方面都与资本主义现代化模型有着鲜明的对立性。它是在资本主义发生严重危机的年代中形成的，因而在政治设计上具有反资本主义所有制、反国际资本包围、追求社会公正、缩小社会贫富差距的目标趋向，把改变阶级结构作为模式创新的决定性因素，用社会理性代替个人理性。但行政性官僚控制力越强，经济自组织能力的增长就越慢，加之制度本身的不完善，特别是工业化本身所具有的负面效应，这种新模式也有发展性危机。随着社会主义现代化基本物质基础的建立，以及当代西方资本主义发展新趋势和科技革命的挑战，以政治为主导的过分集中的经济运作机制已不适应新形势。

居于上述两种模式之间，还有一种尚未定型的现代化模式，也可以称之为某种形式的国家资本主义。其特点是多种生产方式的结合，基本上是自由经济制度，但受政府计划的调节，传统因素特别是军队在稳定经济和社会秩序中起重要作用，是内部斗争的某种妥协形式。就市场体制而言接近资本主义模型，而且具有明显的面向世界资本主义市场的外向型特征；就传统体制仍继续起重要作用而言，接近于社会主义模型。在政治上带有明显的反西方主义色彩，在经济上则受西方强大的吸引或仍然不能摆脱依附性①。

中国特色的现代化之路既非原型意义上的资本主义现代化，也不是前苏联式的资本主义对抗模式，更非简单的混合型。解放以来，中国社会主义现代化的探索从未停止，1956 年，在我国完成对农业、手工业和资本主义工商业的社会主义改造之后，毛泽东及时提出将我国建设成为一个具有现代农业和现代科学文化的社会主义国家②。中国第一次社会主义现代化运动由此开始。时任总

---

① 罗荣渠：《现代化新论》，北京大学出版社，1993 年版，第 150—162 页。
② 《毛泽东选集》，第 5 卷 404 页。

书记的邓小平提出革命任务的相应转换和调整,提出今后的任务主要是建设①。刘少奇所作的八大政治报告也一再强调,党在现时期的任务就是要大力发展生产力,尽可能迅速把我国建设成为一个伟大的社会主义国家。但在当时,中国共产党对现代化的内涵、手段、方式、条件的了解很不充分,仅仅是一种要富国强兵、要发展的主观愿望。很快毛泽东提出要15年赶超英美,随之而来的"大跃进"、"人民公社化"使实现现代化转化为一种席卷全国的轰轰烈烈的社会运动,严重损伤社会肌体的平衡,损伤社会机制的合理运行,最终导致事实上的流产。

1964年,中国经过三年困难,三年调整,开始第二次社会主义现代化运动。周恩来在年底的三届人大政府工作报告中第一次正式提出要在本世纪末实现农业、工业、国防和科学技术的四个现代化。但是由于在此前的北戴河会议和八届十中全会上毛泽东重提阶级斗争,使意识形态领域中"左"的错误重新抬头,党的领导人在对形势的估计和一些重大政策调整上的不同意见显露出来,党的指导思想上的两种趋向在不同领域并行发展。后来,错误的压倒了比较正确的发展方向,坚持经济调整和发展的路线受到孤立。邓小平在总结第二次现代化运动时指出:经济情况有好转,但指导思想上没有解决问题,这就是为什么1966年又开始了文化大革命。当文化大革命席卷神州大地,中国的第二次现代化运动又宣告流产。

1975年,十年动乱之后,中国第三次现代化运动开始起步。周恩来在四届人大一次会议上重申实现"四个现代化"的设想,同年3月,邓小平在各省、自治区、直辖市党委主管企业的书记会议上强调:"全党要为实现这个伟大目标而奋斗。这就是大局。"②并连续抓了铁路、钢铁、教育科技、党风等方面的整顿工作,以此为现代化创造条件,但这又触犯了"文革"和阶级斗争的禁条,各种阻力越来越大,1975年底邓小平被停止工作,后又掀起"批邓、反击右倾翻案

---

① 《邓小平文选》,第1卷457页。

② 《邓小平文选》,第2卷256页。

图 63 《现代化新论——世界与
　　　中国的现代化进程》

图 64 《从「西化」到现代化》

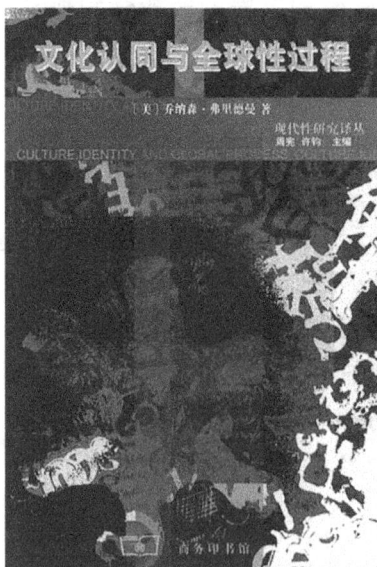

图 65 《文化认同与全球性过程》

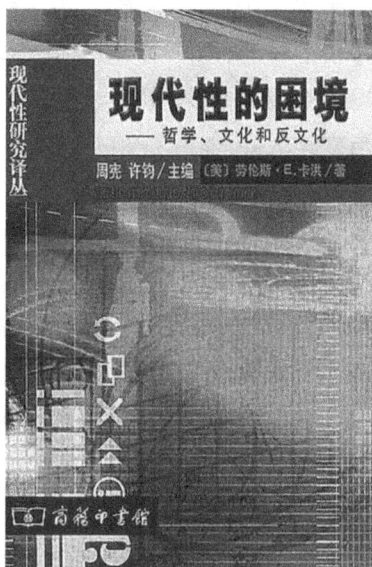

图 66 《现代性的困境——
　　　哲学、文化和反文化》

风"，第三次现代化运动再次遭遇流产的命运。

三次现代化运动的流产与对社会主义这种现代化方式的错误认识相关。没有用科学的观念看待现代化，未能从社会形态转变的角度来看待现代化问题，未能把生产方式、管理方式、生活方式、思维方式从传统到现代的许多转变看作现代化的核心内容，而仅仅把它看作是经济发展水平问题，甚至主要是一个钢产量的问题；同时又以为一个国家的经济发展可以在一朝一夕通过激烈的群众运动来实现。这就否定了现代化的基本内涵，脱离客观经济现实，也没有从世界历史变化的大尺度看待现代化，以为关起门来就可以实现现代化[1]。

邓小平既是中国现代化运动的倡导者之一，又因此而蒙难。他对现代化的曲折历程有着极为透彻的理解。正是在中国现代化进程中的三次大曲折中他不断反思、不断总结经验，最终用新的眼光去看待现代化，从世界大尺度、从社会主义与资本主义的历史竞争、从科学技术是第一生产力、从改革开放的新坐标出发才对我国的社会主义现代化重新进行定位和思考，最终提出建设有中国特色社会主义现代化理论。在此基础上，邓小平从加速我国社会主义现代化建设的步伐角度提出和平共处、相互合作的问题，"应当把发展问题提到全人类的高度来认识，要从这个角度去观察问题和解决问题。"[2]由此实现由"拒斥资本主义"到"利用资本主义"的策略转轨。他还提出资本主义不是实现现代化的最佳方式。虽然西方发达国家走在世界现代化的前列，但它们存在的矛盾和问题作为这种现代化的后果警示后发展国家不能走资本主义道路。

被强力推上现代化道路之后的中国，由于缺少足够的内动力，所以很难在较短的时间内在所有地区展开，而往往从条件相对好些的地方开始，形成增长极，久而久之，就形成人们通常所说的二元经济。前要瞻世界领先水平与本国在这个并不公正的世界上的地位，后要顾本国的实际情况与人民的基本要求；缺乏现代化内在

① 罗荣渠：《现代化新论》，北京大学出版社，1993年版，第238—243页。

② 《邓小平文选》第3卷282页。

动力，却要在短时间内走完发达国家几百年走过的路程，应然和实然的矛盾、任务的艰巨和时间的冲突交织在一起，造成中国现代化进程中的两难窘境。这也决定了中国必须走自己的道路。

正是在这个意义上邓小平把中国特色社会主义概括为开放的，但不是依附的；调控的，但不是计划的；系统协调的，但不是齐头并进的；渐进式的而不是激进式的。强调社会主义和资本主义都只是干现代化的方式，而且社会主义有可能比资本主义现代化干得更好。中国的实践表明：不能按一种模式解决现代化问题，尤其不能把现代化等同于西方化。邓小平一再强调现代化的中国特色，认为中国式的现代化是社会主义方式的现代化，坚持以公有制为主体，不能导致两极分化；中国式的现代化是从中国实际出发的现代化，既要注意现实国情又要考虑历史传统；中国式的现代化是后发展、不发达国家赶超先进、发达国家的现代化，因而更要加快速度，艰苦奋斗，促成跳跃。

改革开放三十多年来，党中央提出科学发展观，在坚持走中国特色社会主义道路、继承邓小平理论的同时不断进行发展方式和发展目的辩证统一的理论探索。

科学发展观提出的大背景，是在"发展不足"的问题虽然有所缓解但还没有普遍解决和根本解决的情况下，针对"发展不当"日益突出，甚至有所激化的现实而提出的总的方法原则。2001年，中国正式加入世贸组织，中国的市场经济地位初步得到国际承认。但就是在这个过程中，中国特色社会主义现代化的实践逐渐从外围作战进入了攻坚阶段。总结改革开放以来的经验教训，尤其是在取得伟大成就的同时日益激化的各种矛盾，如环境问题、资源问题、地区差别、城乡差别、贫富差别问题，农民工问题、公共卫生问题、国际贸易摩擦问题和能源安全问题，以及老百姓上学难、看病难、就业难等问题，我们比以往更加深切地认识到，对于我们这个有着"集中力量好办大事"之优势的国家来说，已不能满足于"要不要发展"的问题的解决，而要把"什么样的发展"的问题提到突出的高度上来。

2007年6月25日，胡锦涛总书记在中央党校省部级干部培训

图 67　《发展观的范式变革》　　　图 68　《科学发展观》

班上的讲话中更加全面地阐述了科学发展观的内涵：第一要义是发展，核心是以人为本，基本要求是全面可持续发展，根本方法是统筹兼顾。要求我们在解决发展不当问题的同时，仍然牢记发展不足是当前的主要矛盾。

中国现代化进程的历史与现实都告诉我们：中国的道路，中国的形象，中国面临的问题只能而且应该依靠中国自己的理念、方式、途径去解决，没有什么可以直接搬用的固定模式。

二、"西方式民主"与中国社会主义民主政治

在现实世界上，民主的含义大体有两层，一是在国家政治的意义上，民主就是人民当家作主的政治原则和制度特征；二是在其他不同的场合，民主则是多数人决定的具体程序。

应该承认，西方作为近代民主政治的发源地，在几百年的民主政治实践过程中，确实有着比其他国家和地区更为丰富的经验，尤其是在民主的制度建设和政策措施方面有许多是值得别国借鉴的。但是，也必须看到，这些经验是在特殊的政治、经济、社会和文

化条件下取得的,在当今世界上的200多个主权国家中,西方(按照经合组织的传统界定为24个发达国家)国家只是一个少数群体,绝大多数国家的民主理念都与西方有所不同,这充分反映出西方经验在世界范围内的影响力和传播是十分有限的,至少在大多数国家那里难以实现,这就是世界的多样性现实,也客观上要求我们在认识西方民主政治经验时必须始终采取谨慎态度,决不能盲目推崇和模仿。应该看到,像历时多年、损失惨重而久久不能纠正的"越战"错误,就发生在美国的民主制度之下;至今,金钱仍然严重影响着司法审判的公正,舆论、报刊、电视等仍然为某些经济、政治势力所主宰和控制,并不"民主""自由"。当然,也应该肯定,英美民主制度是西方式民主制度中最不坏的,但它远远不是完美无缺的[①]。

西方式民主以私有制为基础。私有财产不可侵犯原则是西方民主政治的基础和出发点,严格说来,其他所有的政治原则都或者是服务于私有财产权,或者由私有财产权引申而来。

西方式民主以天赋人权和人民主权为基本原则。美国的《独立宣言》就明确肯定天赋人权对于美国革命的指导性意义。随着资产阶级革命在欧美各国的成功,天赋人权的理念逐步植根于西方社会的信仰之中,成为西方最基本的价值理念。这一思想投射到国家政治实践中,就成为人民主权的理论依据。法国启蒙学者卢梭从自然法理论出发,提出了"人民主权"这一经典命题。为了强调人民主权的神圣不可侵犯性,卢梭还提出了关于主权的一些基本原则:第一,主权不可转让;第二,主权不可分割;第三,主权是绝对的;第四,主权不能超出公共约定的界限。

西方式民主以三权分立和权力制衡为核心政治观念。与天赋人权和人民主权原则一样,三权分立和权力制衡也是欧洲启蒙学者提出的重要政治思想。出于与神权和君权相抗衡的思想,启蒙学者们在设计未来的理想制度时,都把限制政府权力,防止其压迫人民作为基本的制度理念。"三权分立"思想的代表人物孟德斯鸠

[①]　李泽厚:《世纪新梦》,安徽文艺出版社,1998年版,第183页。

认为,要使公民享有切实的政治自由,必须建立立法、行政、司法三种权力分立的政治体制。换言之,立法、行政和司法三种权力之中任何两权相合并就意味着滥用权力,公民权利和自由就必然遭到侵犯。从限制政府权力出发,西方各国在确立资产阶级政权时,都着力设计了严密的政府内部机构之间的权力制衡制度。以美国为例,它在纵向上实行联邦制,联邦和州各自拥有自己的权力范畴,联邦政府不能任意超越州权;在横向上则实行行政权、立法权和司法权三权分立,三种权力分别属于总统、国会和法院,总统、国会议员和法官的产生方式各不相同。总统拥有行政权,但行政机构的设置和运作经费须经国会立法批准,总统任命的高级官员、与外国政府缔结的条约须经参议院批准,国会还有权监督行政过程,包括检查法律的执行情况,行政经费的使用和官员的行为等,在必要的时候,国会还可以弹劾总统;国会拥有立法权,但总统有权否决国会的立法,并拥有立法倡议权和行政立法权,国会本身又分为参议院和众议院,参众两院各司其职,相互制约;法院系统拥有司法权,

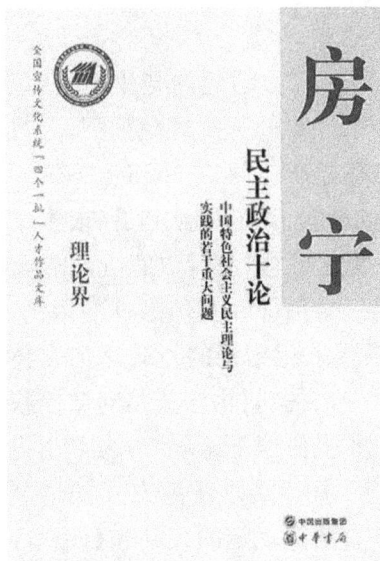

图69 《民主政治十论——中国特色社会主义民主理论与实践的若干重大问题》

图70 《现代西方的政党、民主与法治》

但联邦法官须经总统提名、经国会批准后由总统任命，国会则拥有最高法院法官人数和低级联邦法院设立的决定权。反过来，最高法院又凭借司法审查权强有力地制约国会和总统。在各种权力分立和相互制约平衡中，美国的权力滥用问题得到了较好的解决①。

西方式民主是以竞争的选举为基本形式的代议制民主。代议制民主原则的基本含义，是"代表议事制度"，亦即人民虽然是主权者，但显然他们并不能直接行使权力，而是把这种权力委托给代表自己意志的"公意代表"来间接行使。从社会契约论出发，西方各国在宪法中都确立了以有竞争的选举为基本形式的代议制民主原则。代议制民主原则的具体体现，是以选举的方式产生"公意代表"行使国家权力。西方各国宪法都明确规定总统和国会议员都必须经过选举产生。而且，选举不仅存在于中央政府层面，它也为各地方政府广泛采纳，成为当代西方国家最主要的民主政治形式之一。在今天，形形色色的选举已经是西方政治生活一个不可分割的组成部分，各国每年都有形形色色的政治职位需要通过选举产生。虽然选举产生的官员或"公意代表"并不一定真正能够代表人民的意志和政治愿望，但它基本上较好的体现了代议制民主原则。

西方式民主把人民主权、三权分立、权力的制约与平衡、代议制民主、多党制等一切民主要素都纳入法律的强制规范框架，并且把法律的规范内化于民主政治的实践过程。早在 1638—1639 年间，被称为"美国民主制度诞生地"的康涅狄格就制定了《根本规则》，规定该殖民地的自由民一年一度选举总督、行政官和出席全体大会的代表，自由民的选举权不受宗教信仰和其他条件的限制，立法权为全体大会所拥有，人民有权要求犯错误的行政官向全体大会反省。1641 年，马萨诸塞制定了专门的《自由法规》，对政府权力施与了严格的限制，明确规定人民的生命权不可剥夺，名誉不得污损，身体不受任意逮捕、限制、放逐、损害或以任何方式加以惩罚，女人、儿童、奴仆和外国人也应享有法律规定的权利和自由等。在早期的法治传统促动下，美国在独立以后也把法治置于至高无

---

① 参阅刘杰：《当代美国政治》，社会科学文献出版社，2011 年修订版。

上的地位,视法律为保障天赋人权、人民主权和财产权基本手段,《合众国宪法》成为世界近代历史上第一部、因而也是发生效力时间最长的成文宪法。

西方式民主以多党轮流执政为政党制度理念。西方式民主的重要特征之一是民主政治的建立先于政党的出现,资产阶级是以一个阶级的整体力量推翻封建专制制度后建立起近代民主政治的,但在夺取政权后,资产阶级内部不同的政治力量基于不同的利益需求和权力意志分化为不同的政党,为了平衡不同政党之间的权力斗争,西方国家逐步实行了多党制,通过轮流坐庄的方式缓解政治冲突。由于不同的历史和现实条件,不同西方国家实行的政党制度也有所不同,美国等国家实行两党制,法国等国家则实行多党制,不同的政党围绕最高政治权力进行相互竞争和较量成为西方式民主政治的重要表现形式。只不过,不论实行何种形式的政党制度,西方的政党理念从本质上都是为了巩固资产阶级的统治,用虚伪的民主来掩饰国家政权的性质,协调统治阶层内部的各种矛盾。

必须强调的是,西方式民主制度是一个有机的整体,它的政治哲学是从自然法推导出天赋人权和人民主权;从性恶论推导出三权分立和制衡;从个人主义推导出市民社会和市场经济,将任何一种单一的理念和制度分割开来都是徒劳的。认为可以借鉴其中某些内容而拒绝另一些内容在实践中都是不可能的。西方式民主蕴含着独特的政治理念,是西方资产阶级革命的产物,适应了西方经济社会发展状况,是不同政治权力妥协的产物,在长期运行过程中,逐步得到加强和完善,单一的政治力量很难加以推翻。而在当今世界上,绝大多数国家和地区都没有适宜的政治、经济和社会土壤。这一点,既是西方式民主政治难以在世界各国真正得到普及的重要原因,也是社会主义的中国不能接受三权分立和多党制的根源之一。

中国社会主义民主政治以人民当家作主为本质要求和理想追求。实行人民民主,充分保障人民当家作主的权利是中国发展社会主义民主政治的出发点和归宿,也是与西方式民主强调空洞的

"人民主权"观念的最根本的区别所在。同时,人民当家作主不是一句空话,人民要真正成为国家、社会和自己命运的主人,实现在国家和社会生活中政治地位的根本变化,必须有正确的政治领导和完善的制度保障。这决定了人民当家作主在民主政治发展的实践中体现为党的领导、人民当家作主和依法治国的有机统一。在这三位一体的互动逻辑中,人民当家作主是社会主义民主政治的本质要求,共产党执政从根本上说就是领导和支持人民掌握和行使管理国家的权力,而党领导人民治理国家的基本方略是依法治国,在宪法和法律的范畴内实行民主选举、民主决策、民主管理、民主监督,保证人民依法享有广泛的权利和自由,尊重和保护人权,防止任何组织和个人拥有超越宪法和法律的特权。

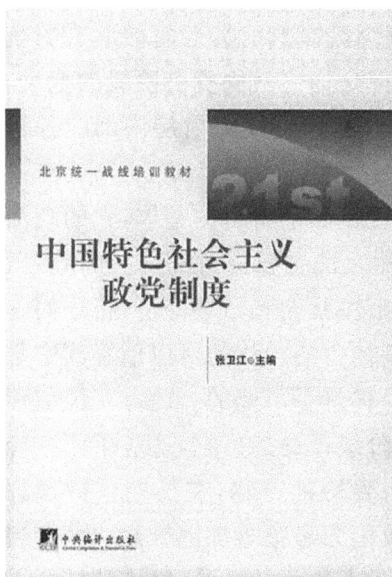

图71 《中国特色社会主义政党制度》

中国社会主义民主政治以民主与集中相结合为指导性理念。与西方单纯强调民主和自由不同的是,中国在发展社会主义民主政治的进程中始终辩证地对待民主和集中的相互关系,强调民主基础上的集中和集中指导下的民主之间的辩证统一。民主和集中相结合理念在政治运行中具体体现为,国家政权机关经由民主选举的各级人民代表大会产生,在充分反映人民群众意志的基础上形成统一的意志和共同的目标,在执政过程中通过民主政治的实践把这种统一的意志和共同的目标转化为现实。实行这一原则,既可以充分体现了领导和支持人民当家作主的共产党执政的政权本质,有助于我们最广泛地动员和组织人民群众依法管理国家和社会事务,管理经济和文化事业,又能使我们在实行统一意志和决策过程中避免干扰,恰当地处理好各种关系,避免议而不决、决而不行的现

图72 《政治建设与国家成长》　　图73 《中国共产党与国家建设》

象,确保中国社会主义民主政治运行的广泛性、权威性、有序性和有效性的有机结合。

中国社会主义民主政治以发展和完善人民代表大会制度为根本制度理念。人民当家作主的理念在制度上体现为人民代表大会这一根本的政治制度,在人民代表大会的制度逻辑下,国家权力的主体始终是人民,人民通过直接或间接选举方式产生各级人民代表大会,人民代表大会作为国家和各地的最高权力机关对人民负责、受人民监督,以民主的方式制定法律法规,把人民的意志汇集并转化为国家意志。政府和法院、检察院等政权机构也由人大选举产生并对人大负责,确保行政权、审判权和检察权都在人民代表大会的监督和制约之下运行。这样的制度既保证了人民在国家中的当家作主地位和社会主义民主的广泛性,又避免了三权分立制度下不同权力机构之间相互推诿、政治运行效率低下的弊端,可以更好的集中力量办大事,协调一致的组织社会主义现代化建设。

中国社会主义民主政治以依法治国为基本方略。依法治国是现代民主国家普遍采取的治国方略,但中国实行依法治国的核心是广大人民群众在党的领导下,依照宪法和法律的规定管理国家事务,保证国家各项工作都依法进行,逐步实现社会主义民主的制度化和法律化,使这种制度和法律不因领导人的改变而改变,不因领导看法和注意力的改变而改变。在依法治国的思路下,党和国家通过不断加强社会主义法制建设使党的主张通过法定程序成为国家意志,坚持有法可依、有法必依、执法必严、违法必究的原则,领导和支持人民当家作主。中国的依法治国方略还与以德治国的思路有机结合,使权威性和强制手段与思想觉悟和心性修养相互结合,共同发挥作用。

中国社会主义民主政治以坚持和完善公有制为主体,多种所有制经济共同发展,保障公民的合法私有财产不受侵犯为经济基础。在新修订的宪法中明确规定"公民的合法的私有财产不受侵犯""国家依照法律规定保护公民的私有财产权和继承权",从而在根本上落实了坚持和完善公有制为主体、多种所有制经济共同发展的经济制度理念,使中国的经济建设和民主政治发展得以有机地统一于社会主义现代化建设的整体发展进程之中。

中国社会主义民主政治以中国共产党领导下的多党合作和政治协商为政党关系的基本理念。中国共产党是宪法规定的惟一合法的执政党,这决定了中国不可能采取多党轮流执政的政党政治方式。中国的民主党派与中国共产党有着共同的奋斗目标,不是对立的关系,其他任何政党和政治力量也都没有足够的能力和代表性领导中国的民主政治建设。因此,中国必须坚持"长期共存、互相监督、肝胆相照、荣辱与共"的方针,加强同民主党派合作共事,更好地发挥我国社会主义政党制度的特点和优势,保证人民政协发挥政治协商、民主监督和参政议政的作用,巩固和发展最广泛的爱国统一战线。

中国社会主义民主政治注重发展党内民主。党内民主是中国特色社会主义民主政治的重要组成部分,作为惟一的执政党,中国共产党发展党内民主不仅是增强内部凝聚力和战斗力、维护和巩固执政地位的客观要求,也对发展人民民主具有重要的示范作用。中国共产党成为执政党是历史的选择、人民的选择,但是,党的执政地位不是与身俱来的,也不是一劳永逸的。党为了要执掌好政权尤其是长期执掌好政权,不断发展社会主义民主政治,必须实行和发扬党内民主,尊重和保障党员的民主权利,以党内民主引导和推进人民民主。

改革开放三十余年来我国通过建立和改革社会主义经济制度、政治制度,实行人民民主专政的国体和人民代表大会制度的政体,建立政治协商会议制度,吸收执政党以外的民主人士参政议政,不断完善社会主义法制,发展以公有制为主多种经济成分共同发展的经济基础,创立社会主义市场经济,进行各种管理制度和体制的全面改革,直到从乡村一级政权开始试行直接民选,进行了大量工作,总体上取得显著进展。

但要充分实现社会主义民主,还有很长的路要走。人民主体原则如何进一步变成事实? 如何建立一套更加完善的体制和机制以保证宪法原则充分落到实处? 如何充分保证人民主体充分"到位",让主人真正成为主人? 这些都需要在实践中进一步探索。人民的主体权利与责任之间发生分离,是影响社会主义民主"主体到位",从而也阻碍社会主义民主充分形成和发展的一个重要原因。公共管理现代化的根本条件,是公民有充分的参与管理的机会,能对公共事务产生切切实实的影响和作用,否则就没有当家作主的权利。这种权利不是空头支票而是实在的东西。长期计划体制的作用,使目前权力高度集中的问题没有完全解决,大多数人民群众的知情权不能完全得到保证,也就难以行使必要的参与权和决定权,更无法实行监督权,不能对错误的政策和决策提出否决。相反,对于一时一地决策的每一个重大失误,人民群众都承担了责任。如何解决权利与责任分离的现实问题,需要我们在制度层面上提出具体方案。

社会主义民主必须和只能由最广大人民群众来实现,所以对人民群众的民主素质、主体能力和水平的提高有着迫切要求。即使素质低、能力差、传统弱是事实,这也不是社会主义民主可以缓行的理由,而恰恰是要加强民主锻炼,提高民主能力,培养社会主义新型民主传统的理由,只有在游泳中才能学会游泳。

民主实际上就是自己的事自己做主,大家的事大家做主。这也是公共生活和公共事务管理的前提。公民积极参与社会公共事务管理的能力和习惯是在长期的实践中养成的,也是在实践中提高、改善的。一旦人们的积极性和主动性在社会中产生现实效果,人民就会以更大的热情参与公共管理,以主人翁的姿态为和谐社会建设做出贡献。

执政党自身的民主建设则更加需要以新的形式进行实践。人类政治文明的一些成果,如自由、民主、人权、平等以及人民主权、代议制、竞选制、权力制约、合法反对、舆论自由等,在西方政党政治的实践中有其优势,我们的执政党要在具体操作层面上批判性地借鉴这些成果。

近百年中国现代化的实践已经证明并将继续证明:开放就要学习西方文明,学习就有一个态度和方法问题。学习既包含对西方文明的吸收,又包含对它的筛选。当然,学习和筛选不是把本土文化变成西方文明的支脉,而是更好地发展本土文化。没有加工创造的努力,人民群众也不容易继承文化,并以自己的文化为自豪。西方文明经过本土文化的过滤,本土文化经过西方文明的激发,都已与原来大不一样。

一般来说,在现代化初始阶段我们往往更强调学习外来文化,努力与世界惯例接轨;当现代化升级到中等阶段时,又比较注重发扬本土文化的遗产,使新建立的文化传统具有更鲜明的民族特征,以此为旗帜进入更高层次的全球化。而学习融会外来文化的兼容性,随时审视评价本土文化的清醒理性,对于全球化时代的中国文化建设具有重要意义。

专题三 在科学历史观指导下
继承革命传统

从多元组合创新的角度分析中国特色社会主义文化,我们还不能忽略革命传统和日常智慧的因素。在争取民族解放和国家进步的革命斗争中积累起来的精神财富,在广大民众鲜活实践中体现的日常智慧,同样是中国特色社会主义文化的重要组成部分。

革命传统是我们党在革命战争年代的特殊环境里形成的精神品格,是中华民族优秀传统的继承和发扬,也是社会主义核心价值体系的文化资源。

一、四种精神

1. 井冈山精神:井冈山是中国革命的摇篮。以毛泽东同志为代表的老一辈无产阶级革命家,以坚定的共产主义信念,把马克思列宁主义同中国具体革命实践相结合,创造性地开辟了井冈山革命根据地,开辟了一条以农村包围城市,武装夺取政权的革命道路。朱德同志称井冈山是"天下第一山",这既是指其开辟新的中国革命道路的首创性,也是指其丰富和发展民族精神的原创性。与井冈山道路连在一起的井冈山精神,就是"坚定信念、艰苦奋斗、实事求是、敢闯新路、依靠群众、勇于胜利"的精神。井冈山精神是中国革命精神之源。

井冈山精神并不游离于民族精神之外,而是在民族精神传承中的伟大创造。爱国主义是中华民族的优秀传统,中国共产党人是马克思主义者,也是彻底的爱国主义者。近代以来,中国一步步陷入半封建半殖民地的境地,面对帝国主义、封建主义、官僚资本主义的三重压迫,面对西方列强的侵略和亡国灭种的危险,无数仁人志士奋起抗争,救亡图存,演出了一幕幕爱国主义的生动剧目。中国共产党成立以后,不但自觉地肩负起民族独立和解放的历史重任,努力探索真正实现民族独立和解放的正确道路。正是在井冈山的斗争中,中国共产党开始实现马克思主义普遍真理同中国具体实际相结合的第一次历史性飞跃,以坚定信念、敢闯新路的创新精神,走出了一条有中国特色的成功道路,建立了新中国,真正实现了中华民族的独立和解放,并把中国引上了通过建设社会主义进而实现中华民族伟大复兴的正确道路。可以说,正是井冈山道路和井冈山精神,使中国人民认识到中国共产党是中华民族最先进的政治力量;正是井冈山精神把爱国主义的传统从民族图存的境界升华到了民族自立、自新、自强的新高度。

2. 长征精神：长征精神是中国工农红军在二万五千里长征中形成的。这种精神就是把广大人民的根本利益看得高于一切，坚定革命的理想和信念，坚信正义事业必然胜利的精神；就是为了救国救民、不怕任何艰难险阻，不惜付出一切牺牲的精神；就是坚持独立自主，实事求是，一切从实际出发的精神；就是顾全大局、严守纪律、紧密团结的精神；就是紧紧依靠人民群众，同人民群众生死相依、患难与共、艰苦奋斗的精神。长征精神，是中国共产党人和人民军队革命风范的生动反映，是中华民族自强不息的民族品格的集中展示，是以爱国主义为核心的民族精神的最高体现。

一边是国民党重兵的围追堵截，一边是恶劣到极点的自然环境和匮乏的物资供应，红军之所以能在连基本的生存条件都不具备的情况下坚持行军和战斗，直至取得最后胜利，靠的就是这种精神。

无论是吃不上饭的放牛娃，还是胸怀报国志的知识分子，无论是年近花甲的老同志，还是内柔外刚的女战士，都被凝聚到了这支红色队伍里，都被这种精神所感召、所激励。正因如此，湘江血战中的红军将士才能在一批又一批的战友倒下后，又如同潮水般地冲上去。正因如此，雪山草地中被饥饿和疲惫逼至生理极限的人们才能沿着战友的遗体形成的路标顽强前行，最终走出死的沼泽，迎来生的希望。

长征的每段路程都上演过生离死别的悲壮故事，让老红军们刻骨铭心的，是一段段血与火、生与死的真实经历，是从生死考验中锤炼出的顽强意志，是激励着广大红军指战员艰苦征战的强大动力，是中国共产党人世界观、人生观、价值观的全面展示。

3. 延安精神：延安精神就是实事求是、理论联系实际的精神；全心全意为人民服务的精神；自力更生艰苦奋斗的精神。延安精神的本质内容是解放思想、实事求是。我们党坚持一切从中国的实际出发，把马克思主义普遍真理同中国革命的实际相结合，开创农村包围城市的革命道路，创立了最广泛的爱国统一战线等，都是这一精神的具体体现。

延安是我们党和军队的根据地，勤劳勇敢的老区人民用生命和鲜血哺育了中国革命；延安是中国抗日战争的总后方，在极其残酷的条件下，广大军民开展了自己动手、丰衣足食的大生产运动，为夺取革命胜利奠定了物质基础；延安是毛泽东思想从形成、发展到成熟的圣地。毛主席关于中国革命的政治路线问题、军事问题、党建问题、哲学问题等一系列具有代表性的理论著作大多是在延安撰写成的，党的"七大"把毛泽东思想确立为党的指导思想也是在这里。延安精神引导和哺育无产阶级革命者牢固树立马克思主义的世界观和方法论，牢固树立全心全意为人民服务的宗旨，激励着一代又一代中国共产党人为实现民族独立、人民解放和共产主义远大理想而前赴后继，英勇奋斗。延安精神引导和哺育无产阶级革命者坚持自力更生、艰苦奋斗的创业精神，使革命力量由小到大，由弱到强。延安精神把共产党人和革命者融入到广大人民群众之中，官兵一致，军民一致，水乳交融，使我们党获得了最广大人民群众的拥护和支持，这是我们党从胜利走向胜利的最大政治优势。

4. 西柏坡精神：周恩来同志曾经指出："西柏坡是毛主席和党中央进入北平，解放全中国的最后一个农村指挥所，指挥三大战役在此，开党的七届二中全会在此。"正是在如火如荼的革命高潮中，产生了两个"敢于"（敢于斗争，敢于胜利）的革命精神，两个"善于"（善于破坏旧世界，善于建设新世界）的创业精神，两个"坚持"（坚持依靠群众，坚持团结统一）的民主精神，两个"务必"（务必保持谦虚谨慎的作风，务必保持艰苦奋斗的作风）的防变精神等多种科学精神，这些革命精神的精髓是实事求是。

正确地分析敌情、我情、友情，适时作出战略决战的决策，动员全党、全军和全国人民以敢于斗争，敢于胜利的革命精神，打倒蒋介石，解放全中国，体现了实事求是的思想；正确分析中国国情和革命胜利后的形势，提出夺取民主革命在全国的胜利，这只是万里长征走完了第一步，因此务必要保持谦虚谨慎，不骄不躁的作风，保持艰苦奋斗的作风，体现了实事求是的思想；深入调查研究，紧紧依靠人民群众，建立广泛的人民民主统一战线，前方打老蒋，后方搞土改、建政权等无不体现了实事求是的思想。总之,实事求是是西柏坡精神的精髓。

在概括某一种具有时代特征和革命精神的涵义时,总会包含以往革命精神的成分。井冈山精神包含着坚定的理想信念,不屈不挠的英雄气概,血肉相连的党群关系,艰苦奋斗的创业精神;长征精神包容着坚定不移的革命信念,坚忍不拔的英雄气概,维护团结统一的高尚品德,联系群众艰苦奋斗的崇高思想;延安精神包含着全心全意为人民服务的精神,爱国主义精神,自力更生、艰苦创业的精神。由于历史条件的不同,其中各自包含的理想信念、艰苦奋斗、联系群众等革命精神都有其特定的内涵,但在表述上却很难分开,而且这些革命精神都是用实事求是这根红线贯穿其中的,本质一致。

西柏坡和井冈山、长征路、延安城这些特定的时代条件和地理环境不同。井冈山精神、长征精神、延安精神是敌强我弱对比悬殊的条件下,红色政权被四面包围或者被迫实行战略转移的特定环境下产生的。艰难困苦的环境要求党领导下的军民,以顽强的革命意志,坚毅的革命精神,顶住压力,战胜困难,求得生存和发展,因此,与之相适应的革命精神是被逼出来的,有由自发产生,逐步发展为自觉的特点。而西柏坡精神则是党已经取得了战略决战主动权的条件下产生的,它汇集了我们党传统的革命精神,反映了党进行战略决战的决心,体现了全党和各解放区军民的精神风貌,具有主动性的特点。

邓小平同志曾经指出:"革命精神是十分宝贵的,没有革命精神就没有革命行动。"他还将我党、我军在长期斗争中所形成的革命精神概括为:"革命和拼命精神,严守纪律和自我牺牲精神,大公无私和先人后己精神,压倒一切敌人,压倒一切困难的精神,坚持革命乐观主义、排除万难去争取胜利的精神。"革命精神是一笔财富,具有凝聚党心、军心、民心的巨大作用。

二、近年历史虚无主义思潮

近年来,在我国思想文化领域出现了一股历史虚无主义思潮,最显著的表现发生在中共党史领域。历史虚无主义以"重新评价"为名歪曲历史，以"理性思考"为名否定社会主义，从歪曲革命的历史、社会主义的历史和党的历史入手，达到否定党和社会主义制度的目的，其根源是唯心史观。近现代史研究中的所谓由"革命"向"现代"的范式转型，实际上为虚无主义提供了理论支撑。党史领域中的虚无主义不是从历史发展的真实情形出发去诠释历史，而是想当然地解读历史、虚构历史、歪曲历史、否定历史，为中国近现代史的发展寻找根本没有历史依据的另类的"历史规律"和"发展道路"，不遗余力地把中国共产党的历史说成是一系列错误的延续，并得出"告别革命"的武断结论。

但是，如果我们仅仅限于党史领域的分析，满足于单纯的立场和表态，还是远远不够的。历史虚无主义在近年来的思想文化界，有各种各样的表现。早在20世纪90年代末，虚无主义思潮在文艺领域已初现端倪。史学和文学之外的大众传媒，实际上也充斥大量非历史的观点。

总体来说，目前至少有三种历史虚无主义需要我们注意。第一种就是党史领域的"否定革命"的虚无主义，这种虚无主义实际上并不可怕；第二种是对全部历史的虚无主义，"新历史主义"等后现代思潮的主张就是如此，长此以往，现实将因为历史的不堪回首而支离破碎；第三种是对历史教育的虚无主义。影视创作领域的"戏说"热和"空手道"、网络FLASH的"搞笑"和"无厘头"、大中学生教材中对历史感的普遍漠视等等就是这种虚无主义的具体反映①。针对这三种不同层次的历史虚无主义思潮，我们有必要把唯物史观的基本原理、我们党对世界历史和中国历史的深刻理解、我们面临的历史情境和历史任务、需要我们澄清和批判的错误观点等结合起来进行分析，从而在"重在建设"的意义上坚持科学历史观，继承和发展马克思主义。

历史虚无主义的一个核心观点是否认历史的客观性。对此，我们应当有一个比较清醒的学理分析和切合实际的理解方式。党

---

① 高少星、万兴明：《无厘头啊无厘头》，中国电影出版社，2002年。

史领域出现的否定革命、随意臧否历史人物的虚无主义固然要批判,但更值得关注的是另一种意义上的历史虚无主义,这种虚无主义根本否认历史有所谓客观性真理,认定历史只是"文本"、"叙事",甚至不过是一种"发明"。这样的"新历史主义"借口历史著述的主体性和价值渗透而完全否定任何历史事实的客观性。其实,即使在西方学术界,后现代主义也只是史学理论中的一家之言;有些历史哲学家,即使主张"历史本来没有意义,是我们给历史以意义",也不主张历史事实是纯粹的臆造和构想。这里的关键之处是要说明:(1)历史事实本身不是我们想象中的与人无涉的物理事实,而是始终包含着历史活动者主体性的价值事实;(2)历史著述能间接而正确地反映历史事实[①]。

所谓的历史事实既是客观事实,又是主体性的价值事实。从最一般的意义上来说,人类迄今为止所经历过的一切都可以被称为历史。这个历史与历史事实相重合,也就是人们非常熟悉的存在论角度的历史概念。但这个历史事实作为永远消逝的过去,并不是现在的人们直接面对的事实,人们也无法原封不动地将其复原。实际上,历史事实本身作为主体人追求真理、创造价值活动的过程和成果,同时又是一个价值性事实,内在地包含历史活动参与者的创造,依赖于著述者的认识和表达。"历史并不是把人当作达到自己目的的工具来利用的某种特殊的人格。历史不过是追求着自己目的的人的活动而已。"[②]关于这一点,历史学和历史学家的认识也经过了一个由简单到复杂、由朴素到深刻的过程。经过了对客观主义、实证主义史学的扬弃,经过了自康德以来近现代哲学的洗礼,关于历史事实的价值内涵和主体性品格才逐步呈现出来[③]。

如果我们能接受历史事实本质上是一种主体性的价值事实,那么历史著述能够正确客观地反映历史事实也就不难理解了。著述作为人认识和评价历史的一种文本方式,当然不能直接作用于

① 袁吉富:《历史认识的客观性问题研究》,北京大学出版社,2000版,第27页。

② 《马克思恩格斯全集》第2卷,人民出版社,1957年版,第118—119页。

③ 韩震:《历史·理解·意义——历史阐释学》,上海译文出版社,2002年版。

已经过去了的物理意义上的历史存在,所以简单地套用一般的认识论是行不通的。历史著述的对象已经不完整地存留于现在,但它们毕竟或者以遗迹文物的形式,或者以历史资料的形式,或者以二者兼而有之的形式存在于著述者面前,通过这些中介,著述者可以间接认识历史对象。所谓历史著述的客观性实际上就表现为对历史事实的正确的间接反映。

但是应当引起注意的是:我们这里讨论的历史著述的客观性主要是指其反映内容的客观性,而不是一般文本意义上的客观性。只有在历史著述基本上受历

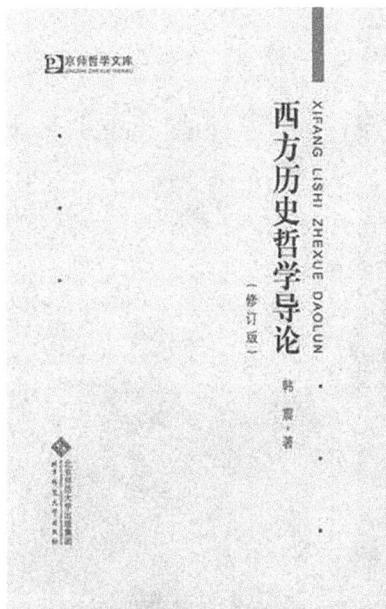

图74 《西方历史哲学导论》

图75 《历史学研究的语言学转向——西方后现代历史哲学研究》

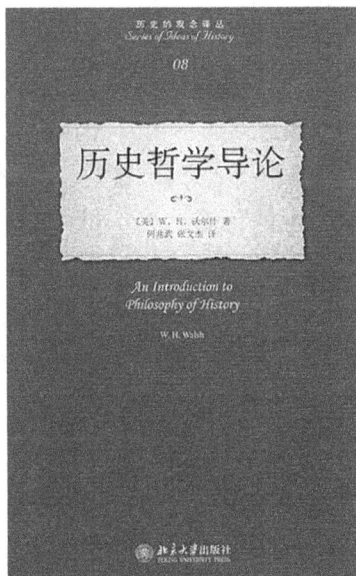

图76 《历史哲学导论》

图 77 《小逻辑》

图 78 《历史是什么?》

史事实限制、间接如实地反映历史事实的意义上,这个客观性才是可能的。换句话说,不是所有的历史著述都天然地拥有客观性。历史著述的客观性有自己的辩证法:首先,这种客观性作为历史著述所追求的目标并不能一次性完成,而是要经过主客体之间的多次往复才能完成。其次,历史著述的客观性主要关注的是对历史现象整体性、全局性的大致正确的反映和把握,而不在于一味追逐细节上的正确。再次,历史著述的客观性是历史认识与客观历史的具体的历史的统一,是相对和绝对的统一。最后,历史著述的客观性不仅是著述与客观历史的符合,而且还是能动的符合,也就是说历史著述的主体性与客观性不是互相排斥的而是对立统一的关系,客观性中就包含主体性。对于历史著述者来说,不发挥主体性,历史认识根本不可能产生,也就不存在历史认识的客观性问题。发挥得不当,反过来也会阻碍历史认识客观性的获得。

历史著述的主体性在历史学家具体的研究中表现为设定研究对象、接纳和整理历史活动所提供的信息以及理解和解释信息等方面。要描述在具体时间、空间条件下活动着的历史人物、事件及过程,历史学家常常运用形象和想象,而在描述历史人物的心理活动、性格结构,描述社会习俗、社会心理以及历史过程的细节时,历史学家的形象思维和想象力就更为重要。它可以抓住历史认识对象的典型特征予以描绘,省略掉那些无关紧要的细节;可以求助于合理的想象和猜测去弥补材料之不足,以填补历史连贯链条中的空白环节;可以以头脑中原有的其他具体的历史形象与所要描述的对象相类比,增强说服力和感染力。但是无论历史学家的形象思维的作用如何能动发挥,历史学家所描绘的画面还是要力求真实,必须在时空中有明确定位;必须用不断浮出地表的历史证据加以证实。历史著述者的主体性发挥因而必须是有限度的,超过这个限度,就会把历史认识变成历史小说,变成纯粹的想象和虚构。

弄清楚了历史事实的主体性和历史著述实际上可能具有的客观性,也就从根本上弄清楚了后现代史学特别是新历史主义的"洞见"和"不见"①。

图79 《人心中的历史》

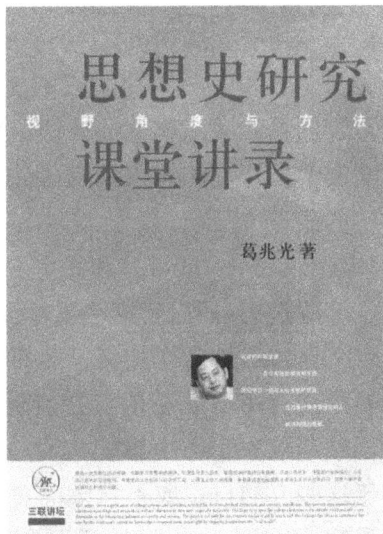

图80 《思想史研究课堂讲录——
视野角度与方法》

---

① 葛兆光:《思想史研究课堂讲录——视野角度与方法》,三联书店,2005年版,第90—91页。

图81 《历史认识——
从现代到后现代》

图82 《昨日之我与今日之我——
当代史学的反思与阐释》

新历史主义(New Historicism)是诞生于 20 世纪 80 年代的英美文化界和文学界的"新"的文学批评方法,一种对历史本文加以重新阐释和政治解读的方法。新历史主义对旧历史主义和形式主义文学批评方法加以批判,张扬"主体"和"意识形态",注重历史文本的叙事特征。新历史主义的主将是斯蒂文·格林布拉特(Stephen Greenblatt)和海登·怀特(Hayden White)。前者注重文学史的重写,而后者则注重"元历史"的构架。

作为一种虚无主义思潮,新历史主义否认历史的客观性,干脆不承认有所谓最后的实在,将历史直接归结为文本和叙事。文本当然不取决于历史事实本身,而取决于叙述它、解读它的人,取决于这些人的自觉或不自觉的意图、认识乃至偏见。其中有误会、有误解,也不排除严重的意识形态的扭曲。所有这些又与特定的时代、特定的社会背景和特定的权力话语联系在一起。于是历史始终是被人写下来的历史,不存在客观所指的历史,一切均是人为的编造。任何历史只是当代史,都被"当代"的权力话语所驱使,有的自觉和明显,有的不自觉、不明显。新历史主义突出并竭力推演的这一极端观念,在戳穿绝对的理性主义历史观所宣扬的价值中立、科学研究的虚伪方面有一定作用[1]。它的洞见也正体现在对历史文本的高度警惕上[2]。文本不是玻璃,不同的书写描述和不同的过去,将构成不同的历史图像。书写的章节、资料的选择、叙述的角度和逻辑、所用的语词等发生变化时,历史的图像也随之而变。在这个意义上,写法或历史叙述本身,确实是非常值得注意的。即使如此,我们并不能认同新历史主义的观点。

对真实存在的"过去"和书写出来的"历史"持漠视的态度,无论从学理还是实践的层面上都是说不过去的。新历史主义完全否认任何真相和客观性,认为一切都是文本游戏,所谓历史不过是不同文本之间的竞争和选择,这显然是站不住脚的。从最基本的层面来说,人类的日常生活、衣食住行并非虚构,也非文本。历史的主要部分本就是那些衣食住行和日常生活的记录和记述,为保存经验,巩固群体,传之后代,归根到底还是为了衣食住行。尽管世代存留的实物、遗迹会被不断解释和解说,但毕竟不可能被文本全部淹没,即使是想象和虚构也不可能随意飞翔。相反,各种文本总是围绕着特定的历史实物进行科学的、伦理的、审美的、意识形态的描述和解说。奥斯维辛集中营里留下来的鞋子、头发、假牙毕竟不是否认纳粹大屠杀的文本所能推翻的。这些劫后遗存恰恰说明历史并非文本。文本无法取代史实。一个曾经存在的过去,毕竟制约和规定着历史叙述的边界。我们不能一概抹杀这个隐隐约约始终存在的制约。过去存在的遗迹、文献、传说、故事等等,始终提醒我们不要胡说八道。正因为如此历史不可能是文学意义上的散文。

要对历史有一个相对清晰的叙述,事实上也不能缺少韦伯所说的"理想类型",不能少了理性的秩序和框架。历史原本的存在,完全可能是散漫的、杂乱无章的,但叙述不可能一笔糊涂帐,"拆碎

---

[1]　李泽厚:《历史本体论》,三联书店,2003年版。

[2]　葛兆光:《思想史研究课堂讲录——视野角度与方法》,三联书店,2005年版,第90—91页。

七宝楼台,不成片断"。新历史主义确实发现了一些历史的漏洞,也一度使人招架乏力,但最后的结果又如何?恐怕除了自己把自己拆碎之外别无其他结局。从这个意义上看,盲目肯定和追随后现代史学的"洞见"将是一条不归路。

三、历史规律与历史责任

历史虚无主义的一个主要观点是否认历史有所谓的规律。无论是党史领域的虚无主义还是一般意义上的后现代"碎片"理论都拒斥"规律"和"必然性"。而这个观点又往往被当作怀疑甚至否定共产主义理想的一个论据。但是,理论和现实表明,如果我们不把历史规律看作是对于历史过程的细节的机械规定的话,那么,否定历史规律,就像肯定历史细节都受历史规律决定一样,都是站不住脚的。

我国近代史研究中出现的历史虚无主义思潮割裂了革命与现代化的关系,认为近代以来的中国革命是由少数革命家"制造"出来的,根本无所谓规律。这显然不符合历史实情。鸦片战争以后,中国逐渐沦为半殖民地半封建国家,中华民族面临两大任务,一是求得民族独立和人民解放;二是实现国家富强和人民富裕。由于反动统治势力不可能自动退出历史舞台,因此前一个任务只能通过革命的手段来完成。这个任务完不成,完成后面任务所存在的制度障碍就无法扫清,国家繁荣和人民富强就成为空中楼阁。这也就是为什么近代以来的有识之士抛家舍业,流血牺牲,把最主要的精力投入到革命事业中去的原因。中国人民选择革命,完全是为了国家富强和民族振兴。这是近代以来中国历史发展的基本逻辑。其间有着不以任何人的意愿为转移的内在规律。历史虚无主义却无视这一事实,坚决否认历史有"规律",从而否认历史有必然性。在他们看来,历史即使并非文本,但毕竟由人创造,因此不可能存在不依人的意志为转移的客观规律。

对于"不依人的意志为转移"的意义,语言学家有各种各样的解释和考证,但我们理解的历史规律是指人类总体上存在着不依照人的主观意愿、欲求、计划却一定会发生的事件、现象或趋向。

历史现象有偶然性,但不影响规律的普遍性。这是客观必然性和规律的基本内涵。随着经济基础的变更与发展,马克思所说的生产关系和交换关系也随之发生变化,这也有一定的客观性,但由于它们与衣食住行的关系远了,间接了,这种规律性和必然性的形态、样式就更为复杂了,也远不及经济领域和生产工具领域那么确定、明显。也就是说必然性看起来不那么"必然"。

当然,在理解历史规律性时,我们不仅要考虑历史现象、人物和事件,在多大程度上受制于时空、条件和环境,还要考虑它们在多大程度上是偶然的,是由于个人主观的思想、品格、信仰、意志和情感等原因造成的。这是一个十分复杂而重要的问题,很值得研究。比如某个具体的历史事件,影响其发生的具体因素分别是什么? 它如何产生? 如何展现? 它们今天还是否存在? 作为该事件的必然因素在当时和今后怎样? 是否可以有不同的引导方向? 所有这些问题都需要通过"必然与偶然"这一历史课题进行探讨以获取经验和认识,在此我们不能停留和满足于"宏大叙事"。人一方面主动创造历史,同时又被历史规定和制约。即使在最自由的文化领域,莎士比亚也不可能出现在原始社会,如同今天不可能有屈原、杜甫一样。因此不能把历史事件包括衣食住行在内的所有事件,都一律解说成必然的和不可避免的。恰恰相反,必然和偶然的关系,它们在结构中的地位,才是问题的关键,才是历史研究的主题和核心,而所有这些都包含在历史唯物论的范围之中。

人类历史总体上的规律性与历史参与者应当有的主观能动性和责任感并不矛盾。追求和服从真理,简单说就是人必须

图83 《史家与史学》

图 84　《民国人物过眼录》

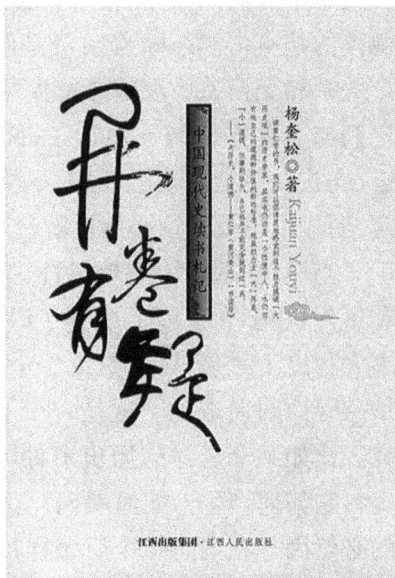

图 85　《开卷有疑——
中国现代史读书札记》

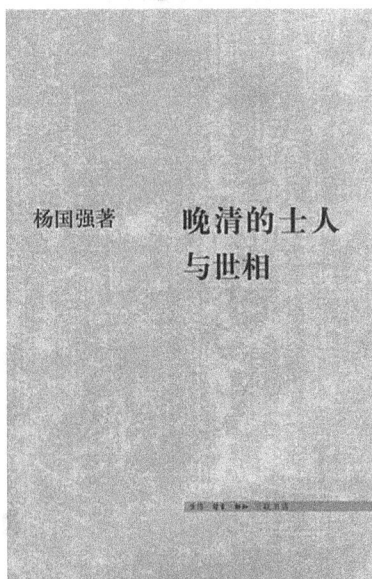

图 86　《晚清的士人与世相》

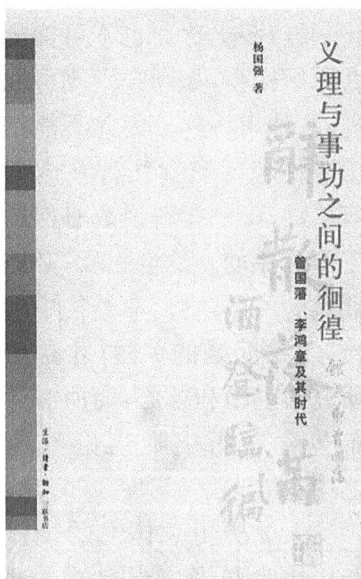

图 87　《义理与事功之间的徊徨——
曾国藩、李鸿章及其时代》

按世界的本来面目和尺度去认识和改造世界；追求和创造价值，则是人作为主体的权力和责任，人按照自己的尺度和需要去认识和改造世界，以实现人的生存和发展。可见真理和价值本身就是人类实践、劳动的内在尺度，追求真理和创造价值作为实践和劳动的基本内涵就存在于人类的活动中，而不是在它之外或之后的某个附加产品。人类的历史已经向我们表明在人类健康正常的活动和发展中，真理与价值之间必须而且能够实现统一。事实上，正是通过它们之间具体的、历史的统一及其不断发展，才有今天的人类文明和未来的人类解放。因此，我们不能以历史规律为借口而放弃价值选择和责任承担。人一方面被历史规定和制约，另一方面又主动创造历史。有客观根据的美好理想要变成美好现实，离不开我们审时度势，与时俱进，因势利导。因为历史规律并没有为我们规定一个不管我们怎样选择都注定会达到的先验目标。认识到我国改革开放处在关键时期，强调"我们必须居安思危，增强忧患意识"，是我们党吸取正反两方面经验教训得出的重要结论，充分表明我们党是一个成熟的党、负责的党，其水准和境界是历史虚无主义者无法理解的。

中国古代史学家把"直笔"的品性和"实录"的风格视作最理想的目标。其实，"直笔"、"实录"是以史学家独立的批判精神和强烈的社会责任感联系在一起的。真挚、良知是"直笔"和"实录"的基础。而勇气是实践真挚和良知的保障。在选择、加工、解释历史事实上，在揭示历史本质、叙述客观历史方面，史学家的笔下波澜中应深深凝聚对家园的真挚之爱，对人类的正义之感，对人民的热情歌唱。通过对人民生命活动的一次又一次感受，一次又一次提炼，一次又一次升华，来展示历史所具有的人性力量。

四、历史价值与历史评价

历史虚无主义的一个观点就是否定历史的连续性，把历史看成是一个可以分割的片断并对片断作出符合自己当下需要的评价。事实上，历史事件既在同时态的情境中发生，又构成了历时态长链的一环；只有在这种纵横关联中，我们才能确定一个历史事件的意义和价值。这种意义和价值不是"古为今用"意义上的工具价值，而是目的性的，指向历史活动本身。而古为今用、鉴往知来曾经是绝大多数史学家研究历史的目的，至今仍然是历史的主要功能之一。以古证今者有之，以古鉴今者有之，以古喻今者有之，以古启今者有之，以古讽今者也有之。历史知识成为获取现实之果的大网，往昔的成败是今日成败的直接参照。这种做法，曾经出现在西方史学的古典时代，尤其成为中国古代史学传统中一条被加重加粗的脉络。司马迁、班固、刘知几、司马光、王夫之、顾炎武、章学诚等人就是坚定的"古为今用派"。但是仅仅侧重于"今"还是不够的。生活在今天的史学家，作为历史评价的主体，需要摒除的是简单化的借鉴意识，需要培养的是深沉的珍惜历史的意识。这里，有必要澄清历史本身的价值和我们对历史的评价之间的关系。

受历史虚无主义思潮的影响，我国部分学者对历史价值和历史评价的关系问题存在认识上的偏差，他们认为历史本身无所谓价值，只有在现代人的评价中历史才有意义。而历史评价只能以当下的社会现实和时代的要求为标准。因为历史评价需要回答同时代人的难题，回答他们的困惑、焦虑和渴望。人们之所以要不断努力去认识历史，并不是要去穷尽所有细节，而是力图去追随、去认识不断变化着的现实。我们的现实来自于历史，而历史本身又恰是现实的不断累积，现实的不断变化把历史总体的各个方面、各个层次，把历史对现实的各种制约和影响逐渐显示出来。变化着的现实之所以要求人们不断重新认识和评价历史，原因概在于此。乍一看，这样的立场不无道理，事实上在史学研究中，史学家的现代意识确实会影响到研究对象的选择和资料取舍，这种选择和取舍使史学家获得一个广泛而鲜活的现实文化基点。只要这种自主性是以尊重历史为基础的，而非一味迎合现实需要，那么它还不至于瓦解历史。但仔细分析，以今天的需要和条件来评价历史往往有失公允，也不免偏颇。一个具体历史事件的是非对错，是否应该发生，应该由谁负责，只能根据这个事件多方面的联系和在更大坐标轴中的位置来确认。在这个问题上既不能跟着感觉走，也不能是今人的想当然，而应当有一个客观的价值标准。

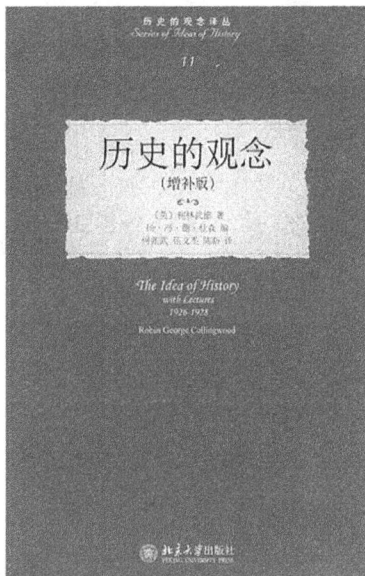

图88 《历史的观念》　　图89 《历史学的理论和实际》

　　历史虚无主义提出否定革命、"告别革命"的主张,认为革命只起破坏性作用,没有任何建设性意义,把一切革命斗争说成是"疯狂和幼稚"。为了否定近代史上的革命斗争,一些人还故意把革命与现代化对立起来,宣称要用"现代化史观"代替"革命史观"。而经过这样所谓"范式"的转换,近代史上的改革和革命便成了制造社会动荡、破坏经济发展、阻碍社会进步的消极力量。这些主张的最大错误就是割裂了历史的连续性。按照这种片断的历史观,我们就无法肯定马克思主义在中国早期传播中的革命成分及其所具有的合理价值。事实上,在早年马克思主义的传播中,李大钊先生曾十分强调"大同团结"的重要性,他在一开始介绍马克思主义阶级斗争学说的同时,特别着重宣传克鲁泡特金的"互助论"。他以"互助"、"协合"、"友谊"、"人道"、"改造人类精神"作为改造社会组织的互补剂和双行道,使社会主义革命和斗争具有某种伦理性质,并且将这种双行和互补建立在下层人民的劳动基础上。阶级斗争与劳动基础上的互助合作相结合,这才是李大钊所理解和宣传的马克思主义。但是马克思主义在中国的早期传播,又是与十月革命和列宁主义紧密联系在一起的,中国当时一部分知识分子也确实是把这三者相提并论的。他们所欢迎、接受、传播、信仰的马克思主义实际上是没有一个所谓的理论准备阶段的。这与俄国曾经经过普列汉诺夫等人的多年介绍、翻译、研究、宣传马克思主义的情况是很不相同的。也就是说,马克思主义在中国一开始就是作为指导当前行动的直接指南而被接受、理解和运用的。马克思主义在中国的最初所展现的便是这种革命的实践品格。

今天的学者已经越来越清楚地认识到:马克思主义的内容非常丰富,涵盖的领域也相当广泛,但由于当时中国的资本主义刚刚起步,无产阶级的力量非常薄弱,连可以进行宣传鼓动的厂矿企业都少得可怜。虽然李大钊、陈独秀等人介绍马克思主义时都介绍剩余价值学说,但仔细阅读当时的文献就能发现,他们介绍的重点,真正进入接受者头脑和心灵并直接影响其行动的,更多的是马克思主义的唯物史观,尤其是阶级斗争学说。而李大钊、陈独秀所接受的唯物史观与阶级斗争学说又与列宁坚决反对第二国际的议会道路直接联系在一起。不走社会民主党的和平道路,而走俄国布尔什维克的暴力革命道路,成为早期马克思主义者对中国现实斗争道路的自然又必然的选择。而这也决定了他们所接受和理解的唯物史观总是与激烈的阶级斗争紧密联系在一起的,用李大钊的话来说,马克思关于过去(历史观)、现在(经济学)、未来(社会主义)的理论,都由阶级斗争这一条金线联系起来[①]。总之,马克思主义在中国的早期传播,主要是以其唯物史观中的阶级斗争学说为主要内容的,它也是这样被许多中国知识分子接受、理解和奉行的。"阶级斗争,一些阶级胜利了,一些阶级消灭了。这就是历史,这就是几千年的文明史。拿这个观点解释历史的就叫做历史唯物主义,站在这个观点的反面的是历史的唯心主义。"[②]这样斩钉截铁的论断如果与早期马克思主义传播史联系起来思考,就不会觉得是空穴来风了。我们应当正视这样的历史事实。这些话虽然不能

---

① 李大钊:《我的马克思主义观》,《李大钊选集》,人民出版社,1978年版,第177页。

② 《毛泽东选集》,第1376页。

充分概括中国马克思主义者甚至毛泽东本人对唯物史观的全部看法,因为阶级斗争并不直接等于唯物史观,唯物史观也远不只是阶级斗争,但阶级斗争作为唯物史观的一个重要的基本内容,数十年来对中国的革命知识分子来说确实具有关键性的意义。共产主义作为唯物史观的未来图景,提供的只是革命的理想和信念,阶级斗争作为唯物史观的现实描述,才既是革命的依据,又是革命的手段和途径,于是它就成了马克思主义在中国最根本的理论学说和观念。

图90 《李大钊史学思想研究》

　　中国共产党正是在这样的马克思主义理论背景下建立的。紧

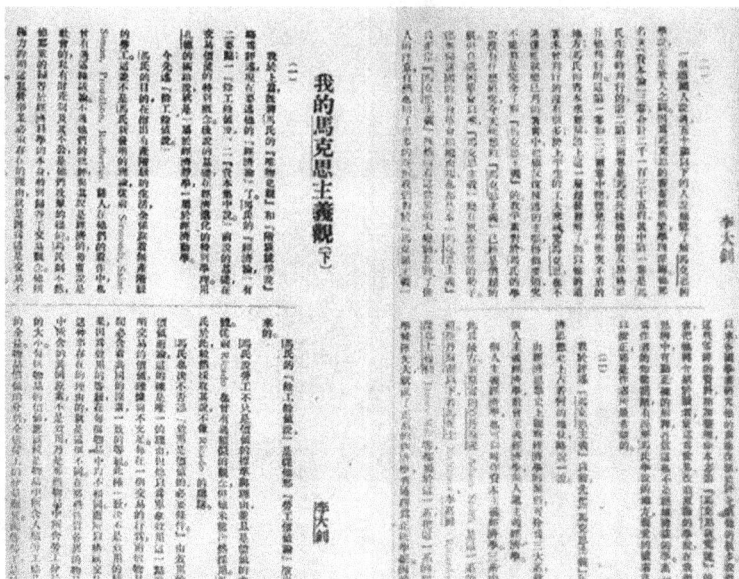

图91 新青年载李大钊《我的马克思主义观(下)》

张的政治局势和严峻的民族救亡斗争使得早年的中国共产党人在主客观上很少能有足够的条件来进行深入的理论思考，只能把主要的时间和精力，集中在必要的斗争实践中。这是马克思主义的实践性和革命性在当时的具体体现。在日益紧张的社会斗争和阶级斗争中，在日益加剧的日本帝国主义侵略形势下，中国共产党对革命状况和政治斗争的分析论证，具有比其他理论学说更有说服力的深刻性。这也正是中国共产党人运用马克思主义即唯物史观和阶级斗争学说来研究实际生活的结果。由此看来，中国人民接受马克思主义、中国共产党的诞生和发展，中国的道路和命运确实并非偶然，它并不完全取决于个别人的意志和倾向。明确了这一点，了解马克思主义早年传播中的实际条件限制和客观形势，我们就不会像历史虚无主义那样否定现代中国社会的发展道路。对中国现代史和中共党史的考察，不能离开"我们党是一个勇于追求真理、修正错误，善于总结经验、不断提高自己的党"这样一个基本事实。鉴往知来和珍惜历史应该有机地统一起来。文德尔班所强调的栩栩如生的历史是我们实现文化传承的非常重要的载体。

五、历史实践与历史教育

各种不同层次的虚无主义还否认历史的实践性问题。我们既是历史的认识者，也是历史的实践者。除了在理论上弄清楚历史虚无主义的内涵、本质外，我们还必须正视这种思潮存在的现实基础，认真反思造成历史虚无主义的原因。客观地说，对大中小学生传统文化的传播、马克思主义历史观的宣传，教育部门已经做了大量工作。但是，拆解中心、拒绝规律、游戏化和无主体化的倾向，在青少年生活中还是大量存在。反映在价值观上就是一种"什么都行"的态度和立场。作家梁晓声就"无厘头"文化对中国大陆尤其对大学校园的影响有一个值得注意的评价，他说在香港，周星驰的电影看过就看过了，回过头来年轻人还是接受大学文化。但是为什么在中国大陆，校园里呈现一片"无厘头"文化呢？这才是大家感到极为困惑的，而且扭转这一点要费九牛二虎之力。"无厘头"现象与手机短信、网上聊天的俏皮、娱乐一起构成一种文化泡沫。

这种泡沫看起来很美,有意思但缺乏意义。

我们不是简单地否定文化的娱乐功能,而要分析娱乐消费中民族文化和意识的提升问题。语重心长的交流如何不被鄙夷为陈词滥调?过来人的现身说法如何才能不被误解为摆资格、端架子?民族文化中宝贵的真知灼见如何才能不被轻易地搁置一旁?这些问题都呼唤历史教育方法的更新。我们可以在历史材料的取舍上开阔视野;可以兼顾受教育者今天对历史的期待和需求;可以从经济史、科技史、文化史、社会史、民族史乃至口述的各种历史入手,把"宏大叙事"与"精细节目"结合起来;还可以在语言表达上多下功夫。中国古代史书不仅记录史实,而且也是文学上的范本。司马迁放弃对单纯叙事的执着,得到了具有开创意义的全新体例的纪传体形式,得到"究天人之际,通古今之变,成一家之言"的境界。西方史学界有许多著名学者甚至不惜笔墨和精力进行历史通识教育,语言优美,赏心悦目。表达的问题不重视,历史叙述的通俗化问题不重视,停留在三段论式的背景、事件、结论模式,结果只能使历史变得苍白、无力、不忍卒读。

在批判历史虚无主义的同时,也需要自问:我们的历史研究中是否不同程度地存在这样或那样的毛病。在历史的继承性研究和阐述上,我们需要摒弃"一根筋"思维和简单化逻辑,防止"好人一切都好,坏人一切都坏"的幼稚病。在批判历史虚无主义的同时,也要认真思考一下我们自己是如何从事历史实践活动并记录这一活动的。如果我们也因为这样那样的原因不能比较客观地对待历史,实际上就是把一个又一个解释真实历史的机会拱手相让给历史虚无

图92 《赫逊河畔谈中国历史》

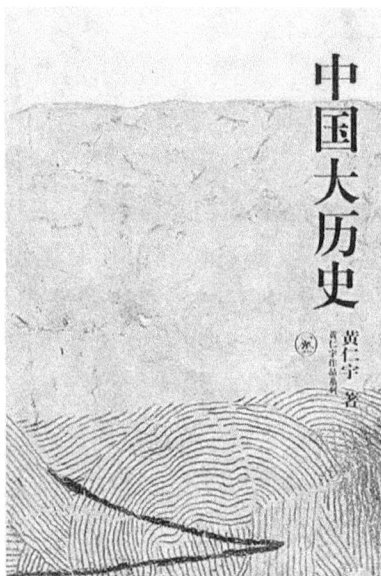

图 93 《中国大历史》

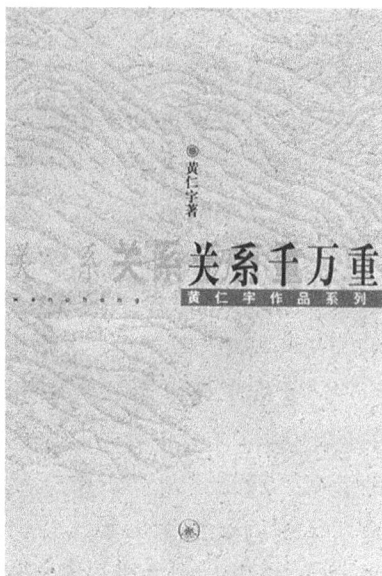

图 94 《关系千万重》

主义思潮以话柄和空间,更无力阻止历史虚无主义与和平演变交相作用、相互裹挟。从这个意义上说,坚持马克思主义的科学历史观既是一项理论任务,更是一项迫切的实践任务。

近年来,一些作家和名门之后创作了不少或纪实或虚构的作品,中间都或多或少地涉及中国共产党执政前后的历史陈迹。党派之争、性命较量、风雨人生在他们的笔下都有曲折的反映。在此背景下,不妨更深入地对我们党的历史进行细致具体的梳理,使一些曾经被掩盖、误解的内容逐步实现"能量释放"。采取积极主动的方法稳步提升党史的"保真度",有效维护党的形象。与此同时,可以选择一批适合用作通识教育的史料充实到大中学生的教材中。

目前,中小学的教科书由于部门利益垄断的干扰,历史观教育的地位受到较大影响。教育部门一定要认识到历史教育在意识形态工作中的重要性并从落实教材的高度作出具体规划。而在大中学生中,则可以从手机短信、网上聊天入手,认真开展珍惜历史的教育。增强青少年对历史、对祖先、对前人的敬仰与敬畏之心。

此外,还应对大众传媒领域的历史意识教育进行认真规划,真正落实正确舆论的引导功能。

专题四　在民间采风新实践中
汲取日常智慧

一、民谣与民众评价

民谣,包括民谚、民歌和顺口溜。随风潜入眼,兴到即成诗,"情动于中而形于言"。民谣具有民间性、自由性和随意性的特点①。

各种各样的民谣看似浅显,看似牢骚,看似讽刺,却也具体入微地表达了人民群众的爱恨情仇,反映日常智慧和人心向背。了解人民群众的日常智慧,并把它作为不可缺少的精神滋养,也是建设社会主义核心价值体系的基础性工作。民谚实际上就是"口头短语"。用最简短有力的方式表达从实践中体会出的道理。"富家一席酒,穷人半年粮",贫富差距引起的情绪就在其中表露无余。

民歌实际上就是"口头创作的诗歌",产生于群众性的娱乐、节庆活动,而情歌是民歌永恒的主题。

顺口溜有韵味,朗朗上口,更为群众喜闻乐见。缘事而发,针砭时政,入木三分。例如:"能喝四两喝半斤,这样的干部最放心;能喝一斤喝八两,这样的干部不理想;能喝辣酒喝啤酒,这样的干部最保守;能喝啤酒喝饮料,这样的干部不能要。"这绝对不是组织部门考核干部的标准,但形象地反映了百姓对个别吃喝干部的讽刺。顺口溜有褒有贬、美刺兼备,但以贬和刺为主。除了民谚、民歌、顺口溜之外,还有一类民谣形式值得关注,那就是"课桌文化"。针对应试教育,就有"分不在高,及格就行;学不在深,作弊就灵",可谓无情的嘲弄。讨伐声中可以引起我们理性分析的是究竟有没

---

①　陈新汉:《民众评价论》,上海人民出版社,2004 年版,第 206—207 页。

有一种比考试更好的办法来遴选人才？学生早恋已不是新闻，所谓"一年级的小偷，二年级的贼，三年级的帅哥没人陪，四年级的美女没人追，五年级的流氓一大堆，六年级的情书漫天飞"，只不过以比较夸张的形式反映了这种倾向。风沙的中年如何给游戏的少年指路？时间、场景已全然不同。"课桌文化"可以提供不少青少年教育和代际沟通的切入点。

价值总是和主观评价联系在一起。民谣抒情言志，道出民心民意，是民众评价的感性形式。街谈巷议，闲言碎语，看起来随意主观，却有着不以主观意志为转移的客观内容。例如前些年流传甚广的"十类人"："一类人是公仆，高高在上享清福。二类人作'官倒'，投机倒把有人保。三类人搞承包，吃喝嫖赌全报销。四类人来租赁，坐在家里拿利润。五类人大盖帽，吃了原告吃被告。六类人手术刀，腰里揣满红纸包。七类人当演员，扭扭屁股就赚钱。八类人搞宣传，隔三岔五解个馋。九类人为教员，山珍海味认不全。十类人主人翁，老老实实学雷锋。"民众评价所具有的现实力量在于流传，地域上越传越广，时间上越传越久，赢得思想上的"共鸣"就越多。"货不怕假，回扣则灵；饭不怕贵，公款就行；学不在深，有爹就灵；分不在高，后门就行"在今天依然通过短信传播，足见民众评价所反映的社会现象的普遍性。民谣不断流传的过程就是民众评价活动的过程。

作为民众评价活动的艺术形态，民谣虽然也是社会舆论，但与一般的社会舆论还是有区别。民谣之"民"具体直接地对应我们通常所说的老百姓，否则就无所谓"民谣"；民谣所包括的群体数量应该非常广大，否则就不会有绵延不绝的流传。

作为民众评价活动的特殊形式，民谣与社会谣言也有所区别。社会谣言从内容上来说总是假的，以否定的形式折射出民众的不安全感。社会谣言流传的时候，权威部门总要想方设法揭示其假面目。民谣有所不同。民谣的内容可真可假，有的无所谓真假。像"十类人"这样的民谣，有些人听了心里不痛快、不舒服，但你又不得不承认其中有谁也抹杀不了的客观事实和对这些事实的真实评价。而一些反映内容不真实，而且具有反权威反历史特点的民

图95　《读民谚　长智慧》

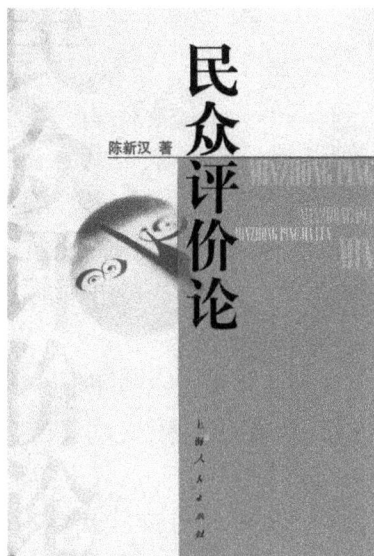

图96　《民众评价论》

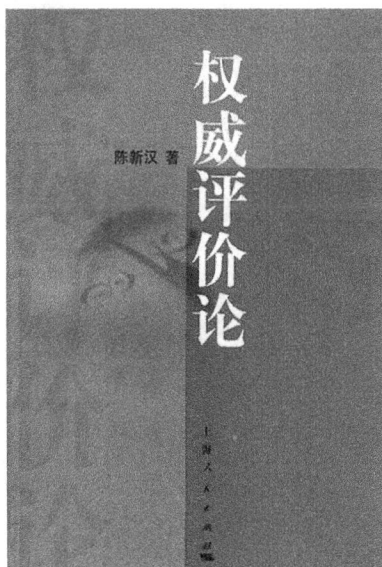

图97　《权威评价论》

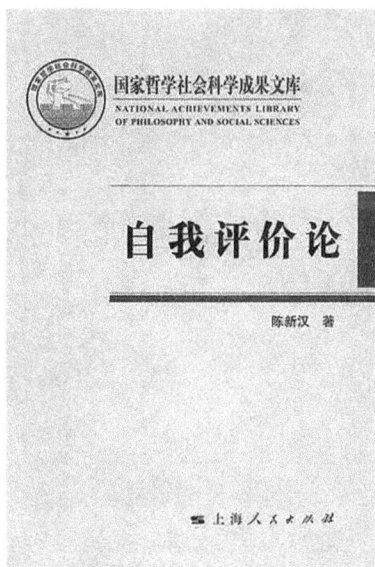

图98　《自我评价论》

谣，如"知道他们咋死的吗？董存瑞，拿得太稳；刘胡兰，嘴巴太硬；邱少云，装得太像；黄继光，扑得太准；张思德，跑得太晚；白求恩，会得太多"就要设法予以疏导和调控。有些内容虽然不一定真实，但不具有反权威特点的民谣，如"老婆是邮票，一旦盖印，就只能收藏"，就不必要当作洪水猛兽。而有些民谣，反映的内容真实，且具有警醒作用，比如"成绩不能是吹出来的，贡献不能是送出来的，地位不能是跑出来的，关系不能是喝出来的，乌纱不能是买出来的，金钱不能是贪出来的"那就不能压制，反而要倡导。

民谣作为特殊的评价方式，难免发发牢骚，讲讲怪话，例如"只吃不带，作风正派；又吃又带，不算意外；不吃不带，才算意外"，又如"五十年代人帮人，六十年代人整人，七十年代人防人，八十年代各人顾各人，九十年代认钱不认人"，但确实体现民众的忧患意识，是一味清醒剂。民谣在歌舞升平之外积聚的忧患意识，对今天的传媒工作也是一种提示。

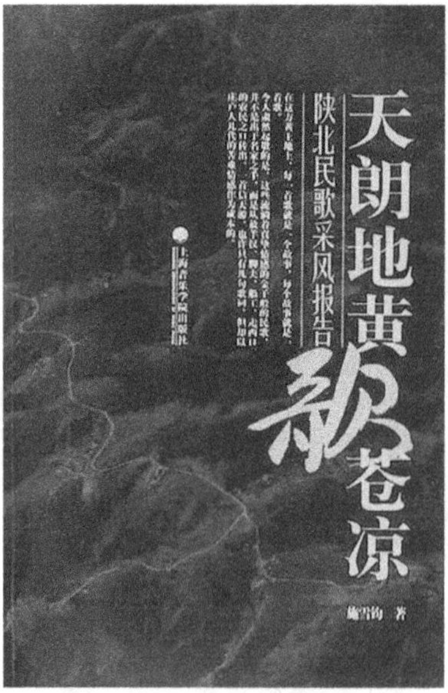

中国古代就有采风制，设置专门的官员负责"采风"。考虑到民谣确实是人民群众的社会评价，能迅速真诚地反映人民群众的情感和态度，应当恢复对民谣的收集和整理，从中分析群众的情绪，研究政策的得失，探询健康肌体中的肿瘤和溃疡，当然，还要对民谣进行适当的引导（2006 年小学生和谐社会童谣编制就是比较好的民谣引导的例子），倡导正确反映广大人民群众利益需要的民谣，克服片面消极的东西[1]。

**图99　《天朗地黄歌苍凉——
陕北民歌采风报告》**

---

[1]　陈新汉：《民众评价论》，第 246—247 页。

二、民谣与艺术表达

民谣多来自群众日常朴素的语言，天然去雕饰，口耳相传又日日锤炼，充分反映民众的智慧和艺术。民谣经常采用对比（"有人笑廉不笑贪，有钱不捞白当官"）、反讽（"稳定就是搞定，没事就是本事，摆平就是水平，酒量就是力量"）等手法，以幽默（"反官僚反得人偷笑，贪污犯抢戴官僚帽"）示人，颠倒话说颠倒事（"18 岁的保姆 50 岁的娃，女秘书当上总经理的家"）。语言生动丰富，平白易懂（"天不怕地不怕，就怕政策有变化，领导说话不算话"），是我们提炼核心价值理念时的一个参考。

建设社会主义核心价值体系，使核心价值观成为主流，语言表达十分重要。看似形式，却深刻影响内容传播的广度。由知识分子概括和提炼的核心价值应当在语言表达上与人民大众保持密切交流和互动，使之具有强大的渗透力。很多事情我们仅仅"做得对"还不一定成功，只有"做得好、做得巧"才能真正到位。"做法"有时是非常具体细微的技术问题，然而却能产生大而持久的文化效应，所以不应忽视其中的艺术性。譬如近些年来屡遭垢病的"文风"就是一例。有些文章文件、讲话报告之所以效果不好，并非是它的思想内容不好，而是它们的话语方式（"说法"）过于简单生硬、"八股"气十足。或者空洞抽象、语言乏味，或者自说自话、不看对象，或者面面俱到、没有重点，或者单调重复、"意有尽而言无穷"……所以，尽管同是一个正确的道理和主张，讲出来也总不如切合实际、人情入理的分析更能说服人，不如层次分明、重点突出的道理更能引导人，不如言简意赅、富有智慧的话语更能启发人。好理念要有好说法。在这些看起来仅仅是话语技巧的表现中，却能够显现出其背后是否尊重人、关心人、理解人的文化底蕴和文化境界。可以说，在我们生活各个领域的具体"做法"中，都存在着把先进文化、先进文明渗透进去、体现出来的巨大空间。使社会主义核心价值体系展现应有的文化魅力。否则的话，就容易出现"中央文件发到乡，乡里组织学文件，学着学着到饭厅，学着学着不见了"的现象。

图 100 《短信文学论》

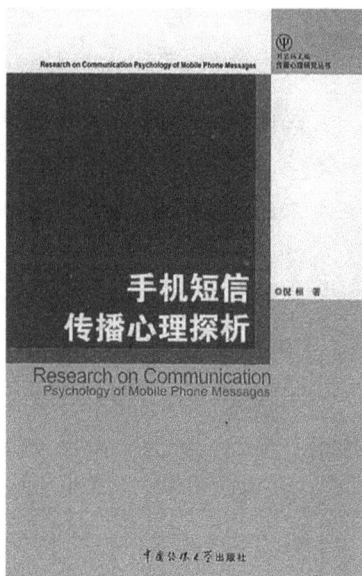

图 101 《手机短信传播心理探析》

我们党的领导人就很善于使用人民的语言,如"打土豪,分田地",通俗又精确地体现了党的复杂纲领,深深触动所有人。今天,依然需要鲜活的大众语言,要尽最大可能减少毫无生气的"新八股"和深宫秀才开出的"中药铺"。具体来说,对以往惯用的范畴和语言("剥削"、"共产主义理想"、"人民政府")要进行新的梳理,吸纳反映改革开放新成果和广大民众接受并使用的范畴。不说正确的废话,不说无用的空话。

三、理论工作与日常智慧的平衡

建设社会主义核心价值体系,与我们的任何工作一样,也要"以人为本",也就是体现人民群众的利益、总结人民群众的智慧,提高人民群众的觉悟。这些要求的具体体现,是要在马克思主义的理论和人民群众的常识之间达成动态的平衡。人民群众的常识是他们多年生活经历的凝结,其中包含的信息、诉求和智慧,是任何理论文本都无法替代的。"教育农民"固然是一个"严重的问题",但如果"教育农民"的目的是让他们接受"宁要社会主义的草、不要资本主义的苗"这样的"理论",是注定不可能成功,也不应该成功的。理论的规模再宏大、内容再精深、形式再漂亮,如果违背了一些基本的常识和智慧,效果就会适得其反。

但理论和常识之间的平衡又必须是动态的,而不是机械的,是经过我们的深思熟虑而达到的,是经历了理论和常识之间的反复调整而建立起来的。理论毕竟不同于常识,对常识有必要作一番"去粗取精,去伪存真,由此及彼,由表及里的改造制作功夫"。从马克思主义创始人所说的"真实集体"与"虚假集体"的区别,到现代西方马克思主义者所说的"真实需要"和"虚假需要"的区别,都提示我们不仅要尊重常识,而且要不满足于常识。解读民谣,也要达到这样的层次。

因此,当我们抛弃一些违背常识的错误理论,把发展当作"硬道理"之后,我们还要进一步对发展的目标和步骤、内涵和指标、成本和收益等等作系统而严密的研究。在邓小平理论和"三个代表"重要思想的指导下强调以人为本,坚持全面、协调、可持续的发展观,可以看作是我们党在理论和常识之间实现良性互动和反思平衡的最新成果。科学发展观一方面建立在人民的健全常识和日常智慧的基础上,另一方面又通过理论层面的研究而达到提炼和提升这种常识和智慧的作用。如果普通百姓们在享受现代科学技术、现代社会经济组织和现代生活方式的种种便利和好处的同时,都能把身心健康、人际和谐、生态良好、资源节约等等当作日常生活的基本要求,那么理论和常识之间的"反思平衡"就达到了很高的境界①。

一个理论或一种理论观点不仅是吸取群众的智慧和民众的常识的结果,而且只有反过来变成群众的智慧和常识才能深入人心,成为全社会的共识。而这个循环互动的过程需要相当长的时间,不顾及时间和周期,就容易产生理论与实际、导向与群众、口号与生活之间彼此脱节的后果,也难免"口号疲劳"和"消化不良"。群众的智慧和民众的常识是相对稳定的东西,我们在思考以怎样的

① 童世骏:《坚持马克思主义在意识形态领域指导地位》(研究报告),2005上海市哲学社会科学系列课题。

速度和节奏推进理论创新的时候，要把这个相对稳定的基础考虑在内，使广大人民群众真正重视、理解和接受我们党的理论创新成果，真正使这种成果从抽象的理论化作人民群众的日常智慧。

图 102　《常识》　　　　　　　　　图 103　《常识》

第三部分
意识形态

专题一　特征枚举和辨析

中国特色社会主义文化包括哪些内容？特征是什么？与其他文化类型相比有什么不同？这些问题如果得不到比较清晰的解答，我们就无法自信地说我们的事业有了坚实的文化根基。要全面地回答这些问题显然非笔者能力所及，这里结合前辈同行的研究，从意识形态建设的角度，谈谈自己的学习体会和想法。

一、先进性——以主体性和社会历史进步为重点

笔者认为在中国特色社会主义文化的建设过程中，有两个理念需要进一步深入研究，那就是先进与和谐。早在2004年，李德顺教授就对先进文化发表过很有见地的文章①。没有先进性，无法体现社会主义的性质；缺少和谐，无法体现中国文化特色。从先进的角度去思考社会主义核心价值体系，我们就会有新的认识和理解。在人类整个文明演进过程中，有六大价值被逐步认可，即自由、平等、博爱、真、善、美。就资本主义发展的历史进程来看，如果必须要从这些价值中选择一个作为核心价值观，那么应该是自由。自

---

① 李德顺："文化、先进文化及其前进方向"，载《思想政治工作研究》2004年第4期。

文艺复兴以来资本主义社会更加强调的是自由,最能说服人的是个人自由。博爱和平等相对于自由而言,在顺序上不具有优先性。因为核心价值是自由,更加主张自由竞争,所以从理论上分析,贫富差距、两极分化尽管也要避免,却不是完全不可接受的。而社会主义社会无论在理论还是实践上都是反资本主义而生的社会形态,反对剥削、反对压迫,追求平等,追求共同富裕。最牵动中国人民神经的是公平和正义,没有这一点,我们就不可能理直气壮地说我们是社会主义国家,有了这最核心的价值,我们才比资本主义优越。马克思主义提供的关于共产主义远景的理想之所以在绝对的意义上值得追求,与这种伦理优越性是紧密相关的。所以从先进的角度来说,社会主义核心价值体系的阐释就离不开公平和正义,这也是社会主义继续前行的稳定性力量。那么究竟如何来认识先进文化? 换句话说如何说明中国特色社会主义文化是先进文化?

文化的定义不下三百种,含义有很多方面,也可以从很多层次加以理解,但目前来说要讲清楚中国特色社会主义文化的先进性,特别需要注意这样两个问题:

1. 作为过程和方式的文化

也许我们更容易理解的是文化产品、文化成果和文化机构,但容易忽视作为过程和方式意义上的文化。文化产品有其产生的过程和方式,文化活动本身包含一些潜在的反映人的思想方法、思想感情、价值取向的东西。整个人类历史的活动,从最根本的意义上说总离不开生产、生活、衣食住行,但是我们依然能非常清晰地感受到风格迥异的文化特色。差别究竟是如何造成的?无非是因为同样的事情采取了不同的方式,进而产生不同的文化。当然这个做法和方式不是偶尔为之,也是各种各样的自然历史因素造成的。所以文化的特征和差别,固然要通过做什么加以体现,通过机构和成果来落实,但更重要的在于怎么做,在于做的具体方式和过程。同样一件事情,可以做得非常经济,也可以做得非常有文化的味道。而明明是一项严肃正经的文化事业,也可以弄得非常没有文化品位。这里面就有一个方式和过程及其艺术化的问题。

2. 作为主体权利和责任的文化

文化是人的生活,文化是人的生存样式,文化的状态和文化发展的动因,都来自于人的生活实践本身,是人的生存本身造就了文化。不但造就了文化,而且离不开文化。既然如此,我们在理解文化之间相互关系的过程中,应当强调:文化是主体生存发展的权力和责任之所在。一种文化是什么样子,应该是什么样子,不能忽视和回避文化的主体是谁。在多元文化历史背景下,考虑文化的交流融合,前提就是必须承认文化主体对自己文化的权利和责任。就中国特色社会主义文化来说,要说清楚它的内涵和特点,就要说清楚广大干部群众作为群体主体本身的内涵和特点。

关于多元文化背景下究竟如何看待先进文化的问题,国内外学术界长期以来一直有争议。有人认为文化只有不同的样式,没有先进和落后之分,唐诗和宋词谁优谁劣几乎无法回答。一些从事所谓纯艺术的人甚至嘲笑先进文化的提法,认为这纯粹是一个假问题。中国人喜欢以龙凤作为中国文化的标志,但在西方文化中龙却是凶恶和丑陋的东西。反过来我们也很难理解驴为什么能成为一个政党的标志?确实,历史形成的文化,首先是这种文化的主体自己的权利和责任,是他们历史地积累起来的东西,就此而言,无法比较优劣。那么究竟如何理解文化的先进和落后?这里面实际上就涉及到承认不承认社会历史进步原理的问题。

首先,先进性应该不是抽象的、绝对不变的尺度。何谓先进何谓落后,不应该脱离了文化的主体作抽象的判断。文化的先进和落后,本身是有主体性的相对尺度。在不同主体之间的文化,涉及到自己主体形成的生存方式和生活样式,都有自己各自的根据,简单直接的比较,当然是不合适的。必须要经过一个新的环节——把一种文化和它本身的主体联系起来,看这种文化对主体的意义到底怎样。换句话说,一种文化如果是这个主体的生存样式,那么对这个主体的生存发展是否有利、是否合适,这里面就有先进落后之分。云在青天水在瓶,该是夏天了,该穿短袖了,你偏偏穿着棉袄洗澡,这个棉袄所代表的文化就落伍了,就有可能导致主体生存状态的恶化。简而言之,衡量一种文化是否先进,这个先进性是指是否有利于主体的生存和发展。

我们要以文化主体的生存和发展为根据来判断文化的先进性。是否能够反映生产力的发展要求和人民群众的根本利益,是否能为社会进步、为人的解放和自由全面发展提供最大的资源,包括精神资源(含道义资源、智力资源等)和制度资源(含体制空间、机制活力等)等等就是判断的客观标准。对于一个国家或民族而言,能够反映它的社会生产力发展要求和人民的根本利益,并能够为这个国家民族发展提供最大资源的文化,就是他们的先进文化,反之则是落后的或腐朽的文化。相对比较宽容和开放的文化,允许主体进行各种探索、创新、尝试和失败,这种文化就能够帮助这个主体,使这个社会更加有活力地向前发展;如果一种文化道德上比较僵化、比较腐朽、比较黑暗,任何离经叛道的东西都不能允许,都要扼杀,那么这个文化主体在道义上可能就是僵化的,最后受害的就是这个文化自身了。所以,理解文化先进性的时候,一定要有一个主体的尺度,先进和落后在它有一个统一方向的时候,互相才可以比较。

图 104 《文化价值论》

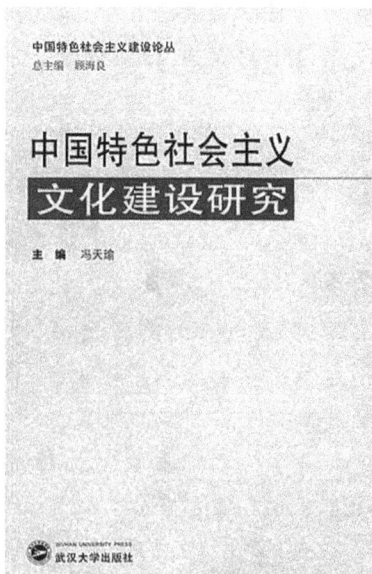

图 105 《中国特色社会主义文化建设研究》

　　为什么我们说中国特色社会主义文化是先进文化？是因为这个文化的主体是人民群众，中国特色社会主义文化要落实人民群众的文化权益，充分实现人民群众的文化权益，让文化成为人民生存发展富有活力的积极因素。这才是真正的以人为本。科学发展观，实际上就是以人为本的一种综合化，这本身就是一种文化的选择，体现一种文化的方向。用具体的主体性的历史分析方式，用动态的分析方式来理解先进与落后，才能防止先进与落后问题上的简单化和抽象化。先进文化的前进方向，不在我们现实的文化之外，不在天上和外面的某个地方，而就在我们现实的文化生长之中，在我们现实文化生长发展的趋势要求之中，不能离开这个主体的现实去谈论什么叫先进和落后，更不能离开这一点奢谈前进的方向。脱离了主体现实的条件和能力，拔得越高可能越不先进，因为它并不能为主体提供更大的资源、更强的道义空间和智力空间，反过来会束缚我们的手脚。要从我们的现实条件出发，寻找生长点，在生长点的前方，就是我们的发展目标。归结到一点，就是在理解先进文化上同样需要实事求是。

　　任何文化都不是孤立生存的，需要一定的环境，不同时代有不同文化特征的要求，别人已经出现的文化模式，可能会成为我们先进文化的一种模式，但是具体是什么形态，不可能照搬别人。中国特色社会主义文化作为先进文化，就是指对我们中华民族的生存和发展来讲，目前最需要最合适的一种文化形态。比起过去已有的东西，应该也是更有益的文化形态。我们在实践中掌握文化先进性的标准和尺度，需要把握文化精神实质的一贯性与文化形式多样化的统一，防止文化观的教条主义和形式主义、绝对主义和相对主义等简单化倾向。党的十六大报告中用了几个词具体界定，就是面向现实、面向世界、面向未来的，民族的、科学的、大众的社会主义文化，这就是我们现在的先进文化形态。文化的民族性，是指在多民族文化基础上的中华民族文化的整体性。它要求在全球化背景下，既要尊重和保持中华民族文化的特色，积极弘扬和培育整个中华民族的民族精神，抵制各种不良文化渗透，又要积极吸收和利用国内外一切先进文化资源，为我所用。我们要高度警惕和反对各种文化霸权主义和文化奴隶主义、文化沙文主义和文化分裂主义；文化的科学性，要求加强文化与先进生产力和科学技术发展的内在联系，以马克思主义的科学理论为指导，反对和防止各种形式的封建迷信、伪科学、邪教等反科学倾向；文化的大众化，要求

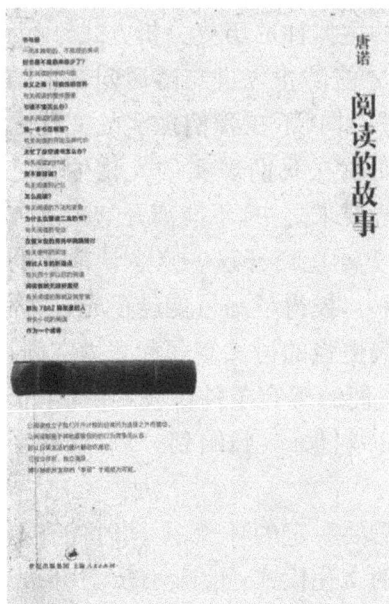

图 106 《阅读的故事》

坚持为人民服务、为社会主义服务的方向，始终把反映最广大人民的根本利益、满足大众的文化需要、落实群众的文化权益放在首位，面向群众，面向实际，反对和防止一切违背人民利益，脱离群众、脱离实际的倾向，避免低俗、病态、畸形等不良文化泛滥。而三个"面向"是上述要求所共同具有的、为先进文化必须具备的开放进取精神，也是发展先进文化的必要条件。在当今时代，只有面向现代化才能巩固先进文化的现实根基，只有面向世界才能增强先进文化的活力，只有面向未来才能保持文化的先进性。

文化的先进性是一个动态的历史尺度。一种文化的先进性，不仅要表现为它的思想理论科学，群众基础广泛，资源配置合理，产品富有凝聚力、感召力和创造力等，而且要表现在这一文化体系本身具有扩展潜力和更新活力，表现为它的创新机制健全，富有与时俱进的开放精神，能够不断自我发展、自我完善、自我超越。文化先进性的来源，有历史积累和现实活力两个方面。从历史基础看，五千年历史是中华文化自身的积累，不断前进的人类文明是世界性的历史积累，它们都是我们建设社会主义先进文化的基础和资源。没有历史积累的文化是"化而不文"，没有现实活力的文化是"文而不化"，单纯向外看的"西化论"是邯郸学步，单纯向后看的"复古论"是刻舟求剑。我们要批评和防止民族虚无主义和文化复

古主义等倾向,坚持"向前看"的发展论、创新论。在吸收和借鉴中外传统文化时,要以我们当前社会主义事业的发展为根据,坚持立足现实,着眼发展,以我为主,"古为今用,洋为中用","推陈出新"。

从现实活力看,与时俱进的创新活力是先进文化的生命线。形成这种活力的内部机制,在于文化从生产到消费各个环节的活力和它们之间的相互协调、良性循环。我们要着眼于文化体制的改革和社会的全面发展,从整体高度处理好文化建设各方面的深层关系。从先进性的角度去看,中国特色社会主义文化建设就是要积极建构中华民族的当代文化思想体系,用以塑造和弘扬民族精神,并抵御一切落后腐朽思想文化的渗透和干扰。

二、和谐——文化和谐与社会和谐的合一

中国特色社会主义文化具有先进性的同时,还追求全面、可持续的和谐境界。胡锦涛同志指出:"我们所要建设的社会主义和谐社会,应该是民主法治、公平正义、诚信友爱、充满活力、安定有序、人与自然和谐相处的社会。"这段论述中既包括政治、经济、文化和生态等各个领域的和谐,更指出各个领域和谐之间共同的、内在的条件和特征。就是说,我们所要实现的社会和谐,是在经济政治文化不断发展基础上实现、同时又覆盖经济政治文化领域,从而具有基础性、普遍性的社会和谐。显然,这是一种全面的、可持续的社会和谐。而全面的、可持续的社会和谐,总体上就是广义的文化和谐。对于我们来说,构建和谐社会离不开文化和谐。只有造就深层的文化和谐,才能造就"充满活力、安定有序"、全面的、可持续的社会和谐。

中国特色社会主义文化所追求的和谐,可以有两个层面的内容。一个是精神文化系统的和谐问题。按照刘小枫的研究,这个系统可以分为思想学问和社会文化两个主要区域[①]。前者由大论述、中层理论、经验研究三个分领域构成,后者由品鉴文化和消时

---

① 刘小枫:"国家权力与社会权利之间的个体学术",转自《拣尽寒枝》,华夏出版社,2007年版,第33—34页。

文化组成。这些区域和分区域当然存在互动关系。大学既是思想学问的基本建制，又是两个主要区域的中介机制，所以是枢纽。没有什么大论述不是从大学的职业知识人那里寻找到基本样式的，至少在形式上是"学官言"。所谓大论述指关涉人心秩序和社会制度的正当性的论述，谈论大问题。中层理论则不谈大问题，而是研究局部性的可操作范围的学术论题，在阐释框架上有的直接依傍大论述，有的依傍具体学科的学术积累及其认知结构。经验研究则基本上是学科的经验性积累，可能受大论述支配，也可能拒绝这种支配。品鉴文化属于公共论域的基础领域，各种报刊电视既流行着各种思潮又出现情绪和生活问题的涌动，是大学知识人和社会文化人既共生又发生矛盾的地方。消时文化是指市民消磨时光、交流趣味和情绪信息而在市场上流通的各种符号品。各种大论述会在品鉴文化中徜徉，但鲜有影响消时文化。但是品鉴文化和消时文化会不同程度地影响大论述和中层理论。对于自由平等的文化秩序来说，重要的是承认文化区域的划分各有其意义和尺度，承认各分区的自主性以及在其中发生的个体或群体的不同思想情绪和趣味之争。文化秩序的正当性在于维护各种价值诉求、不同情绪和趣味之间的交往和论争。而李德顺教授把精神文化系统分成以下几个方面：

精神生产领域：主要指哲学社会科学研究和文学艺术创作等；

文化传播领域：主要指教育、新闻和大众媒介等；

群众文化生活和文化消费领域：主要指休闲娱乐等；

文化资源领域：指民族历史和民间遗产等；

国际文化交流领域①。

我国当前在精神文化领域进行的体制改革的任务，就是要以改革和发展解决好文化思想内容与价值取向上"一元与多样"的关系问题，文化建设的两大基本形式——文化事业和文化产业的关系问题，文化发展的两大环节——精神生产与精神消费的关系问题等，实现精神文化系统内各个领域的发展及其相互之间的和谐，

---

① 李德顺："论和谐社会的文化建构"，载《精神文明导刊》2007 年第 4 期。

精神文化系统与经济、政治等整个社会系统之间的和谐，从而打造一套全新的社会主义"和谐文化"，并用它来促进和保障完整全面的社会和谐发展。

中国特色社会主义文化所追求的和谐，第二个层面就是指渗透于社会各个领域的共同思想、组织和行为方式的和谐问题。也就是要我们在"做法"上下功夫，讲究"做法"艺术，提升社会和谐程度。这一层更具有普遍深远的意义。"做法"是普遍典型意义上的"文化"，它比"做什么"更能代表一种文化的性质和面貌。所谓"做法"的社会表现，包括依据一定理念而形成和执行的一套制度、体制、机制，运行的方式、程序、方法，行为的规则和规范，以及相应的作风、习惯和风格等。我们构建和谐社会不仅要保持任务和目标的和谐与先进性——即"做什么"的和谐与先进性；还要有工作方式即"怎样做"的"做法"的和谐与先进性。从这个层面上打造和谐文化，意味着我们在努力做好一切事情时，都要自觉地注意并以改革创新的精神去改善、提高"做法"的合理性、先进性、有效性，克服困难，解决矛盾，寻求富有成效的一套办法。

图 107　《文化的重要作用——
　　　　价值观如何影响人类进步》

图 108　《跨文化对话》

如果在解决问题的方式方法上没有更新,就有可能达不到和谐的境界。无论是哪个部门、哪个领域的事情,和谐追求的是工作方式上的调整。当前,国家发展了,人民的生活好了,改革开放起步阶段的"打拼"精神如何赋予更多的文化内涵、如何实现精神文化层面的再次飞跃? 这里面就有一个方法调整和艺术提升的问题。现在来看,实际上我们的打拼才刚刚起步,组织合理的、文明规范的打拼才刚刚开始。社会主义市场经济秩序、法治文化都还在建设完善当中,有些还在探索、摸索阶段。打拼不是乱干、蛮干,而是要规则有序、合法、合理、有效、可持续,需要在社会主义法治体系的保障下,实现决策民主化、管理科学化。作为个人的打拼,有明确的目标,合理的途径,同时就要有大家都尊重的公共规范来保障人们健康地、合理地、文明地打拼。所以我们的打拼不仅仅是简单的意义上的物质生产、经济发展上的打拼,还有精神文化体系、社会管理治理机制等方面的打拼[①]。只有这样,打拼才是文明的、和谐的。

作为中国特色社会主义文化主要特征的和谐,既有传统文化因素的继承,又与中国古人所追求的和谐有着本质上的区别。古代社会的和谐,是建立在维持"君君、臣臣、父父、子子","长幼有序,尊卑有别"的等级制度基础之上的,所以它更多的是依赖和表现为人们的道德文化面貌。而现代社会的和谐,则只能建立在民主和法治的基础之上。民主是以人民为主体的、平等的政治制度,法治则是民主的程序化及其规则的实现,民主和法治二者不可分离。我国的社会主义制度既然以人民民主为其主体根基,就意味着它必然也是要以法治为其主导的政治形式。以此为基础的社会和谐,就是要更多地依赖社会制度、体制、机制、规范和程序来保证和实现。这样的和谐才是一种更加深层次的、持续的、稳定的和谐。所以,社会主义的和谐文化,应该还是一种新型的社会主义法治文化[②]。对于社会和谐与和谐文化的理解和追求,不应仅仅着眼于人们的思想和行为,特别不应仅仅停留于道德方面的要求和期

---

① 李德顺:《"中国梦想"的现实路径》,人民网,2009 年 11 月 25 日。

② 李德顺:"和谐文化应是一种新型的法制文化",《理论参考》,2007 年第 2 期。

待,而应主要着眼于社会深层结构和秩序的调整与维护。要将我们关于构建社会主义和谐社会的一切良好愿望,逐步落实为制度化和程序化即法治化的措施,健全法制并充分落实,在全社会形成真正依法办事的风气和习惯。只有我们的规则和程序体系本身是合理与和谐的,并且让人们都能够做到对规则信任,对程序放心,一个新型的现代和谐社会才能够构建起来。

图 109　《大同书》

图 110　《现代中国哲学的追寻——
新理学与新心学》

在如何理解和贯彻法治原则的问题上,由于传统文化的影响,在我国还有如何看待"德治"的问题。在中国讲德治和法治,不能离开中国的文化背景。一方面必须看到,在古代中国和传统文化当中,并没有现代法治的概念,古代的法治其实只是"刑治",而古代的"德治"则有过三种形态:第一种叫"德政",即统治者、当权者采取一些宽松的、惠民的政策;第二种叫"德教"。孔子强调在国家治理方面要重在道德教化,统治者要"为政以德,示教于民",从而提供了一条主要通过道德教化来治理社会的主导思路;德治的最后一种模式是"礼教"。宋明理学提出"存天理,灭人欲",把仁义道德不仅作为文化思想来提倡,而且借助于行政权力进行强制和灌输。这种德治模式打着道德的旗帜,灌输一种僵化的封建等级纲常观念,是一种黑暗腐朽的意识形态。

德治主义,是一种模糊了道德主体界限,将国家社会的各种经济、政治、文化问题都这样或那样地归结为人们个人的道德修养,并认为社会的治理归根到底要靠"德治"的理念,造就了国人浓重的道德化情结和道德主义传统。它似乎不知道社会生活、国家治理还有别的甚至更为根本更为重要的方面,也从不反思道德的本质和功能界限,只是一味地"泛道德化"和"道德至上"。在目前的"国学热"中,不难感觉到那种欲"以德治天下"的狂热和自信。

儒家把和谐社会的理想建立在人的道德修养提高的基础上,修身不仅仅为了修身本身,而是为了齐家、治国、平天下,所以修身乃经国之盛事,不朽之伟业;按照这种思考方式,治理社会要靠人来治理,究竟让谁来治理则要看这个人的道德修养。这个逻辑,如此这般,就把社会治理问题最终变成管理者个人的道德修养问题,视之以为当然。其实这里恰恰包含了常被忽视的诸多问题和误区。例如:为什么要建设和谐社会就一定要把主要目光对准人们的道德修养,而不是社会的经济制度、政治体制、法治体系等等呢?为什么人们的道德"修身",不是为了使自己的人格更完善、精神更高尚,而是为了用去"齐家"、"治国"、"平天下",即做给别人和大家看呢?如果从这个角度提出问题,我们就不难发现,在国家社会治理的问题上,儒家的"道德修身主义"即是主张国家社会的"德治主义",它总是与"人治"密切联系着的,它的社会理念,终究要以"人治"而不是以"法治"为基础、前提和归宿。这是它的根本弱点。

有鉴于此,在建设和谐社会的过程中,我们特别需要有一点自觉的现代法治意识。所谓自觉的现代法治意识,就是要首先在理论上划清"法治"与"人治"的界限,并依此来辨明传统道德主义和儒家"德治主义"理念的得失,进而充分地认同并坚定不移地实现"依法治国,建设社会主义法治国家"的目标。

"法治"和"人治"绝不仅仅是政治上的两种方法或手段,而是国家政治体系的整体本质。不能因为社会终究要由人来管,就以为只能实行人治；也不能因为凡人必有伦理道德属性，就以为可以把政治变成道德之治。"法治"的本意，恰恰是说任何人都要"依法"而治。人治和法治的根本区别，并不在于国家社会是否由人来治理，也不在于是否建立了法制系统，而在于一切法律法规和治国原则本身，最终究竟是体现着谁的利益和意志？由谁来掌握？凡属最终以统治者个人或少数人的利益、意志为转移、并由少数个人掌握的，就属于人治；而最终取决于共同体、全体公民或者全体人民的共同利益和共同意志、并以民主的方式来掌握的，才是法治。所谓共同体或公共意志的体现，在社会上叫做契约或者规则，也就是法制体系，其中也包含一定的公共道德内容。"依法治国"就是遵照全体人民的共同利益和意志，遵照共同认定的规则和程序来管理国家，任何个人和团体不得超越于法律之外或之上。在我国，这正是人民当家作主即社会主义民主的必然要求和根本体现。

道德是人所特有的社会生命形式。做人就要讲道德，建设和谐社会也一定要有相应的道德支撑，这些本无可置疑。然而，一旦把道德建设提升为"德治"，并且把它与"法治"相并提，或者要求它们在同等层次上"相互结合"，那么这种提法就意味着回到了人治主义的框架。我国古代的法治其实是刑治，那时就有"德主刑辅"的政治方略，算是"德治与法治相结合"了。然而"德主刑辅"的实质却是人治。因为这里的"德治"和"法治"都只是统治者的手段，人民群众只是其对象。这与现代的社会主义法治有着根本的区别，甚至是对立的。因为现代的社会主义法治，是要贯彻以人民群众为主体而不仅仅是对象的理念。不懂得这一点，就意味着尚未理解和接受真正的法治理念。至今仍把"德治"当成可行的治国方略，就意味着仍然没有摆脱人治主义的情境。

社会的道德建设和个人的道德修养从来都是重要的，但在不同的政治（人治或法治）框架下，它们却有不同的意义。例如，儒家重视人们的"修身"，但从未理解和区分人们不同的主体身份，而是主张"人人皆可为尧舜"，无条件地要求人人都成为圣人；并且似乎只要个人修身好了，就有资格、有能力去"齐家、治国、平天下"。反之，如果家国天下出了乱子，那么自然也就应该主要追究个人的道

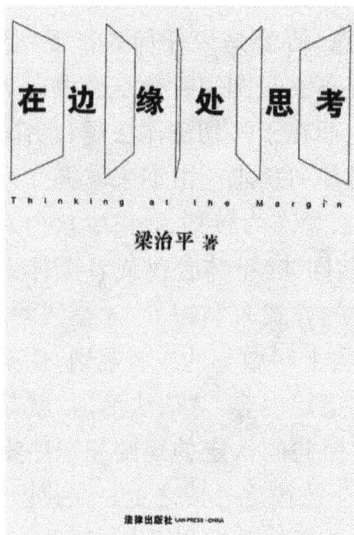

图 111 《在边缘处思考》

图 112 《国家、市场、社会：当代中国的法律与发展》

德责任。这其实是一种原子主义与道德主义相混合的社会观。这种思路使它非但不能产生经济、政治、文化的制度化、法治化的理论和实践，甚至在道德领域内，它也未能产生诸如"社会公德"、"职业道德"等这类分析化的概念，而永远保持着一种不分层次的道德普遍主义姿态。因此，建设中国特色社会主义文化，把握其和谐特色，不能离开对德治和法治的辩证认识。

三、科学性——中国特色与学问取向

文化科学性的首要标志，是有一个先进的思想理论基础。从马克思主义到毛泽东思想、邓小平理论、"三个代表"重要思想和科学发展观等，是历史地发展起来的并与中国实际相结合的科学理论体系。它们不仅提供了科学的世界观和方法论指导，同时也阐明了中国特色社会主义文化的基本内容和原则。建设中国特色社会主义科学文化，首先就要学习和应用马克思主义及其中国化形态。文化科学性的第二个标志是有一套合理先进的价值体系。中国特色社会主义文化要在科学世界观和方法论指导下，正确认识世界大势、认识自己的国情、认识人和社会发展的规律,并从中国人民的实际需要出发,形成一套科学合理、切实可行、先进的人文价值目标和价值标准,包括经济、政治、道德、文艺、科学、教育以及人们日常生活中的活的价值取向、精神动力、言行准则,使他们成为全国各族人民的共同社会理想信念,成为凝聚、动员和激励人民为民族振兴和祖国事业英勇奋斗的强大精神力量,成为蔚然成风的社会习俗,成为新世纪中华传统文化走向复兴和繁荣的崭新形态。文化科学性的第三个标志,是有一种宝贵的科学精神得以发扬光大。毋庸讳言,科学理性、科学精神、科学态度的不足,曾是中国传统文化的一个弱点。近几十年虽有改进,但与世界文明的发展相比,我们仍然比较落后。因而在原有文化的基础上,大力倡导科学、弘扬科学精神,不能不成为我国文化现代化的重要课题。这里不仅指要大力发展科学事业,普及科学知识,更在于要实现以科学的理性态度和方法去对待我们生活中的事物,让科学精神成为全社会的共同规范,以克服各种旧的情感化、意志化等非理性传统的影响,使我们的文化达到现代文明的先进水平。

中国特色看起来是一个随时根据时代和条件变化而不断改变内涵的词汇,体现中国文化的包容性、模糊性和不确定性。凡是不能用西方的或通行的原理或规范加以阐释的地方,都可以以中国特色加以搪塞。事实真的这样吗?我们的文化真的是一个可以牵强附会、随便什么都可以往里装的中国特色吗?在这个问题上笔者非常赞成中国政法大学人文学院李德顺教授的观点,他对"中国特色"能成为一种"学问"有自己独到的见解。首先,中国特色,讲究的是"中学",是中国自己的学问。当然西方学者一般不大把自己的文化叫做"西学",而是一贯强调他们的东西就是"科学",是代表真理与人类价值的先进文化。表现为一种普遍主义的自信。显然,"学无中西之分"是代表西方文化姿态的一个核心观念;"学分中西"则是倡导中国特色的一个逻辑起点。那么"学"究竟有无中西之分?孰是孰非?这是一个在科学上必须回答的问题。

要回答这个问题,就不能不对"学"或"学问"一词有所分析和界定。简单地说,"学"有"学科"与"学说"之分。这种区分是把握科学真理与价值观念（或意识形态）关系的前提。而不懂得或不尊重这种区分，则是已往和今天许多文化混乱或错位的重要根源。遗憾的是，所谓"中西学"之辩从一开始就没有注意这一点。

一般说来，科学的本质是求知求真，而"学科"和"学说"是科学的现实形态。"学科"是代表科学本质的公共形式。学科的根本特点在于体现人类认识的公共性、知识和真理的普遍性。因此，广义的科学，无论自然科学还是社会科学，甚至哲学，它的"学科"都是只有一个，没有第二个，不能因主体不同而作多元的划分。可见，正是在、也只有在科学和学科的意义上，"学无中西之分"才是成立的。

但在现实中，"学科"要通过一个个具体"学说"来实现自己的存在和发展。"学说"是对学科问题的一定解答或反应系统，它们都是由现实的人在一定条件下创建的。现实的人在不同时代、不同地域和不同生活条件下，都有一定的权利和责任创立自己的学说，并使每一学说都不可避免地带有自己的鲜明的主体印记，包括时代特征、地域特征、民族特征、思维个性和价值取向等在内。这样，"学说"就成为一定知识与特定主体价值体系的综合体，既有学科的共性又有文化的个性。"学说"的多元化实属必然。因此我们看到，在全世界的哲学和人文社会科学领域，除了有史以来各种各样的学派经典、冠以姓名地域的一套套理论、"主义"等之外，几乎无处寻找那个"纯正、唯一"的"学科"所在。可见，正是在、也只有在学说的意义上，"学有人我（中西）之分"才是成立的。

简言之，在科学及其学科的层面上，"学"本无中西之分，唯以"真为体，实为用"；在学说层面上，中学西学乃人我之分，自当"以我为主，以人为鉴"。

把握学科与学说的区分，对于理解什么是中国特色，思考如何优化中国特色，是十分必要的。因为这不仅意味着强调中国特色有了一个科学的逻辑前提，更意味着对中国特色的把握要有一种自觉的科学意识。所谓自觉的科学意识，就是要科学地对待"中国特色"，首先不要把"中国特色"与"科学"相对立，相反，在倡导中国特色时，我们更要高举"科学"的旗帜。

图113 《学者的人间情怀》

图114 《社会科学方法论》

在"学分中西"这个前提下，"中国特色"就一种文化、理论系统而言，与"西学"、"东（方之）学"、"阿（拉伯之）学"等之间，都是一定的学说或学说系统之分，而不是学科之分。任何学说系统都不能遮蔽整个学科，或凌驾于科学之上。当然，"西学"≠"科学"，"中国特色"≠"非科学"。我们不能以任何方式制造或接受别人制造"中国特色就是超科学、或与科学发展无关"的谬言假象。"中国特色"不应在珍重自己学说的"人文情怀"或"道德精神"等价值导向的时候，将其片面夸大，并曲解科学的性质和功能，从而导致轻视科学、背离科学精神。事实上，科学和它的全部学科门类，是人类共有的成果、财富和精神舞台，其中从来就有、并将继续有中国文化的贡献。决不应仅仅因为现代科学来自西方，就把它与"西学"混为一谈，拱手让人，放弃我们探究发展人类各门科学的权力与责任。

作为一个学说系统，中国特色更多强调我们中华民族自古以来不断传承的文化体系，强调在革命和建设时期逐步形成的新的文化特点，以及马克思主义中国化和中国文化现代化交融统一所达到的新境界。百多年来"中西、体用"之辩中所讨论的多半是外

来的科学技术与我国固有的人文价值之间的关系,所涉及的科学
知识问题,远不如其中的价值判断和价值选择问题那么多而重要,
所以只有讨论才能深切地唤起人们强烈的民族情感和人文情感。
这就表明,强调人文价值,重视价值理念和价值导向,就是一种中
国特色。那么对于价值问题,我们是以一种什么样的心态来对待
呢? 是以非理性的意志主义态度,认为价值问题就可以完全随自
己所好,主观任意、盲目自负地对待之? 还是以理性化的科学态
度,用科学的眼光加以自我审视、分析、批判和超越,不断寻求更加
合理、先进的理念和境界?"以人文价值关怀见长"也未必一定是
合理而先进的,这里同样有科学不科学之分。我们在强调自己所
长的时候,不应忽视科学理论、其中包括价值理论的研究和装备。
然而迄今为止,我们对价值和价值观念的问题,只是满足于一味地
宣示和呼吁,仍然缺少理性的和批判性的思考意识。即使是对于
注重人文关怀来说,这也属于落后的、失效的方式①。

要研究中国特色社会主义文化,同样需要尊重和弘扬人类的
科学精神,更加自觉地遵循科学的实质和规范,保持和发扬科学批
判的精神和方法,力求在实现现代化的进程中证明自己的优越性。
反之,如果借口"中国特色"而把过去一些非科学、反科学、愚昧落
后、在科学面前不思进取的东西,重新当作了"国粹"和宝贝,那么
中国特色与先进文化就会背道而驰。

四、大众性——社会主义文化的本质和宗旨

即使着眼于意识形态视角,我们也不能否认中国特色社会主
义文化的大众性。中国特色社会主义事业是全体中国人民共同的
伟大事业,是全体中国人民参与着、实践着的文化理想,理应具有
大众文化的特点。大众文化实际上是从文化主体和功能的角度对
我国文化总体价值取向所作出的基本定位。

"大众的文化"是面向人民群众,依靠人民群众,服务于人民群
众的文化。使我们的文化植根于中国人民大众的生活实践,成为

---

① 李德顺:"国学:'热向何处'",法治文化网,2008 年 9 月 27 日(www. fadaxuebao. cn)。

大众自己的生活方式,这既是中华民族文化、现代科学文化本身的要求,也是社会主义文化本质和宗旨的要求。因此我们需要注意在思维方式和实际工作中避免精英与大众之间的分离和脱节。世界上的文化从来就有不同时代、不同民族或阶段、阶层等等的不同类型和风格,其样式多元、复杂而多变。我们承认每一文化体系中都有"文化精英"与"文化大众"之分,却不赞成所谓"精英文化"和"大众文化"的划分。我们强调"文化精英"是从属于、服务于一定文化的杰出代表,是自己大众中的一员,在于肯定精英与大众之间不可分离。相应的,也就需要防止生产与消费之间的分离和脱节。所谓"大众的文化",应该是指面向大众生产,以供大众消费的文化,即以大众需求为生产的主要引导和动力、并接受大众选择检验的文化。我们的文化生产和创造要以"为人民服务、为社会主义事业服务"为宗旨,就必须体现在以人民为主体的生产与消费有机结合、良性互动中,而不能使它们彼此脱节。我们的精神文化创作,要着眼于广大人民群众思想感情的发展,满足人民的精神需求,并以有利于人和社会健康、全面的发展为标准,不断增加反映生活变化的有益品种和风格,不断提高产品的质量水平和影响力等,以启发和造就新的更加合理的消费需求和消费能力,使文化生活质量处于不断上升过程中。文化生产与消费之间是否进入良性的循环,不仅反映和受制于人(生产者与消费者双方)的素质与态度,更在于文化体制的合理和健全。要充分调动和保护文化创新的活力,除了使文化生产更深入广泛地与大众生活实践相联系之外,没有别的更好途径。与

图 115 《解读大众文化》

图 116 《物质文化与大众消费》

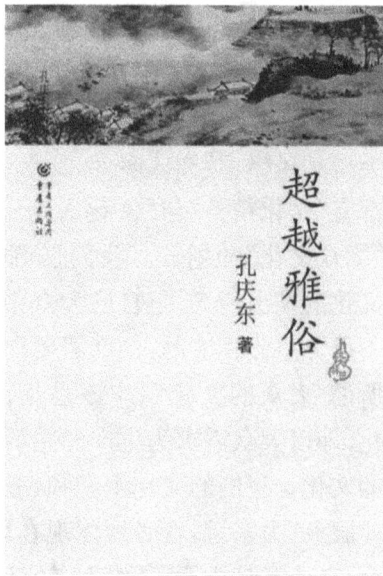

图 117 《超越雅俗》

此同时,还必须防止提高与普及之间的分离和脱节。大众的文化消费本身具有一定历史必然性和现实合理性,不承认这一点就会脱离实际。处理好提高与普及之间的关系,是使大众的文化始终保持其生命力和进步性的重要条件。但提高与普及之间,并不是一种简单的、单一方向的关系。所谓真正意义上的提高,不是指仅有宣教性质、自身却缺少研究和创造的各种操作,而是指文化的生产创造本身不断前进,兴旺发达,风气端正,人才辈出,能够及时地提供社会和大众所需要的成果,其内容科学合理,其观念切实有力,其形式为人喜闻乐见,其效果具有可持续的潜力等等。只有当文化的生产处于不断上升的创新循环之中时,大众文化生活的不断提高才会成为现实,而整个文化的发展也将有取之不尽、用之不竭的源泉①。

---

① 李德顺:"雅俗文化之辩",中国青年报,2004 年 12 月 7 日;"民族的、科学的、大众的文化",南方网综合,2004 年 5 月 17 日。

专题二 作为在中国的马克思主义①

追求先进性,实现和谐社会,坚持科学性,面向大众等等作为中国特色社会主义文化的主要特征,其实从根本上离不开这个文化的指导思想——马克思主义。无论经典马克思主义在百年来的实践中发生怎样的变化,今天在中国的马克思主义实实在在已经嵌入中国特色社会主义文化的成长和成熟完善的全过程,已然成就这种文化的基本品格。所以,我觉得认真盘点在中国的马克思主义(哪怕是挂一漏万的),对于我们认识中国特色社会主义文化具有基础性和全局性的意义。这里仅以李泽厚的相关文本作为主要研究对象,旁及他人论述,谈谈笔者对在中国的马克思主义的看法和思考。

一、传播及其如何可能

在中国的马克思主义已经变成中国的马克思主义,也就是毛泽东思想,邓小平理论,“三个代表”重要思想,科学发展观等等。那么从一般意义上的马克思主义究竟如何变成中国的马克思主义?这里面有一个源和流的关系问题需要处理。中国的意识形态是马克思主义,马克思主义中国化不能导致对马克思和马克思主义本身的解构和空洞化。这里以李泽厚 1987 年发表于《中国现代思想史论》中的“试谈马克思主义在中国”部分和 2006 年发表于香港明报出版社的《马克思主义在中国》两个文本来概括陈述在中国的马克思主义如何可能的问题。

在现代世界史上出现过各种各样的思潮和理论,但像马克思主义那样留下如此深重的影响,决定和支配着十几亿人、好几代命运的,绝无仅有。这个影响在中国究竟如何可能?今天和未来的命运又将如何?这不仅是中国现代思想史的重要命题,也是说清中国特色社会主义文化之根脉的必须功课。之所以选取李泽厚的

---

① 重读李泽厚《试论马克思主义在中国》和《马克思主义在中国》。

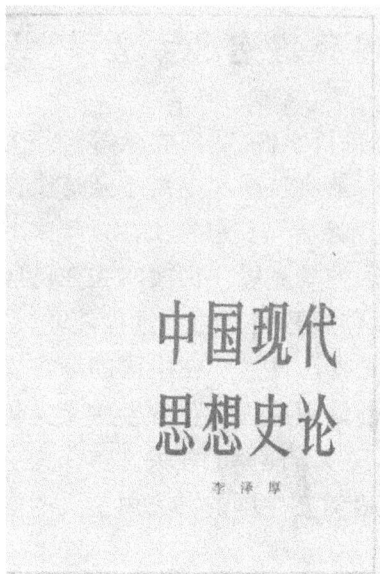

图 118　《中国现代思想史论》　　　图 119　《马克思主义在中国》

文本主要有如下考虑：其一，李泽厚本人对马克思经典著作、西方近现代哲学家的经典著作的阅读、分析、了解、把握相对全面，有相当深度。20世纪50年代关于哲学美学的争论中他是"实践派"的代表人物，对马克思主义唯物实践观的阐述有很强的理论说服力，在学术界和理论界产生较大影响；其二，他所讨论分析的马克思主义，结合了传播史、思想史和中国传统文化的成败得失，虽有粗疏之嫌，相对还算客观。其三，他本人总体上是一个马克思主义的信仰者。对马克思主义的历史贡献和理想远景有相当充分的自信。当然，笔者并不全部赞同李泽厚的观点和看法。

李泽厚认为马克思主义早年在中国的传播中存在一个很有意思的现象，那就是像李大钊、陈独秀、毛泽东等中国最大的马克思主义者当时并没有读过今天所谓的马恩的经典著作，他们所能接触到的是一些经过日本译者介绍和解说的马克思主义和列宁主义。也就是说他们是在没有阅读原典的情况下接受马克思主义的。那么接下来的一个问题就是他们接受了什么？他们的选择是出于理论的兴趣？现实的需要？这个接受和选择是如何可能的？

换句话说,我们在叙述的一开始就面临一个比较尴尬的问题,那就是马克思主义从它一开始进入中国,就没有一个真正意义上的原典阶段。相比于 1987 年《中国现代思想史论》中的"试谈马克思主义在中国",香港明报出版社 2006 年出版的《马克思主义在中国》一书更加集中、明确地概括了马克思主义得以在中国传播的主要原因。笔者认为这个概括经过了深思熟虑,是我们研究当代中国马克思主义的必要参考。

首先是客观的、社会的原因。康有为曾经在《大同书》中列举了当时中国社会各阶层各类型的苦难,尤其是广大民众和妇女的贫困、苦难和压迫。他描述了一个地地道道的悲惨世界,而这个悲惨世界百年来没有找到出路。在辛亥革命(政治革命)、五四运动(思想革命)都失败之后,没有出路的焦虑在一部分知识分子中尤为突出。对照第一次世界大战展示出的资本主义的丑恶,和俄国革命造成社会大变革所带来的希望,陈独秀由提倡思想文化革命作为"最后的觉悟",一下子转向社会革命,这就是毛泽东说的"十月革命一声炮响"——马克思主义通过列宁主义被中国人首先是少数知识分子热情接受、忠诚信仰并决心为之奋斗。可见,首先是当时中国的社会现实使一部分知识分子在各种主义的比较中最终选择了马克思主义,认定走俄国人的道路,认为马克思列宁主义切合当时中国的现实,并且可以立即实行。正因为中国的马克思主义是经过列宁主义而进入中国的,并不直接与马克思有关,所以马克思的许多基本著作、思想并未被中国人仔细研读、了解和思考。而列宁主义则不但提供了资本主义并不发达的落后国家可以进行社会主义革命的理论,更重要的是它提供了一套由职业革命家组成的共产党的组织经验。这两点通过农民为实体的中国长期武装革命,形成了毛泽东思想的主要内容。

其次是传统思想方面的原因。事实上与马克思主义同时或先后进入中国的还有许多主义,如尼采、伯格森、杜威、易卜生、托尔斯泰、柯鲁泡特金等等,为什么选来选去最终就选择马克思主义呢?值得继续追问的是:为什么 1949 年后中国绝大多数高级知识分子包括第一流的教授和作家,一些著名的哲学家、史学家、文学家，如汤用彤、金岳霖、冯友兰、陈元、雷海宗、顾颉刚、朱光潜、宗白华、老舍、曹禺、傅雷甚至沈从文、萧乾等等，其中不少人原来是反对马列的，但都先后接受和信仰了马克思主义，放弃自己原来的思想立场和学术主张？客观社会的原因恐怕就难以解释了。这些高级知识分子一般养尊处优，对社会苦难有的还有相当的隔膜，他们也不像青年知识分子一样热衷于社会革命，那么马克思主义为什么对他们产生这样大的影响力呢？使他们心悦诚服？李泽厚认为这些知识分子接受并信仰马克思主义虽然或多或少有这样那样的压力，但绝大多数在思想上情感上是真心诚意的。这不但因为在实践上，共产党的革命成功地把百年来统治、欺负中国的外国势力赶走，使绝大多数怀有民族情感的中国知识分子感到扬眉吐气，在政治上拥护共产党。更重要的是，他们在理论上也真心认为马克思的理论学说具有说服力。马克思理论本身使他们感到比他们以前所学的和他们自己的思想要深刻。李泽厚举了逻辑学家金岳霖的事例加以具体说明。金岳霖是著名逻辑学家，在英国写过政治学的博士论文。但在 1906 年《哲学研究》却发表一篇《论所以》的数万字长文，详细论证形式逻辑有阶级性，"管内容"。这是个纯学术问题，并没有人要他这么写，是他自己认为想通了而主动写的，而且作了细密的学术论证。当时许多人读后都觉得有点不可思议。他的学生周礼全也反对。连毛泽东也不赞同，但金认为这就是他所接受的真理：人间的一切事物包括形式逻辑都有阶级性。有人批评他，他还不接受。这个例子很有代表性。朱光潜"文革"以后非常认真地解读马克思的巴黎手稿；冯友兰 1982 年在美国哥伦比亚大学接受荣誉博士学位致词时坚持要提毛泽东思想。贺麟、张岱年等在"文革"后的 80 年代都以 80 高龄竭力要求加入共产党，顾颉刚的私人读书札记中到处提到阶级，揭露段玉裁是贪官。陈垣在私人信件中也说："读毛泽东选集，思想为之大变，恍然悟前者皆非，今后当从头学起。"并一再鼓励友人"当法韶山"。连一向潇洒的宗白华也坚持用马克思主义批判别人的美学是"主观唯心论"，尽管他们当时了解和接受的马克思远非原貌，但他们那种对马克思主义真心信服的态度，却是严肃认真、忠诚老实的。他们当时的确认为马克思主义是真理。当然也不是没有例外，其中陈寅恪最为突出。有人说也许跟他目盲有关。目空一切的熊十力也上书毛泽东，赞扬辩证唯物论，认为符合周礼。自视甚高的梁漱溟，在挨批后仍然写收藏在家没人会看的歌颂大跃进的文稿。没有人强迫他这么做，这才是问题所在。毛泽东领导下的中国共产党在中国取得政权并得到绝大多数知识分子的拥护，绝不是一件简单的事情。笔者部分同意李泽厚的分析，认为上述知识分子之所以作出如何的选择和思想认同，也许是因为马列的一些思想学说和他们浸染其中的中国传统思想有沟通和协调之处，在一定情境和条件下便突现出来，使他们较为容易地接受马列，特别是接受了马克思。中国传统文化总有一种对理想社会的怀想和追求，而且这个理想是世俗的，并不真的寄托在灵魂世界。士大夫和知识分子最高的人生目标就是济世救民，为国家民族办事，为最终实现这样一个理想世界而奋斗，这与马列所讲的为无产阶级为世界劳动人民服务，为共产主义的理想社会而奋斗，容易连接沟通。而且马克思对这个理想社会有一整套非常科学的理论话语，即认为历史发展是有普遍必然的客观规律，从而资本主义一定灭亡，共产主义即理想社会一定实现。这与中国传统承认与人事相关但有客观规律的天道观念，也容易接轨。解放初期知识分子的思想改造主要也是从学习社会发展史而取得实效的。当时人们认为共产党的武器装备还不如国民党，由于体现了这种历史必然，代表了广大人民的意志和利益，所以取得了胜利。而且这一理论还能赋予知识分子一种高昂的人生理想、道德情操、奋斗精神和生活价值，具有伦理学的重大意义。相比于这个理想，相比于共产主义和广大人民的幸福利益，其他的一切理论、学说以及个人成就、事业甚至身心存在就微不足道。这也就是为什么许多一向高傲自大的高级知识分子也终于低下头来，接受思想改造，进行自我批评的重要原因。总的来说，是马克思主义给了一般知识分子以一种崭新的认识论观点和伦理学理念，而它之所以可能，则与中国文化传统有某种心理上的连接。而且不能忽视的一点是，中国传统文化并非只有理想的价值追求，流于清谈，还非常重视实际行动，即实践。不尚空谈，不重思辨,强调以实事程实功,工夫即本体,从修身处世到建功立业,无不如此。而马列讲的也恰恰是"革命实践",并且无论在理论(马克思)还是实践(列宁)都有一套言之成理的办法和措施。这也是中国知识分子容易接受马列的重要原因。在重伦理实践的中国传统文化中,儒家所说的个人本就在五伦关系之中,这与马克思所说"人是社会关系的总和"可以衔接。于是中国大量知识分子为了共产党的事业,听指挥,服调配,前赴后继,自觉自愿地奉献和牺牲了自己的一切,即使 1949 年以后大量中国知识分子也继续这一革命传统,为国家建设、国防建设、农村建设,包括两弹一星贡献了整个青春。不管怎样,不管付出怎样的代价,走了多少不必要的弯路,中国现代革命知识分子为民为国而寻求真理,而参加追随共产党奋斗终身,永远值得尊敬。这也是马克思主义在中国最光彩、最成功的部分。

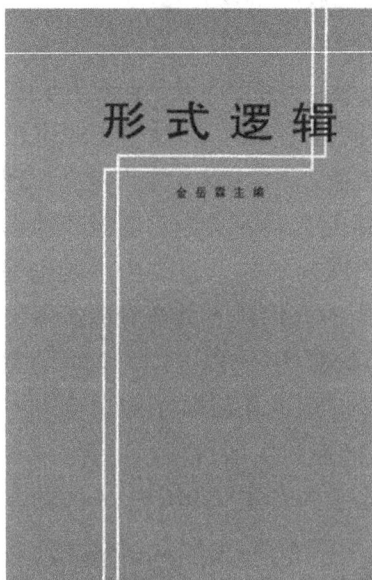

图 120　《形式逻辑》

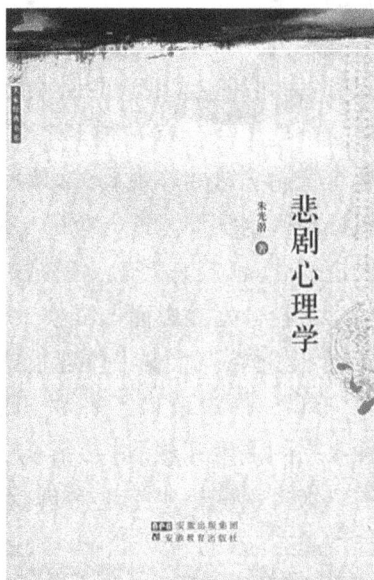

图 121　《悲剧心理学》

　　在笔者看来,第二个原因的分析需要作些补充,事实上也许是清以来整个民族在鼎盛时期过去后经济生活和外交事务中的节节溃退导致的评价标准外向化与马克思主义的被接受更加具有相关性。当一个民族对自己的文化不再那么自信,他者的评价连同实

图 122 　《中国哲学史(上)》

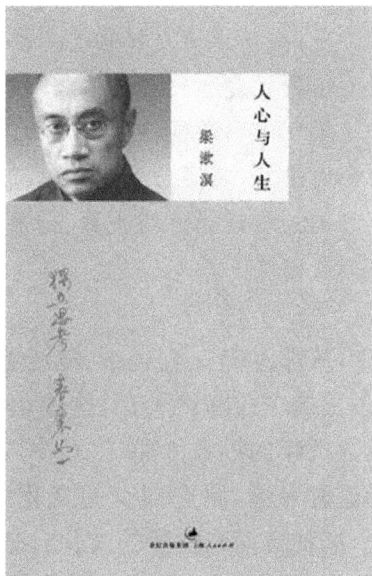

图 123 　《人心与人生》

践的成功所能起到的引领作用可想而知。对此,北京大学韩毓海教授曾有过相关分析:

自明隆庆元年起,经济发达、领先的中华帝国,却把货币金融委之于海外白银进口,与此同时,皇权与士大夫官僚阶级之间,长期围绕着礼法进行几乎毫无意义的冲突,导致帝国统治结构从上层断裂,至于在基层方面,由于"官无封建、而吏有封建"的痼疾,豪强和胥吏们通过操持行政、司法和财税而垄断地方,皇权直接面对千百万无组织之小农,并无制度抓手,国家任何自上而下的改革,自然都会被操持地方的豪强胥吏扭曲。如此上下脱节的国家,如此组织松散的社会,各阶级均按其"自治"的潜规则行事,表面上仿佛是在"看不见的手"的支配下而各得其所、各行其是,但实际上,其内部的组织能力、组织效率却是实实在在地不断下降,结果,如此社会,只能以道学家的"无为主义"作为意识形态,如此没有组织效率、奉行"不干预主义"的国家,自然也就无以建立起严格的国家预算机制、税收机制，从而更不可能在严格的财政和税收的基础上，成功地确立起自己的发钞机制，从根本上无以保证国家货币的稳定和独立。最终，在美洲大规模发现白银的"国际大气候"下，明帝国将货币短缺问题之解决，全盘委之于美洲白银之进口，其实乃是一种无可奈何之举，它深刻地折射出明帝国国家行政能力的失败、透视着其社会结构从内部持续解体的大趋势①。

从那时起一直到清末，金融体系的崩溃与军事失败接踵而至，货币主权荡然无存，这恐怕是从明王朝到蒋介石政权以来持续数百年的根本困局，这是中国国家近代衰落的最根本原因。伴随这种衰落，原先拥有的文化上的优越性和合法性就失去了依凭，那种自信和智慧的文化自豪感也受到极大的打击。以致于发展到打倒孔家店这样激烈的程度。如果我们从这样的角度去看问题，去判断一个国家传统文化面对新文化的态度和取舍，也许比一般的文化心理结构分析更加客观，可以发现情势不得不使然的面相。

但有一点，我认为李泽厚阐述得很清楚，那就是相对于进化论，唯物史观具有明显的优越性，这是李大钊、陈独秀、鲁迅等进化论者转变为马克思主义者的重要原因：

> 第一，它更为具体地实在地解释了人类历史，不再是一个相当简单的生存竞争或比较空泛的社会有机体的观念，而是以经济发展作为基础来解释社会的存在和各种社会上层建筑、意识形态、观念体系以至风习民情，具有很大的理性说服力……
>
> 其次，就具体内容来说，中国社会思想中一直有乌托邦的传统。儒家"治国平天下"是希望"复三代之治"，道、墨甚至佛教也各有其不同的乌托之邦或极乐世界。到近代，洪秀全、康

---

① 韩毓海：《中国道路与世界史问题》，《第一财经日报》，2009年11月16日。

有为和孙中山更分别构造了他们的"新天新地新人新世界"的大同远景。以空想社会主义为自己现实奋斗的最终目标和远大理想,是这些志士仁人进行实践斗争的一种巨大的动力。因之,由空想社会主义到唯物史观的"科学社会主义",在思想进程上也有顺水推舟易于接受的便利①。

二、变异、偏差及其代价

被接受的马克思主义在中国的土壤上究竟发生着怎样的变化? 由于早年民族独立和革命斗争的现实需要,马克思的阶级斗争学说是中国化的极其重要的部分。1949 年以前的中国知识分子中的马克思主义者绝大多数是中国共产党党员,承认或否认阶级斗争从而积极参加或消极拒绝阶级斗争,几乎成了是否接受马克思主义的一个理论上的区分界线和标准尺度②。毛泽东的概括更加清晰:"阶级斗争,一些阶级胜利了,一些阶级消灭了。这就是历史,这就是几千年的文明史。拿这个观点解释历史的就叫做历史的唯物主义,站在这个观点反面的是历史的唯心主义。"③

这虽然不能概括马克思主义者甚至毛泽东本人关于唯物史观的全部看法。阶级斗争不就是唯物史观,唯物史观也远不止是阶级斗争,但作为唯物史观的一个重要的基本内容,对中国知识分子确实具有十分关键的意义。共产主义作为唯物史观的未来图景,提供的只是革命的信念和理想,阶级斗争作为唯物史观的现实描述,才既是革命的依据,又是革命的手段和途径。于是它成了马克思主义在中国最根本的理论学说和基本观念。于是从阶级斗争的角度认识、研究、甚至描述阶级成为一种方法论。这种方法按照李泽厚的判断更加接近《法兰西阶级斗争》和《路易波拿巴的雾月十八日》,而不接近《资本论》和《俄国资本主义的发展》。阅读恩格斯1885 年为《路易波拿巴的雾月十八日》写的三版序言及马克思的这

---

① 李泽厚:《中国思想史论》下,安徽文艺出版社,1999 年版,第 971—972 页。
② 李泽厚:《中国思想史论》下,安徽文艺出版社,1999 年版,第 973 页。
③ 《毛泽东选集》,第 1376 页。

篇事变不久完成的论文,可以认为李泽厚的这个分析大致不错。

正是马克思最先发现了重大的历史运动的规律。根据这个规律,一切历史上的斗争,无论是在政治、宗教、哲学的领域中进行的,还是在其他意识形态领域能够进行的,实际上只是或多或少明显地表现了个社会阶级的斗争,而这些阶级的存在以及它们之间的冲突,又为它们的经济状况的发展程度、它们的生产的性质和方式以及由生产所决定的交换的性质和方式所制约①。

马克思在《路易波拿巴的雾月十八日》中关于小农和马铃薯关系的分析是熟悉马克思主义哲学史的学者记忆犹新的:

法国国民的广大群众,便是由一些同名数简单相加而形成的,就像一袋马铃薯是由袋中的一个个马铃薯汇集而成的那样。数百万家庭的经济生活条件是它们的生活方式、利益和教育程度与其他阶级的生活方式、利益和教育程度各不相同并互相敌对,就这一点而言,他们是一个阶级。而各个小农彼此间只存在地域的联系,他们的利益的同一性并不使他们彼此间形成共同关系,形成全国性的联系,形成政治组织,就这一点而言,他们又不是一个阶级。因此他们不能以自己的名义来保护自己的阶级利益,无论是通过议会或通过国民公会。他们不能代表自己,一定要别人来代表他们。他们的代表一定要同时是他们的主宰,是高高站在他们上面的权威,是不受限制的政治权力,这种权力保护他们不受其他阶级的侵犯,并从上面赐给他们雨水和阳光。所以,归根到底,小农的政治影响表现为行政权支配社会②。

---

① 《马克思恩格斯文集》第2卷,人民出版社,2009年版,第469页。
② 《马克思恩格斯文集》第2卷,人民出版社,2009年版,第566—567页。

这种阶级分析方法在毛泽东 1926 年的《中国社会各阶级分析》中就有具体的运用。重点不在结构性的阶级阶层分析，也不以严密的数量统计为基础进行所有制和财产分布的描述性研究，更看重的是政治处境和政治态度。说到底是为了明确谁是我们的朋友？谁是我们的敌人？

另一个值得关注的现象是李大钊所宣讲的马克思主义及其道德色彩。李大钊在一开始介绍阶级斗争学说时，又特别着重宣传克鲁泡特金的互助论，用互助来"补充"阶级斗争：

> 一切形式的社会主义的根萌，都纯粹是伦理的、协合和友谊，就是人类社会生活的普遍法则……就可以发现出来社会主义者共同一致规定的基础……这基础就是协合、友谊、互助、博爱的精神，就是把家族的精神推及于四海，推及于人类全体的生活的精神……
>
> 他（指马克思）并不是承认人类的全历史，通过去未来都是阶级斗争竞争的历史。他的阶级竞争说，不过是把他的经济史观应用于人类历史的前史一段，不是通用于人类历史的全体。他是确信人类真历史的第一页当与互助的经济组织同时肇始……
>
> 这最后的阶级竞争，是改造社会组织的手段。这互助的原理是改造人类精神的信条。我们主张物心两面的改造，灵肉一致的改造[1]。
>
> 我们于此可以断定，在经济构造建立于阶级对立的时期，这互助的理想、伦理的观念，也未曾一日消灭，不过它常为经济构造所毁灭，终至不能实现。这是马氏学说中所含的真理。到了经济构造建立于人类互助的时期，这伦理的观念可以不至如从前为经济构造所毁灭。可是当这过渡时代，伦理的感化，人道的运动，应该加倍努力，以图铲除人类在前史中所受的恶习染，所养的恶习质，不可单靠物质的变更。这是马氏学

---

[1] 《阶级竞争与互助》，1919 年 7 月 6 日《每周评论》，选自《李大钊选集》第 222—224 页。

说应加修正的地方。

我们主张以人道主义改造人的精神,同时以社会主义改造经济组织。不改造经济组织,单求改造人类精神,必致没有效果。不改造人类精神,单求改造经济组织,也怕不能成功。我们主张物心两面的改造,灵肉一致的改造①。

以互助、协合、友谊、人道、改造人类精神作为改造社会组织的互补剂和双行道,使社会主义革命和阶级斗争具有某种伦理的内容和性质,强调心物、灵肉的双向的、同时的改造。主张人道主义经济学和社会主义经济学相结合,阶级斗争与在劳动基础上的互助合作相结合。这就是李大钊所宣传的马克思主义。但是在革命时期真正起作用的主要还是中国化的马克思主义——毛泽东思想。根据李泽厚的分析,毛泽东思想形成于长期的军事革命战争,首先得益于战争经验的总结。从30年代三次反围剿到1949年前

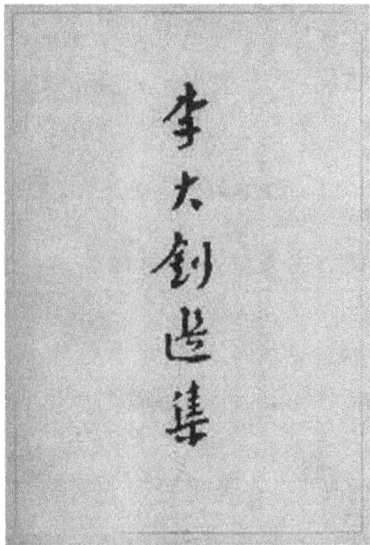

图124 《李大钊选集》

的三大战役,毛泽东运筹帷幄,决胜千里,他的《中国革命战争的战略问题》一书最具代表性。由军事而政治,逐步形成一整套战略策略,包括"统一战线中的独立自主,又团结又斗争"、"联合中有斗争,斗争中有联合"、"有理、有利、有节"等等,都是在与国民党的斗争中所总结的思想成果。其中特别重要的是,在组织上他非常重视"党的建设",把支部建在连上,彻底实现党对军队的绝对领导,以后又把军队中这一套行之有效的办法,扩展至整个社会,使人们

① 《我的马克思主义观》,选自《李大钊选集》第194页。

的一切生活和思想都在党组织的掌握之中，党组织成了整个社会的筋骨血脉，上下贯通、坚固持久，效率极高。只要管好了党也就管好了整个社会。这个党组织远不只是具有军事特征，还是成为个人安身立命之所依。组织和同志的关系超乎寻常，其价值和感情远远超过和优越于任何其他关系和情感。残酷的战争环境和军事斗争要求党不但管政治，而且要管个人的一切，特别要管思想和情感，统一思想成为党组织的轴心任务，毛泽东因此非常强调改造思想，即以整风方式解决问题——不断严格地要求党的干部、知识分子以无产阶级思想，无产阶级的立场、观点和方法来判断、考察、分析和裁判一切，不断进行批评和自我批评。

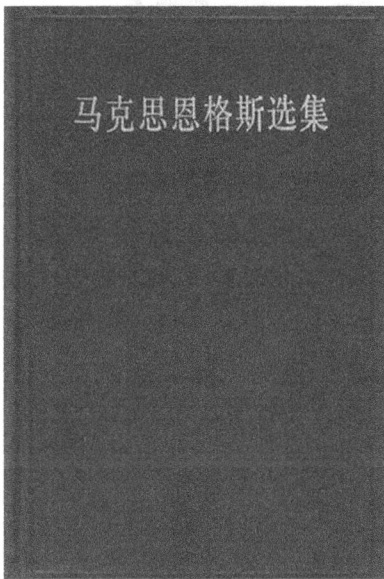

图 125　《马克思恩格斯选集》　　　图 126　《毛泽东文集》第一卷

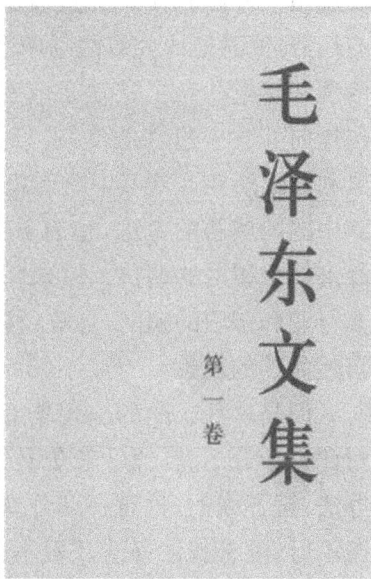

　　毛泽东后来把阶级斗争极端化、绝对化，认为阶级和阶级斗争无处不在，阶级斗争一抓就灵，各种思想无不打上阶级的烙印（毛泽东选集合订本 272 页），从而必须年年讲月月讲天天讲，这跟马克思列宁主义是很不一样的。中国式的马克思主义是以中国传统小农社会中的长期军事斗争的经验为依据来了解、接受和阐释马列的。所以毛泽东在哲学、军事和政治上一直强调发挥"主观能动性",认为只要努力发扬人的思想、意志、干劲和精神,就能改造世界,达到目的。解放以后,他又把这些想法和经验搬用到各个领域和方面,包括"先合作化后机械化"、"三大改造"、"大跃进"、"鞍钢宪法"以及"文化大革命"等等。马克思主义在中国取得胜利,并形成其中国化的成果,进而变成在中国的马克思主义,其间的差异、变迁可见一斑。

尽管如此,我们依然不能把毛泽东与建设中国特色社会主义实践对立起来。其实在中国的政治领袖群体中率先发起对苏联经济模式的反思与冲击的恰恰是毛泽东,率先提出为中国创造新实践的也是毛泽东①。进入新中国以后,中国在政治经济文化等方面表现出一种苏联模式的过渡辐射,甚至呈现出某种照搬苏联模式的趋势,究其原因大致包括两个方面:一是新中国对如何进行社会治理和建设社会主义缺乏应有的经验积累,二是新中国在外交上选择向苏联一边倒的政策。对于这一选择,毛泽东认为是当时国家利益之所在。这其中既有抵御以美国为首的西方国家有要扼杀新中国的威胁的考虑,也有获取苏联给予中国社会主义建设更多经济技术援助的期待。后来随着 1 000 多名苏联专家出任中国众多行业和部门的顾问,仿效、移植甚至复制苏联的做法就成为更加自然而然的现象。

但是这种状况的出现毕竟有违中国革命的基本经验,毛泽东对此也十分不满,他后来在谈到这个问题时指出:"建国之初,没有办法,搬苏联的,这有一部分真理,但也不是全部真理,不能认为非搬不可,没有其他办法。"根本的原因就是"不独立思考,忘记了历史上教条主义的教训"。因此随着 1956 年苏共二十大对斯大林错误的批判,打破斯大林和苏联经验神秘主义的崇拜,毛泽东也开始公开检讨新中国对苏联的教条主义倾向,重新强调坚持马克思列宁主义与中国革命实际相结合的基本经验,他指出:"我们要学的是属于普遍真理的东西,并且学习一定要与中国实际相结合。如

---

① 徐俊忠:《毛泽东社会主义建设道路几个问题再探讨》,《马克思主义与现实》,2010 年第 6 期。

果每句话,包括马克思的话,都要照搬,那就不得了。我们的理论,是马克思列宁主义的普遍真理同中国革命的具体实践相结合。"①

进入 1958 年,毛泽东对这种教条主义的态度从一般性的批评转为对具体工作领域的批评。1962 年他再次指出:"那时候有这样一种情况,因为我们没有经验,在经济建设方面,我们只得照抄苏联,自己的创造性很少。这在当时是完全必要的,同时又有一个缺点,缺乏创造性,缺乏独立自主的能力。这当然不应当是长久之计。"②这是毛泽东对中国社会主义建设必须走自己的发展道理的一种特殊表达。它意味着历经中国革命时期的独创性创造后,毛泽东为中国共产党提出了实现马克思列宁主义与中国建设实践相结合的新的历史性课题。这也就是他在这一时期反复提到的要进行新的"路线创造"的问题。这种自觉创造的标志就是 1956 年的《论十大关系》的发表。1958 年 6 月,毛泽东在一个批示中指出:"自力更生为主,争取外援为辅,破除迷信,独立自主地干工业、干农业、干技术革命和文化革命,打倒奴隶思想,埋葬教条主义,认真学习外国的好经验,也一定要研究外国的坏经验——引以为戒,这就是我们的路线。"③这实际上就是中国共产党人立足于开创符合中国国情的社会主义建设道路的宣示。

当然,毛泽东也清醒地认识到,进行新的路线创新不可能一蹴而就,他反复强调新的路线虽然已

图 127 《读毛泽东札记》

---

① 《毛泽东文集》第 7 卷,人民出版社,1999 年版,第 42 页。

② 《毛泽东文集》第 8 卷,人民出版社,1999 年版,第 305 页。

③ 《毛泽东文集》第 7 卷,人民出版社,1999 年版,第 380 页。

图 128 《毛泽东与中国文化》

图 129 《毛泽东传》

经开始形成，但是尚待完备，尚待证实，同时对党内和国内关于新路线的认同他很不乐观，他还预言这种创造将会是一个曲折的过程，还会犯错误，甚至出乱子。这里反映了毛泽东作为政治家的清醒和自信，他认为即使发生这种错误，也是发生于积极探索新道路的过程中，与固守苏联模式的教条主义错误性质不同，他希望的是探索过程中犯的错误能小一点再小一点，但无论如何他始终确信照搬苏联的是没有出路的。当然历史的发展证明，毛泽东虽然自信并殚精竭虑地致力于新的路线创造，但是实际效果并不尽如人意，尤其是作为创造产物的三面红旗在某些地区产生十分消极甚至灾难性后果。但是站在历史发展的高度，尤其在建设中国特色社会主义已成为共识的今天，毛泽东当年反对建设社会主义过程中照搬苏联模式的教条主义和自觉探索适合中国国情的社会主义建设新道路的实践，意义尤为深远。毛泽东的探索实际上是改革开放的响亮先声和重要思想资源。

　　在毛泽东思想指引下我们有了一个独立、统一和平等的中国，为今天的现代化减少不少困难和阻力，避免了受外国政权干扰和地方割据的种种冲突和战争，减少资本原始积累时期因无政府状态的资源浪费和人力的过度剥削，全国一盘棋的工业布局和统筹调节，为今天的市场发展和速度，打下良好稳定的基础。反传统等级的平等观念、集体观念、劳动光荣、劳动人民至上观念仍然留下深厚影响，使保护弱势群体等等在社会和政府两个方面都得到及时的注意，这正是其他地区其他国家在现代化过程中缺少的重要的精神资源，而所有这些为中国现代化提供着某种走自己的路的前提、条件和可能性。但马克思主义在中国的变异和理解上的偏差，也交付了沉重的代价。由于长期军事斗争所形成的制度、惯例、习惯和观念，使各级党和政府权利过大，无人监督，缺乏法治和程序，而仍然企图以道德说教和意识形态而不是强调以现代政治法律制度来推动国家建设，不免阻碍了现代化的进程。

三、内化——渐进式探索

　　"文革"以后，"实践是检验真理的唯一标准"这个以学术出现的政治命题开始扫除人们的思想障碍，即必须从人们的现实实践出发去认识世界。但是真正在马克思主义理论领域中展示出新时期特点的是关于"人道主义"的论争。人的尊严、人的价值、人性复归、人道主义，成为新时期开始的时代最强音。它在文学上突出地表现出来，也在哲学上表现出来。哲学上重提启蒙，反对独断（教条），反对愚昧，反对异化，马克思《1844 年经济学—哲学手稿》的研究盛极一时。当然最集中的体现还是把马克思主义解释为"人道主义"，强调马克思主义是"以人为中心"，"人是马克思主义的出发点"等等。强调马克思主义具有人道主义性质大致不错，但是用人道主义解释马克思主义并不符合马克思当年的原意。马克思主义主要是一种历史观，既有科学的内容也具有意识形态的作用。马克思主义的世界观是建立在这种历史观基础上的。人道主义不可能是历史观，用人道主义来解释历史，来说明人的存在和本质，必然空泛、抽象或回到文艺复兴、启蒙主义的理论上去，人道主义强调的是个体、个人，马克思历史观讲的人，主要是从人类总体出发，然后才讲到个体。只有到了共产主义，每个人的自由发展才是一切人自由发展的条件,个体的这种自由是以人类总体的历史性的行程为前提的。李泽厚认为,一方面我们应该反对在革命、集体的旗号下种种抹煞、轻视个体性的所谓马克思主义的理论;另一方面也要看到"大我"与"小我"之间的关系有一个极为复杂的具体的历史行程,用义愤、感伤、情绪以及价值判断、伦理原则是不能真正解释这个行程的。总之,提倡人道主义虽有其现实合理性和正当性,但作为哲学理论,还需要仔细研究、充实和提高。当然应该看到尽管人道主义在理论上显得非常抽象、肤浅,不能深刻说明问题,并且情感大于科学,但毕竟表达了人们压抑了很久的思想、观念、情感、意识,有其现实依据。这也就可以解释为什么批判者引经据典,大造声势,大加驳斥,证明马克思主义的确并不是人道主义,却始终应者寥寥。从理论上说,这种批判的根本弱点,正在于没有具体科学地考察中国这股人道主义思潮的深厚的现实根基、历史渊源和理论意义,也就是说这种批判没有意识到这股思潮有其历史的正义性和现实的合理性。马克思主义在中国此时的确到了一个关键时刻,需要创造性的发展,需要更加明确唯物史观是马克思主义的基本理论。马克思主义不仅是革命的理论,而且是建设的哲学,不但因为我们现在主要的任务是建设,而且因为建设对整个人类来说是更为长期的、基本的、主要的事情。邓小平理论正是在这样的要求中逐步建立和成熟起来的。

如果说毛泽东思想总体上引领中国走上了一条马克思主义与中国实际相结合的道路。那么邓小平理论则实质性开启了中国特色社会主义道路的渐进探索。邓小平根据他所处时代经济建设的重要性和拨乱反正的必要性,一方面恢复党的思想路线,强调实事求是是马克思主义的思想基础,是毛泽东思想的精髓;另一方面,为打破思想僵化的坚冰,走出历史的误区,开拓新的历史时期,又赋予解放思想以特殊的重要意义,提出了解放思想、实事求是的思想路线,开创了建设有中国特色社会主义的新境界,在此基础上形成当代中国的马克思主义——邓小平理论。邓小平同志 1992 年 1 月 18 日至 2 月 21 日在武昌、深圳、珠海、上海等地的谈话要点强调发展是一个加速形式出现的前进运动,其著名的表达就是"抓住机

遇发展自己"。他把发展看成是一个台阶、一个台阶扎扎实实的上升运动,提出著名的"发展才是硬道理"的论断。他还提出了先沿

图 130　《海外邓小平研究新论》

图 131　《邓小平与外国首脑及记者会谈录》

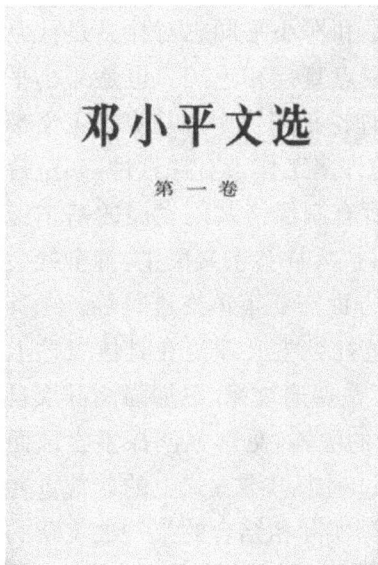

图 132　《邓小平文选》第一卷

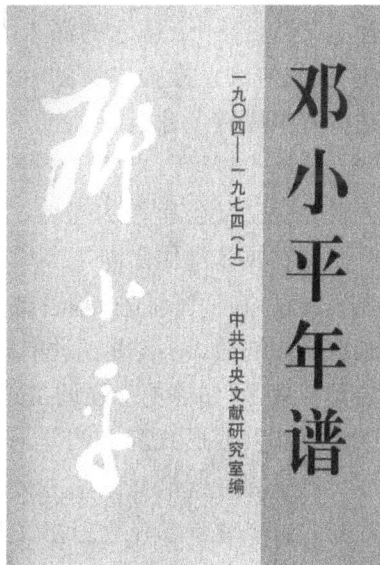

图 133　《邓小平年谱　一九〇四——一九七四(上)》

海,后内地,沿海支持内地的梯度发展理论。他强调了区域平衡发展、综合全面发展(生产力的高度发展,综合国力的增强,人民生活水平的迅速提高)和以人为本(需要满足、素质提高、潜力发挥、机会平等、当代人不损害后来人的发展)的重要性。

邓小平理论第一次比较系统地初步回答了中国社会主义的发展道路、发展阶段、根本任务、发展动力、外部条件、政治保证、战略步骤、党的领导和依靠力量以及祖国统一等一系列基本问题,指导我们党制定了在社会主义初级阶段的基本路线。邓小平同志特别强调走自己的路,不把书本当教条,不照搬外国模式,以实践为检验真理的标准,尊重群众的首创精神,建设有中国特色社会主义。他做出了社会主义初级阶段的科学判断和国情分析,强调不能脱离实际,超越阶段。他认为社会主义的本质是解放生产力,发展生产力,消灭剥削,消除两极分化,最终达到共同富裕,认为现阶段我国社会的主要矛盾是人民群众日益增长的物质文化需要同落后的社会生产之间的矛盾,必须把发展生产力摆在首要位置,以经济建设为中心,推动社会全面进步,它提出建立和完善社会主义市场经济体制的总体要求和政治体制改革的目标。可以说"中国特色社会主义"这样一个理念的深入人心是和邓小平同志对什么是社会主义、如何认识社会主义的一系列观点直接相连的。也是邓小平建设有中国特色社会主义的一整套理论把当代中国马克思主义带到新的历史阶段。当然,这个阶段的许多工作带有探索性,如坚持完善社会主义公有制为主体、多种所有制经济共同发展的基本经济制度在具体操作中涉及多项改革;扩大社会主义民主,健全社会主义法制,在秩序优先、基层试点等方面需要审慎推进等等。尤其难能可贵的是,邓小平建设中国特色社会主义理论在具体表述上极具智慧,比如他更加强调机遇而不是普遍规律,更加强调群众自发鲜活的实践形式而非自觉有意识的灌输,更加强调探索尝试而非盲目乐观。这是马克思主义内化过程中思维方式上的非常重要的变化。既继承了马克思主义与中国实际相结合的第一次飞跃的成果,又实事求是寻求解放思想改革创新的道路和步骤。随后,"三个代表"重要思想、科学发展观、和谐社会等理念的相继提出,不断丰富我们对中国特色社会主义理论的认识,也使这种渐进式探索逐步趋于成熟,进而实现马克思主义中国化与中国传统文化的互动融合,使在中国的马克思主义获得真正的文化品格(相关内容因有专文详述,此处从略)。

四、共生——马克思主义在中国的前景

其实马克思主义中国化某种程度上也是一种"西化"。成功的西化强化了我们的民族自信,而这种自信产生了一个看似奇怪的结果:在民族文化认同和文化自觉上反而逐步回归中国传统文化。这是对五四新文化运动以来,一度遭到唾弃、被批得体无完肤的中国传统文化的未曾有的尊重。不管这种取向是否值得称道,至少这种时候我们可以比较从容平和地思考一路走来的马克思主义在中国的命运和前景。

由上述回顾可以看出,在中国的马克思主义确实已经演变为中国的马克思主义。那么通常所说的马克思主义,究竟是原典意义上的马克思主义还是毛泽东思想、邓小平理论、"三个代表"重要思想、科学发展观等随着中国特色社会主义事业推进而出现的一系列中国的马克思主义?从历史的经验来看,两者各有利弊,因为前者固然充满理想憧憬和抽象义理,但终不免隔了一层,后者固然贴近现实,但也难免不断正名和解释的困境。何去何从?这个问题比较复杂。马克思当年就十分反感当时人们对他的思想理论进行的宣传和解说,如果今天马克思在世,也许任何一种马克思主义他都不同意。当然,不管如何,各种马克思主义、各种对马克思主义的解释当前和今后都将继续存在,呈现多元发展的态势。即使如此,在中国特色社会主义建设事业逐步走向成熟的时期,我们倒可以根据国内外社会主义形势的发展和资本主义的新进展,回过头来分析马克思本人的理论、思想的是非得失,从而更好地推进我国主流意识形态的建设工作。

笔者认为马克思本人的理论在以下几个方面值得进一步思考和实事求是的分析。

1.《资本论》对资本主义本质的揭示、批判及其方法论上的启示

与文辞精美、情感充沛的革命经典《共产党宣言》不同,《资本论》是花费马克思毕生心血的主要著作。从分析商品(资本主义的细胞)的二重性(使用价值和交换价值)出发,追溯为劳动二重性(具体劳动和抽象劳动),再推出社会必要劳动时间,把资本主义生产方式的剥削即攫取剩余价值的过程描述得清楚而深刻。但客观地说,这是一种片面的深刻。马克思虽然也曾肯定过资本家的作用,但没有更多的研究资本家的工厂、矿山、码头等等(构成今天所谓实体经济的重要部分)是如何可能成立和维持运作、制造剥削、产生剩余价值的全部状况。他主要从工人在企业中的地位和作用出发,而没有将如何可能产生和维持这些企业运作的全部要素考虑在内,也就是说资本家及其代理人等为创立企业、维持企业运作所花费的时间、精力等等基本没有进入他的视野进而得到认真研究。一个客观事实是:工人在 8 小时工作制后毕竟回家可以稍事放松或休息,老板们却无时无刻不在关心着订单、金融等各类问题和风险,其劳动和心理负担并不轻松。不管动机和个体状态如何不同,在客观现实上,企业只能靠工人和管理者的共同努力和协调才能存在持续和发展,仅仅是老板的贪婪和私欲,不可能直接实现价值和剩余价值,老板们的心思计谋,对行业的总体判断和针对客户群的各种活动,才使生产和再生产成为现实。《资本论》只突出了工人在生产中的被剥削地位和由劳动价值论所得出的剩余价值理论,入情入理,很是深刻,但是并非企业和资本的存在和运作的全貌。

马克思分析的深刻之处在于揭穿资本家养活工人的谎言,以系统的理论形态证明结果恰恰相反,主要是工人的劳动(并非唯一)养肥了资本家,提供了社会生存的基础。深刻性还体现在这个观点直接影响了 20 世纪的许多国家、地区的社会实践。而所谓的片面的深刻主要体现其中所包含的巨大悖论:唯物史观本身是历史性的,马克思、恩格斯都非常讨厌道德说教。但他们恰恰又认为自己是在为受剥削、受压迫的工人阶级的伟大事业奋斗,认为工人

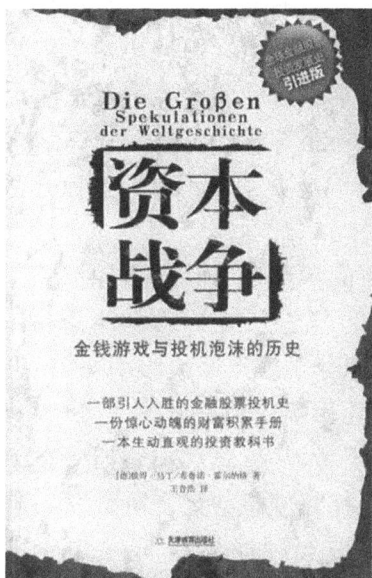

图 134 《资本战争——金钱游戏与
投机泡沫的历史》

图 135 《资本论》

阶级是执行历史发展客观使命的代表，也就是说伦理主义的善在
推动社会的前进。马克思理论中的这种历史主义和伦理主义的悖
论在现实中是如此体现的：保守派和资产阶级在私欲的推动下
(恶)努力发展生产工具、生产力、生产关系，以提高生产效率和利
润（即剥削收入）；而无产阶级为避免失业，则竭力反抗之。从一二
百年前的使用机器和捣毁机器到后来使用和反对新科技再到参加
WTO 和反对 WTO，以及赞成或否决欧盟宪法等等，都可以看到这
一深刻悖论。左派往往维护工人和下层民众的切身利益，作为善
和伦理主义的代表，却偏偏在一定时期、一定地区内竭力抵挡和阻
碍着历史的前进路途。问题的复杂性在于这些阻挡和抵抗本身在
历史进程中的作用又并非全是负面的。它可以使私欲所推动的历
史进展减少一些纯粹的罪恶。可以迫使资本家或企业强势一方减
少工时，增加工资，改善福利，这对稳定社会和生产发展又是有利
的，避免了资本家无限剥削所造成的经济崩溃。这实际上又是在
具体执行马克思主张的历史主义的基础理论。而今天中国建立和

完善社会主义市场经济体制,修订劳动法,探索市场和道德结合的机制和形式,实际上就是在历史主义和道德主义的悖论中寻求解决方案的有效努力,事实证明:在资本和劳动问题上把握适度的话,对总体经济发展和道德进步来说还是有积极意义的。一味将阶级对立、劳资矛盾看成不可调和的问题,并不真正有利于社会主义事业的发展。

对当年的马克思来说,这种片面的深刻确有其历史原因。当时法国大革命的理想和余波尚在,1830 年特别是 1848 年革命和作为其制度和理想的乌托邦思想对知识分子还有巨大吸引力,巴贝夫主义和激进思想传布深远,极大地影响了当时的青年知识分子①。马克思、恩格斯就是其中的佼佼者,马克思和恩格斯受布朗基主义和巴贝夫影响很深,将社会乌托邦理想与无产阶级联系起来。马克思的理论学说一定意义上正是当时时代状况在充满激情的知识分子中的产物。他们同情工人,怀着崇高的道德理想和情怀。马克思阅读研究大量文献资料,认真思考,坚决反对资本主义剥削,深信资本主义将迅速崩溃,工人将成为未来社会的主人,而暴力革命是实现这一目标的手段。这种信念在对现实和历史状况的研究中,主要是通过黑格尔的辩证法作出政治经济学的判断和表述的。

马克思将商品二重性归结为劳动二重性,其中的关键在于将交换价值归结为抽象劳动。在思辨的意义上非常有道理,但抽象劳动或抽象的人类劳动这些基本概念和由此推出的社会必要劳动时间等等到底有多少经验上的可操作性,常常令人困惑。将劳动从具体的历史环境中抽离,特别是将劳动力从具体劳动中抽离,把劳动当作和一切社会形态都独立、不以它们为转移的人类生存条件、一个永久的自然必然性,而不问其支出形式。形成价值的劳动是一等一的人类劳动,把一切现实的劳动还原为人类劳动力的支出。这些解释确实无法应对今天劳动和劳动力本身与其它因素交互作用的具体事实。而用抽象劳动来解释交换价值,强调不是劳

---

① 《李泽厚近年答问录》,天津人民出版社,2006 年版,第 245—246 页。

动而是抽象劳动的支出才是计算价值(交换价值)的普遍尺度和衡量社会必要劳动时间的根本基础,也就是说这个劳动力支出及其推演完全脱离具体历史地使用——制造工具的劳动活动的结构,而变成了一种黑格尔式的精神思辨的抽象运动,即以被同质化的同一的人类劳动力的支出来展开剩余价值的论证,其中舍弃了劳动力的消耗量与物化劳动的消耗量(工具、机器等)之间各种随历史境遇而变化的复杂关系、比重和结构的经验分析,进而得出商品便宜,劳动力也变得便宜,那就是资本内在的冲动和不断的运动的论断。这样一来财富就集中于少数资本家,中间阶级不断沦为工人阶级,无产阶级日益贫困并壮大。更由于生产的无政府状态,使经济危机必然出现,从而资本主义生产关系不能适应而必将迅速崩溃,无产阶级革命一定胜利。于是,剥削剥削者,消灭私有财产制和清除剩余价值中剥削工人的部分,实现各尽所能,按劳分配的社会主义就顺理成章了的辩证逻辑。这个逻辑今天看来值得进一步推敲[1]。

马克思主义唯物史观的核心是实践观,这个实践从客观物质的层面上来说就是与使用制造工具的活动直接相关。我们不能脱离使用制造工具的整个实践活动抽象讨论劳动力和劳动,生产力各要素的结构本身的发生、维持和发展,与劳动力、价值和剩余价值是难以分割的。劳动力的支出在不同的生产结构、不同的硬件软件中很不一样。而这就涉及科技人员、资本家和人们的自由时间与劳动力支出的关系,以及前者是否和如何转换为后者、还原为同一的社会必要劳动时间的问题。如果在整个资本主义生产中抽取出工人被剥削这一事实来作为决定性因素,以工人的体脑劳动力支出这一个别因素作为决定性因素,以劳动二重性、抽象劳动、社会必要劳动时间等思辨概念作为出发点和逻辑所建立的价值理论,还不足以全面解释资本主义的发生发展。而由此推演出的共产主义、社会主义与商品经济不相容等等结论,被事实证明(苏联、中国等尤其是柬埔寨曾完全彻底废弃商品、市场和货币)是有问题

---

[1]　《李泽厚近年答问录》,第247—248页。

的。按劳分配只是市场价值规律下劳动仍然作为商品的一种虚假状态，社会主义在经济分配领域主要是由政府的计划调节、行政控制和福利政策来实现的。是政治干预了经济，既非先验原理，也非经济规律，而是社会正义观念通过政治对经济的干预。看清楚这个局限和黑格尔主义存在的巨大风险，我们今天也许可以更加深地体会到邓小平同志不争论的智慧。邓小平由于不是从先验的理论出发而是从实际经验出发，提出不争论，不讨论姓社姓资，并让一部分人先富起来，反倒符合历史的实际和人民的要求。所以这里仍然是从实际出发还是从抽象思辨出发，是选择先验理性还是实用理性，是根据经验合理性还是抽象辩证法的问题。

2. 关于人类远景理想及其意义

包括共产党宣言在内的许多著作，在对人类历史所作的许多描述和研究，如对各种社会形态、生产方式、生产力、生产关系、经济基础和上层建筑的剖析，对工作日缩短和人类远景的展望等等相当精彩和深刻，是他的唯物史观的具体呈现和成果。从哲学的角度去分析，劳动价值论和剩余价值论是深刻的，因为价值是由劳动创造，是人类基本实践的产物，而不是来自上帝、语言交往等等因素，与此同时它还有一种人类学的政治理想的含义，即既然劳动创造价值，从而广大劳动者就有权利取回应有的报酬，这为占人口绝大多数的各种劳动者经济和政治上的解放提供根本依据。马克思的剩余价值论和劳动价值论以及逻辑推演过程中出现的一些范畴概念以高屋建瓴的思辨方式，揭示资本家掠夺工人劳动产生大量财富的根本来源，揭示资本主义自由、平等、博爱的虚假本质，提出彻底改变这一状况的共产主义远大理想，它在引导人们的思维和行动是有价值的，但我们也应当看到：这还只是一种哲学上的意义，落实到实证的经济科学，由于缺乏准确的足够的中介环节就成了"先验幻相"（康德），将它直接操作运用于当下的经验中就有可能导致生产力的倒退。马克思的经济学之所以未能在经济学领域真正发展，劳动价值论之所以后来为各种具体价格理论所取代，重要原因就在于它虽具有历史哲学和伦理学的重要意义，却缺少经济可操作性和可计算性。了解这些幻相的存在又仍然保存其积极方面——劳动创造价值,劳动者必要也必须从资本主义的制度下解放出来的人类远景的指向,这才能经由马克思和吸取马克思继续前进。当然,这一意义仍将仅仅是哲学视角。缺乏经验性的理想,它能范导思维形成统一性,这在改变世界的哲学意义上看有积极功能。中国古代不也有"货恶其弃于地也,不必藏于己;力恶其不出于身也,不必为己"的大同理想吗?虽然经验没有证实它,但也没有证伪它,所证伪的是这些概念无中介地直接运用于当下经验之中。所以这些理想仍然是可以并值得人们去期待、争辩和相信其未来可实现的,真如幻时幻亦真。

图 136　《纯粹理性批判》

图 137　《理想国》

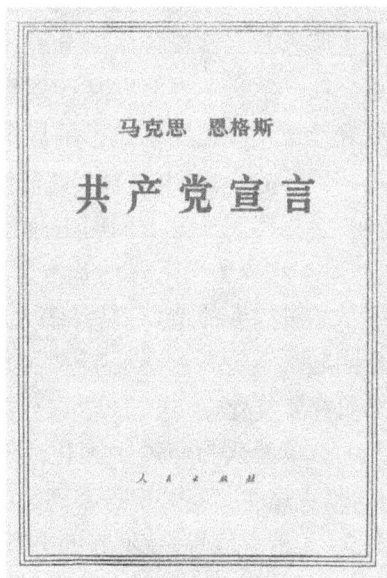

图 138　《共产党宣言》

马克思当年没有设想过社会主义,只是将其作为共产主义的一个过渡阶段,认为这个阶段仍有共产主义法权。即使如此,社会主义仍然可以作为一种在社会生产力高度发达基础上产生的比资本主义有更大公正、平等、自由、民主,对弱势群体有更多的关注和照顾,有由国家或政府适当调节各种收入等相当宽泛的社会理想和具体方法来理解、提倡和实行,这还是极有现实作用和长久意义的。其实在中国也正是怀有共产主义理想和共同富裕观念的中央政府的几种权威和有效管理,包括过去的群众路线、两个积极性(中央和地方)、全国一盘棋、统筹兼顾、科学发展、和谐社会等等经验和观念,对开拓中国式现代化道路起到非常重要的作用。李泽厚认为在思想和理论上根本摆脱了先验性的幻相以后,可以一方面仍然承接过去社会主义实践中对一些值得汲取和发展的具体经验和因素,从而另一方面更加自由、健康地中国式地去发展市场经济。这样也就保存了"幻相"的理想性质,并用于范导指引市场经济发展中寻找正确的经验的中介环节,创造一条现实的、具体的由成功经验所不断支撑的新路,也就是不断发展和完善的社会主义市场经济,并区别和优越于资本主义。由此可见,社会主义作为高度物质生产基础上比较公平的分配理想,仍然可以存在、坚持并发展的,总之社会主义不再建立在计划经济和按劳分配的理论之上,反而能更好地找到真正属于自己的界定。这样的社会主义,将具有更多伦理和哲学的含义,也符合当前建设中国特色社会主义的实际。

马克思主义是中国的主流意识形态,如何回顾它、梳理它、认识它,追本溯源到马克思的基本理论,实事求是地分析其是非得失、可继承和可抛弃的地方,是许多人所关切而学者义不容辞的任务。这个问题既不是高喊创新却依然一味赞颂、掩饰、辩解,也不是将马克思研究繁复化、章句化、琐碎化,更不是闭眼不理、漠视便能胜任或躲开的。笔者认为经过中国化改造的马克思主义将融化在中国文化中,马克思主义将与根深蒂固的中国文化(生活方式、人生理想、价值观念、人情世故等)在不断的交错融合中组成中国的现代性。

3. 关于马克思主义的价值取向

马克思、恩格斯等经典作家在许多场合不回避自己的价值取向,说明他们代表的是无产阶级的利益,其中饱含马克思的基本观念和革命热情。重要的是我们今天如何客观地看待和分析这个问题。因为今天现代化生产所必需的科层组织(扁平结构)和对工人劳动的关系变得日益复杂,早已无法纳入和接轨于一般的阶级分析思路。唯物史观的核心是使用制造工具的社会实践,它与阶级斗争和无产阶级革命本身并无逻辑关联,由前者推导不出后者,即使就唯物史观的整体理论来说,无产阶级革命也要在资本主义充分发展之后才有可能,不能拔苗助长,人为制造革命。就世界范围来说,马克思当年所面临的是资本主义开始发展的年代,根本不可能是成熟期,更不可能是全盛期。即使在当年最发达的资本主义国家,"无产阶级社会主义革命"也根本没有成熟,完全是年轻人的革命激情才使马克思写出了"全世界无产者联合起来"进行国际革命的《共产党宣言》,全世界无产者联合起来在当时也是一种虚幻,因为全世界大多数地区和人民当时还根本没有产生无产阶级,所以晚年恩格斯说:"历史表明我们曾经错了,我们当时所持的观点只是一个幻想。""当时欧洲大陆经济发展的状况还远没有成熟到可以铲除资本主义生产方式的程度。历史用经济革命说明了这一点,这个经济革命自 1848 年起席卷了整个欧洲大陆。在法国、奥地利、匈牙利、波兰以及最近在俄国初次确立了大工业,并且把德国变成了真正的第一流的工业国——这一切都是在资本主义的基础上发生的,因此这个基础在 1848 年要以一次简单的突然冲击来达到社会改造,是多么不可能的事情。"①

马克思等关于社会主义和共产主义理想远景的设想其实并非只是代表工人阶级的利益,而是对整个人类社会的设想。把马克思主义与工人阶级利益相对分析甚至脱离,并不会降低其现实力量和时代价值。因为这样反而可以使马克思主义摆脱特定阶级的局限而更为自由宽广,可以成为整个人类自由生存及其利益的理想,它虽不再只是工人农民的代表却又包括他们。因为工农阶级至少从目前来说,毕竟是占人口多数的劳动群众,他们即使不是人

---

① 《法兰西阶级斗争》,1895 年序。

类的先锋,也是主体。马克思主义作为资本主义社会中一部分知识分子对人类整体的远景理想,自然将工农劳动阶级及其利益放在非常基础的位置上。它指望社会科技生产力的发展,将给予以劳动者为主体的全人类带来生活的改变和美好的未来,而并不局限在工人阶级特定的时空利益中[①]。实际上按照西欧社会民主党的路线,工人阶级的代表是工联主义:要求提高工资、减少工时,保证工作,享有福利。今天的社会民主党相当明确地代表工人阶级的利益,早已从党纲中去掉了马克思主义。

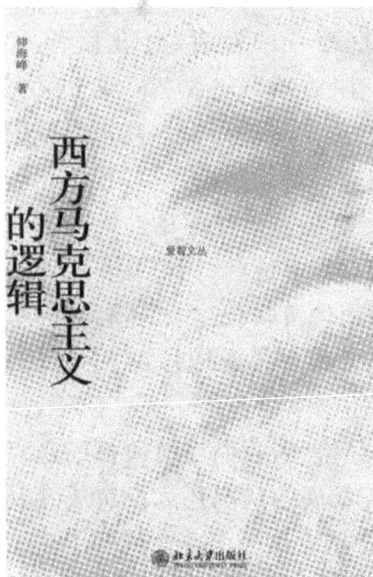

图 139 《西方马克思主义的逻辑》

正如美国著名的马克思主义者詹明信(Fredric Jameson)所说,在这个动荡不定、多极分离的世界上,东西方马克思主义者们正在努力寻求概念上的转折。于是有种种超越马克思主义的马克思主义、后马克思主义的说法。种种"后现代主义"、"后殖民主义"理论,实际在运用马克思主义基本原理的同时也在寻求观念上的突破。一个核心问题是面对资本的全球扩张与渗透,是否还存在着不同于当代资本主义的建设性选择。尽管从西方中心论的资本主义立场来看,资本的全球化预示着"历史的终结",但同时它也孕育了多重地缘政治的格局。我们想知道的是否能有一种建设中的马克思主义来让我们重新把握和审视当代世界?中国多年来所做的努力正是在寻求这种新的观念,创立一种建设中的马克思主义。而所谓建设中的马克思主义,一方面需要回到经典马克思主义,回到马克思恩格斯著作中的某些基本思想,同时必须根据时代新的变化改革创新马克思主义。

① 《马克思主义在中国》,明报出版社,2006年版,第266页。

图140　《早期西方马克思主义
社会历史观》

图141　《西方马克思主义
前沿问题二十讲》

马克思主义不仅是代表先进生产力、最广大人民根本利益和先进文化发展方向的共产党人的世界观，也是知识分子对人类的一种精神理想。对非资本主义社会，马克思主义是有意义的。直到现在马克思主义对很多发展中国家来说仍然有吸引力。在最近的半个世纪内马克思主义对中国人民所具有的很强的感召力就是历史的见证。马克思主义到底如何扎根于中国的土壤，并同时创造出一种新的中国式的马克思主义，这是一个复杂而漫长的过程，关键在于马克思主义和中国文化的内在价值形成了某种融合，比如

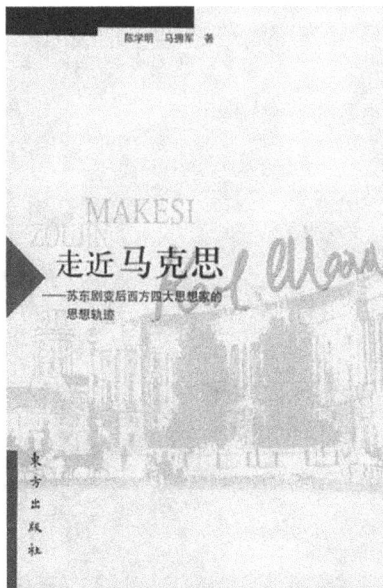

图142　《走近马克思——苏东剧变后
西方四大思想家的思想轨迹》

与中国的文化心理机构中实用理性的依赖以及对具有普遍意义的乌托邦远景的追求等等。所以所谓马克思主义中国化所包含的内容，从根本上有别于列宁主义或者马克思主义的俄国化，也有别于马克思主义在其他西方国家中的遭遇。所以也就需要修整和打破马克思主义只是一种阶级斗争的理论或关于资本主义的科学的说法，需要强调历史唯物主义的整个核心，就是正确强调了生产力和经济发展是整个人类发展的动力，并重视科学和技术的作用。由此，我们基本上不赞成西方马克思主义那种对现代化过程中科学技术作用的否定以及某种否定现代化过程本身的观点。

马克思主义中国化的过程实际上也是马克思主义不断在继承中发展的过程。当代中国马克思主义铸成中国独特的道路和具体内涵。中国是世界上人口最多的国家，中国现代化的道路及其成败将直接影响整个世界。中国可以融合马克思主义的历史哲学和中国传统价值，以创造独特的现代性，进而避免现代性给其他国家带来诸如暴力、吸毒、种族歧视、贫富悬殊、对自然环境的破坏等问题。其实西方马克思主义和中国马克思主义一样，都坚信全人类

图143 《当代中国马克思主义哲学专题研究》

图144 《马克思主义关于人的学说》

有一个建立在公平正义基础之上的生活美好的共同未来。当然马克思主义者不是浅薄的、感伤的浪漫主义者和人道主义者,更不应该是狭隘的民族主义者。

专题三 双重身份、双重品格及其互动融合

改革开放以来,尤其是十三届四中全会以来,在邓小平建设有中国特色社会主义理论指导下,中国走出了一条用社会主义方式实现现代化的探索性道路,为世界范围的现代化运动提供了新的思路和可能。目前,中国已走过现代化的启动阶段,进入全面建设小康社会的新的发展阶段。如果说在启动时我们更注重科学技术是第一生产力的经济价值,更关注政治层面上的积极推进,对中国传统文化的负面价值有较多揭示的话,那么在全面建设小康社会的新阶段,在中国特色社会主义文化的建设过程中,则需要并且有可能更多地从积极的方面关注民族文化的精神价值系统,深入推进马克思主义中国化。值得进一步思考的是:在中国特色社会主义文化的内容构成中,马克思主义中国化和中国传统文化现代化究竟应该是一种怎样的关系?马克思主义中国化除了从理论和意识形态功能的角度去理解,是不是还应该从文化形态的角度去理解?中国传统文化除了从本土的和传承功能的角度去理解,是不是还可以有其他的理解?马克思主义中国化与中国传统文化的转化性创造是不是同一历史过程的两个方面?马克思主义中国化与中国传统文化的现代化能不能在不断的互动融合中完成双向建构?这里将结合已有的相关研究,重点就马克思主义中国化的双重身份及其同构、传统文化的双重品格及其扩展、马克思主义中国化和中国传统文化现代化的互动融合等方面谈谈对中国特色社会主义文化的理解,并以此求教学界前辈和同仁。

一、马克思主义中国化的双重身份及其同构

马克思主义传入中国进而指导中国革命和建设的过程，实际上也就是马克思主义融入中国、逐步中国化的过程。尝试将马克思主义民族化、大众化的工作，始于五四新文化运动期间，1938年六届六中全会上毛泽东提出并阐释了马克思主义中国化的问题。作为学术研究，探讨马克思主义中国化与民族文化的关系，从改革开放以来就有所涉及，相对比较零散，而作为系统的学术研究，则是 20 世纪 90 年代以后的事。国外关于马克思主义中国化的研究，主要有两条路径：一是从史学角度，把马克思主义中国化理解为共产党人对儒学的继承和发展。费正清、列文森、罗兹曼等人都有类似的观点。不过这些看法散见于各处，尚未构成系统、规范的学术研究。另一路径是对毛泽东思想的研究。这个领域有一批著名学者，如史华兹、施拉姆、魏斐德、迈斯纳等①。

图 145 《史华慈论中国》

图 146 《史华慈学谱》

① 参见刘力波：《文化视域中的马克思主义中国化》，中国知网博士文库（2007）。

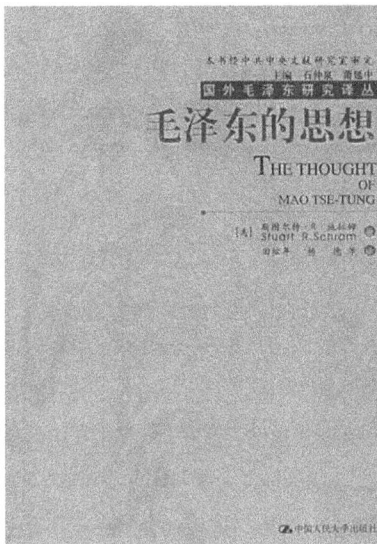

图 147 《毛泽东的思想》

图 148 《马克思主义、毛泽东
主义与乌托邦主义》

　　20 世纪 90 年代以来，从文化的角度特别是中国传统文化的角度研究马克思主义中国化，主要集中在中国现代化进程的历史梳理、中共领导人思想与民族文化关系、马克思主义与中华民族关系、马克思主义民间化和大众化、马克思主义中国化的实质和维度等方面，比如：许全兴在《毛泽东与孔夫子》一书中认为，马克思主义中国化的全部涵义是马克思主义理论、中国的现实实际和中国的历史、文化实际三者在中国革命实践过程中的有机融合，形成新的具有中国特点的马克思主义。基于这样的前提，该书从文化的角度将孔子与毛泽东进行对比研究，实事求是地评价了毛泽东在政治、哲学、道德、教育等方面对孔子思想的继承、发展和扬弃，说明毛泽东思想主要是马克思主义和中国革命相结合的产物，同时也内在包含着中国传统文化的精华，进而在总结马克思主义中国化的经验教训问题方面提出了不少的新见解①。张建新在《儒学与马克思主义》中对马克思主义与儒学的辩证结合提出了自己独到

————————

① 　参见许全兴：《毛泽东与孔夫子》，人民出版社，2003 年版。

的理解，他回顾了在近现代中国社会特定的历史背景中，这两大文化相互冲突又相互融合，导致马克思主义中国化和儒学的现代嬗变。从实事求是传统与实践唯物主义、中国阴阳辩证法与唯物辩证法、传统知行观与辩证唯物论的认识论、传统社会历史观与马克思的唯物史观、儒家人格学说与人的全面发展理论等角度分析了儒学与马克思主义的关系①。韩国学者宋荣培在《中国社会思想史：儒家思想、儒家式社会与马克思主义的中国化》中全面、深入研究了中国儒家文化的历史和马克思主义在中国的传播过程，以阐明在现代中国的革命过程中出现的独特"中国革命之路"。作者认为，应将中国革命本身理解为一种"脱儒家化及马克思主义的中国化"的漫长历史过程②。李泽厚在《浮生论学》、《李泽厚近年答问录》、《论语今读》、《实用理性与乐感文化》、《中国现代思想史论》、《历史本体论》等一系列著作中也多次谈及儒学与马克思主义的关系。认为儒学除了孔、孟、程、朱、陆、王这条心性修养的内圣脉络之外，还有孔、荀、董、王（通）、陈、叶、顾、黄等通经致用的外王路线。通过转化性创造，完全可以将实用理性和乐感文化运用到政治哲学上，走出一条不是冷冰冰的中国道路，真正实现"有情宇宙观和无情辩证法"的统一③。李德顺在《邓小平人民主体价值观思想研究》中以马克思主义价值学说为基础，分析论证了改革开放以来，以邓小平理论为代表的中国特色社会主义价值观念体系的基本内容和理论创新④。值得关注的是 2007 年陕西师范大学刘力波的博士论文《文化视域中的马克思主义中国化》，这也许是迄今为止，从文化的角度讨论马克思主义中国化最系统的学术成果。该论文在认真梳理既有学术成果的基础上，论述了马克思主义对中

---

① 参见张建新：《儒学与马克思主义》，陕西人民出版社，2003 年 5 月。

② 参见宋荣培：《中国社会思想史：儒家思想、儒家式社会与马克思主义中国化》，中国社会科学出版社，2003 年版。

③ 李泽厚：《论语今读》，安徽文艺出版社，1998 年版前言；《李泽厚近年答问录》，天津社会科学院出版社，2006 年版；《历史本体论》，三联书店，2005 年版；《浮生论学》，华夏出版社，2002 年版；《中国现代思想史论》，天津社会科学院出版社，2003 年版；《实用理性与乐感文化》，三联书店，2005 年版。

④ 李德顺：《邓小平人民主体论价值观思想研究》，北京出版社，2004 年版。

华民族精神的唤醒和升华,中华民族精神对马克思主义中国化的积极的能动作用,以及在新的历史境遇中马克思主义与中国传统文化的和谐与共融,并提出了许多很有价值的思想①。另外,还有一批有思想、有观点的论文②。

这些已有的成果其实都集中讨论了理论和意识形态功能之外的马克思主义中国化及其文化意义,都不同程度肯定了马克思主义中国化的双重身份,只是没有特别地诉诸文字表达。在建设中

图 149 《邓小平人民主体价值观思想研究》　　图 150 《孔夫子与现代世界》

---

① 刘力波:《文化视域中的马克思主义中国化》,中国知网博士文库。
② 参见郑海呐:《马克思主义中国化与中华民族精神的弘扬和培育》(博士学位论文);史野:《关于马克思主义与中国民族文化结合问题的研究》,《社会科学战线》,2003 年第 1 期;丁云:《毛泽东对中国民间文化传统的继承与马克思主义中国化》,《当代世界社会主义》,2004 年第 3 期;王锐生:《马克思主义民族化与当代化的几个问题》,《中国特色社会主义研究》,2005 年第 6 期;戴小江:《马克思主义民族化与社会主义的探索》,《河南师范大学学报(哲学社会科学版)》,2008 年第 5 期;李军林:《马克思主义哲学中国化的传统文化底蕴》,《云南社会科学》,2007 年第 5 期;董四代等:《文化创新与 20 世纪前半叶科学社会主义中国化》,《长白学刊》,2007 年第 6 期;戴兆国:《论马克思主义中国化的伦理价值维度》,《哲学动态》,2007 年第 5 期;顾红亮、刘晓虹:《反思、融合、创新:近年来关于马克思主义哲学中国化与传统文化关系的讨论述要》,《毛泽东邓小平理论研究》,1999 年第 5 期。

国特色社会主义文化的过程中，笔者认为应当对马克思主义中国化的政治身份和文化身份有更加明确的意识，并且辨析双重身份的历史建构。

中国走上现代化的道路堪称"后发外生型"。被强力推上现代化道路的中国，前要瞻世界领先水平与本国在这个并不公正的世界上的地位，后要顾本国的实际情况与人民的基本要求；缺乏现代化内在动力，却要在短时间内走完发达国家几百年走过的路程，应然和实然的矛盾、任务的艰巨和时间的冲突交织在一起，这也决定了中国必须走自己的道路。实践证明：虽然是后发外生，却取得了举世瞩目的成就，为其他发展中国家的现代化建设提供了不少经验和启示。回顾中国所走的现代化道路，不难发现政治动员——经济发展——文化追求的逻辑轨迹。也就是说在现代化初始阶段，民族解放和政治革命是极其重要的前提。为赢得革命胜利，挽救民族危亡，扫清前进道路上的各种障碍，传统文化价值的重要性考虑得相对少一些。"打倒孔家店"等等彻底反传统文化的行为和主张正是在这个意义上才是可以理解的。马克思主义在中国的早期传播正是在这样的背景下进行的。毛泽东在1949年总结中国革命历史并宣布基本国策的《论人民民主专政》一文中说："十月革命一声炮响，给我们送来了马克思列宁主义。"可谓相当准确的概括。马克思主义在中国的早期传播，确实与十月革命和列宁主义紧密联系在一起，中国当时一部分知识分子也确实是把这三者相提并论的。他们所欢迎、接受、传播、信仰的马克思主义实际上是没有一个所谓的理论准备阶段的。这与俄国曾经经过普列汉诺夫等人的多年介绍、翻译、研究、宣传马克思主义的情况是很不相同的。也就是说，马克思主义在中国，一开始就是作为指导当前行动的直接指南而被接受、理解和运用的。马克思主义在中国的第一天所展现的便是这种革命实践品格。马克思主义在中国的早期传播，主要是以其唯物史观中的阶级斗争学说为主要内容的，它也是这样被许多中国知识分子接受、理解和奉行的。"阶级斗争，一些阶级胜利了，一些阶级消灭了。这就是历史，这就是几千年的文明史。拿这个观点解释历史的就叫做历史唯物主义,站在这个观点的反面的是历史的唯心主义。"①这样斩钉截铁的论断如果与早期马克思主义传播史联系起来思考,就不会觉得是空穴来风了。应当正视这样的历史事实。这些虽然不能充分概括中国马克思主义者甚至毛泽东本人对唯物史观的全部看法,因为阶级斗争并不直接等于唯物史观,唯物史观也远不只是阶级斗争,但阶级斗争作为唯物史观的一个重要的基本内容,数十年来对中国的革命知识分子来说确实具有关键性意义。共产主义作为唯物史观的未来图景,提供的只是革命的理想和信念,阶级斗争作为唯物史观的现实描述,才既是革命的依据,又是革命的手段和途径,于是它就成了马克思主义在中国最根本的理论学说和观念。紧张的政治局势和严峻的民族救亡斗争使得早年的中国共产党在主客观上很少能有足够的条件来进行深入的理论思考,只能把主要的时间和精力,集中在必要的斗争实践中。这是马克思主义的实践性和革命性在当时的具体体现。在日益紧张的社会斗争和阶级斗争中,在日益加剧的日本帝国主义侵略形势下,中国共产党对革命状况和政治斗争的分析论证,具有比其他理论学说更有说服力的深刻性。这也正是他们运用马克思主义即唯物史观和阶级斗争学说来研究实际生活的结果。

　　笔者认为马克思主义在中国的早期传播和接受史中就扮演着与政治革命同呼吸共命运的角色。这时候的马克思主义,首先不是作为文化身份出现在中国的,而是政治斗争和中国向

图 151　《普列汉诺夫文选》

---

① 《毛泽东选集》第四卷,人民出版社,1991 年版,第 1376 页。

何处去的道路选择的需要所催生的产物。是激烈的政治斗争和民族危亡的困境成就了马克思主义初期在中国的命运。它在与各种主义的比较中因符合并指导实际斗争的需要而站到了历史的前台,扮演了呼风唤雨的角色。经过中国化后的马克思主义,以其系统性、理论性和实际斗争中的说服力,赢得了共产党和广大人民群众的心并成为他们的精神支柱。虽然不以文化身份出现,却事实上充当了民族精神支柱的角色。这也为马克思主义中国化日后文化身份的获得奠定基础。这个过程伴随着政治上的剧烈动荡,伴随着中国传统文化表面上的断裂。1949 年,中华人民共和国成立。马克思主义以其中国化的成果——毛泽东思想及其指导下的伟大实践理所应当成为中国共产党的指导思想。此后我们不难发现,毛泽东、邓小平等老一辈党和国家领导人在论及文化建设时必然把马克思主义中国化作为题中应有之义:实践是检验真理的唯一标准,不仅具有政治含义,也具有文化意义,成为符合国情的求真务实、革故鼎新的民族精神的体现;"所谓精神文明,不但是指教育、科学、文化(这是完全必要的),而且是指共产主义的思想、理想、信念、道德、纪律,革命的立场和原则,人与人的同志式关系,等等。"①马克思主义的政治身份与文化身份在精神文明的表述中是有机统一的。按照马克思主义中国化的要求,敢于和善于走自己的路与自强不息的民族精神息息相通。"和而不同"、"海纳百川"既是马克思主义指导下把握人类社会发展规律,洞悉时代发展的必然要求,也是从文化层面对改革开放中的中国提出的价值目标。"六十四字创业精神"——"解放思想、实事求是、积极探索、勇于创新、艰苦奋斗、知难而进、学习外国、自强不息、谦虚谨慎、不骄不躁、同心同德、顾全大局、勤俭节约、清正廉洁、励精图治、无私奉献"②和党的十六大报告对以爱国主义为核心的团结统一、爱好和平、勤劳勇敢、自强不息的伟大民族精神的概括③则更加生

---

① 邓小平:《贯彻调整方针,保障安定团结》,《邓小平文选》第 2 卷,人民出版社,1994 年版,第 367 页。

② 江泽民:《在八届全国人大一次会议上的讲话》,《江泽民文选》第 1 卷,人民出版社,2006 年版,第 301 页。

③ 江泽民:《全面建设小康社会,开创中国特色社会主义事业新局面》,《江泽民文选》第 3 卷,人民出版社,2006 年版,第 559 页。

动体现马克思主义中国化的文化身份。科学发展观、和谐社会理念作为党的理论创新和意识形态已经为广大党员干部和群众所接受,其实又何尝不是人本精神和人文情怀的载体? 由此可见,马克思主义中国化,随着时代和事业的不断进步,已经悄悄完成从政治身份向文化身份的转变。是高度自觉,更是自然而然、水到渠成。

当然,在工作重心发生转移的新中国成立初期和随后较长一段时间内一直伴随着对马克思主义的各种不同理解。而这些不同理解(包括片面歪曲理解)随着社会主义中国的曲折道路载沉载浮。尽管如此,在中国,没有人怀疑过马克思主义中国化的政治身份,并深信这种身份在中国式现代化进程中所起的举足轻重的作用。倒是对马克思主义中国化的文化身份的认同以往有所疏忽。从上面挂一漏万式的分析中我们深深感到,马克思主义尤其是中国化的马克思主义早已远不仅仅扮演着中国各项改革的理论指导的政治身份,而且已然成为中国文化的某种形态。在党的十五大报告关于中国特色社会主义新文化的概括中,中国化马克思主义的价值取向就直接融入了"民族的、科学的、大众的文化"。马克思主义中国化及其成果实际上已一身二任,既是我们党的意识形态又是我们的新文化。政治身份与文化身份在现代化进程中逐步实现同构。

二、中国传统文化的双重品格及其扩展

从 2004 年开始,中国传统文化复古思潮兴起。儿童读经运动成为媒体报道的热门;韩国申请端午节作为民族文化遗产引起国人震动和反思;中国在海外相继成立孔子学院;世界各地在每年的 9 月 28 日都举行规模不等的祭孔活动。在笔者看来,中华民族的伟大复兴离不开传统文化现代化,但后者恐怕不能依靠恢复"三纲五常"和大规模的读经运动来完成。认识其基本品格,重视其在现代化过程中的延伸和转换似更加重要。

中国传统文化一方面重视经世致用和人伦日常,重视具体实践中的活法和做法。在经济很不发达的中国进行现代化建设,自上而下的政治推动是必要条件,中国传统文化原本就讲究轻重缓

急,讲究一定的秩序。邓小平所强调的"发展是硬道理"和今天倡导"科学发展观",从最根本的意义上恰恰符合中国传统文化对秩序和优先的理解。因为精神生活、个人的权力和利益、社会的公正和平等、政治民主等等其实都需要以经济为基础①。当中国在经济发展上已经取得显著进展并为实现其他价值创造一定条件和可能的情况下,政治民主和公平正义才具有现实的可操作性。改革开放以来的实践也充分证实了这一点。东方国家似乎都走过这样一个过程:立足自身实际,用一种比较集权的方式,先打造一种秩序,推动经济发展,然后再利用这种秩序朝着民主制方向发展。孙中山将社会革命与政治革命毕其功于一役的想法因此是天真的,欲速则不达。怎样把握经济发展,个人自由,社会正义和政治民主等各个方面的度和优先顺序,根据时间和情况的变化,哪一个方面重一点,哪一个方面轻一点,也没有一定的格式,不能到处搬用。这些来自中国特色社会主义实践的经验和理性,离不开中国传统文化及其思维方式的优势。

随着改革开放的不断推进,现代性本身的一些弱点和弊病也暴露出来,道德主义的谴责日渐增多,恢复朴素生活方式的情感需要也日益迫切。中国传统文化经世致用的一面又十分清醒地提醒我们:伦理价值、心性修养确实具有独立的价值,道德精神可以照亮世俗生活,对整个人类的发展也极有价值,但这些价值不是用来否定中国式现代化所取得的成绩、所创造的实现幸福生活的重要物质条件,而是成功运用到政治哲学上,走出一条不是那么冷冰冰的中国道路,真正实现"有情宇宙观和无情辩证法"合一的价值目标②。中国传统文化在马克思主义中国化的过程中会根据实际需要顺势转化。重视实践,尊重历史,顺应现代化的理念,又探索出新的形式,慢慢实现创造性的转化,这也正是中国传统文化的现代化所追求的目标。这个目标的实现,不是依靠复古主义和国粹主

---

① "关于后发外生型现代化国家在政治、经济、文化发展上的推进顺序",可参见罗荣渠《现代化新论》,北京大学出版社,1993版和罗荣渠:《现代化新论续编》,北京大学出版社,1997年版。

② 《李泽厚近年答问录》,天津社会科学院出版社,2006年版,第29页。

义。因为中国社会发展总体来说已走上了现代化之路，这个现代化确实是从西方引进的，社会存在和日常生活的现代化已是中国的客观事实，这个"西体"不像有些人说的那样，是什么虚无缥缈的中国精神、文化传统。今天中国式的现代化建设不能以人情、乡情、报国之情为基础，还是以契约为基础，以竞争为条件，以效率为原则，只有在这个基础上才讲人情、讲公平。如果以人情为主，契约、效率等为次就错了。我们提倡现代意义上的协商和调解，但毕竟要建立在法治基础上，主次应当分明。我们依然要系统学习西方的管理体制，所谓理无可恕，情有可原，正是从这个意义上才能说得通。中国文化中的实用理性也应该是在理的基础上讲情，这样才能走出一条既不是过去的计划经济，也不是资本主义，而是中国自己的道路，创造出比传统中国和外国更加合情合理的社会。

另一方面，中国传统文化又历来重视内心修养，重视崇高理想，重视虽面有菜色而抚琴高歌的君子品格，这一品格与中国式现代化进程中始终伴随的社会主义理想相契合。马克思当年没有设想过社会主义，只是将其作为共产主义的一个过渡阶段，认为这个阶段仍有共产主义法权。即使如此，社会主义仍然可以作为一种在社会生产力高度发达基础上产生的比资本主义有更大公正、平等、自由、民主，对弱势群体有更多的关注和照顾，有由国家或政府适当调节各种收入等相当宽泛的社会理想和具体方法来理解、提倡和实行，这对实践中走上社会主义道路的国家和人民将具有长久意义和现实价值。其实在中国也正是怀有共产主义理想和共同富裕观念的中国共产党集中力量和有效管理，包括过去的群众路线、两个积极性（中央和地方）、全国一盘棋、统筹兼顾和今天的科学发展、和谐社会等等经验和观念，对开拓中国式现代化道路起到非常重要的作用。中国传统文化中高悬理想的一面可以承接社会主义建设中一些值得汲取和发展的具体经验和因素，更加自由、健康地中国式地去实践和发展市场经济。这样既有效保存社会主义的理想性质，并用于范导指引市场经济发展，寻找正确的经验的中介环节，又能创造一条现实的具体的由成功经验所不断支撑的新路，也就是不断发展和完善的社会主义市场经济，并区别和优越于资本主义。由此可见,社会主义作为高度物质生产基础上比较公平的理想,在中国传统文化现代化的基础上仍然能坚持并发展,也就是说在中国传统文化现代化进程中,社会主义将具有更多伦理和哲学的含义①。

中国文化具有准宗教的信仰和理想,"天下一家","四海之内皆兄弟也"是中国人对整个世界的远景眺望。今天中国现代化正日益与世界紧密联系,中国有责任为自己同时也就是为人类寻找一条和平、安康、富裕、幸福的道路。看起来这样的大同理想难免书生清谈,但为中国现代化寻找一个有理想和信仰的人类远景,不会没有意义。一方面,强调中国要走出一条中国自己的道路,不必亦步亦趋模仿美国;但另一方面儒家大同和马克思主义又都是从人类角度着眼。如能走出这条中国道路,那正是可供别人参考的,是对人类的贡献。因为只是强调国情、强调传统,以所谓多元主义或文化相对主义来突出民族,忽视或否认人类共同的价值追求和基本原理,恰恰对中国发展不利。

三、马克思主义中国化与中国传统文化现代化的互动融合

马克思主义中国化和中国传统文化现代化实际上是中国特色社会主义现代化事业推进过程中的一体两面,两者的互动融合构成中国特色社会主义文化最基本的特征。如何正确认识这个特征,把握中国特色;如何深化这个特征,优化中国特色,将是今后较长一段时间内广大理论工作者的使命和责任。

1. 中国传统文化与马克思主义中国化的内在契合

马克思主义中国化能否成功,有一个前提:马克思主义与中国传统文化能否"兼容"并从中找到生长点。从理论上说,马克思主义与中国传统文化,尤其是儒家文化有许多相似、契合之处②。

---

① 参见《李泽厚近年答问录》"关于马克思主义的理论及其他"部分或《马克思主义在中国》,香港明报出版社,2006年版。

② 参见孙美堂:《马克思主义哲学中国化的价值路径初探》,《马克思主义研究》,2007年第4期;刘力波:《文化视域中的马克思主义中国化》(博士论文)。

从社会理想层面上看，《礼记·礼运》篇的大同理想，以"天下为公"为基本原则和根本特征，与马克思对共产主义社会的远景设想多有类似之处。在中国历史上，从《春秋》公羊学的"三世说"、老子的小国寡民、孟子的"仁政"学说、墨子的兼爱尚同，直到近世洪秀全的"人间天国"、康有为的"大同世界"、孙中山的"三民主义"等思想，都体现出对大同社会理想的渴求。伴随这种社会理想，均平共富思想不绝如缕，并逐渐内化为人伦日常。当然，"大同"理想是一种建立在自然经济基础上的乌托邦式的远景，认识不到理想的实现需要遵循社会发展的客观规律，也找不到其实现的正确道路和动力所在，它与建立在高度发达的大生产基础上，通过对人类社会发展规律的科学揭示和把握而提出的共产主义理想是有本质区别的。但客观上它确实与科学社会主义对人人平等，没有阶级，没有剥削，财产公有，按需分配的共产主义社会的设想，有众多的相似、相通之处。因此，马克思主义一经传入中国，就给人以似曾相识的文化亲切感，无形中也加速了知识分子和人民群众对马克思主义的接纳。

从思维方式的角度去看，中华民族有着悠久而在独具特色的辩证法传统。"一阴一阳谓之道"、"反者道之动"、"有无相生，难易相成，长短相形，高下相倾"、"祸兮福之所倚，福兮祸之所伏"，讲究相反相成、一分为二、合二而一、阴阳变化，这些见解逐渐渗透到社会、历史、道德、政治、军事等各个领域，成为中华民族思考事物运动变化和发展的思维方式。马克思主义哲学与中国哲学中的辩证法也是相通的。对立统一思想是马克思主义哲学的重要观点和方法论原则，列宁把它理解为唯物辩证法的实质和核心。马克思主义主张普遍联系的有机整体观，中国哲学更是承认万事万物的整体联系；马克思主义承认事物的运动、发展、变化，承认事物内在的矛盾运动以及由此导致的新陈代谢，中国哲学亦承认事物的氤氲和合，五行相生相克，以及由此导致的新陈代谢和大化流行。中国传统的辩证思维构成了马克思主义在中国传播的重要文化基础，也为中华民族接受唯物辩证法架起了思想桥梁。中国共产党人正是立足于实际，在中国革命和建设的实践中，有效的利用传统文化资源,剔除其非科学因素,吸收其合理内容,创造性地发展了马克思主义的辩证法,取得了马克思主义中国化的一系列成果。

从人生境界和价值追求的角度去看,中国传统文化尤其是儒家提倡以群体为本位,着眼于整体利益,重义轻利。在处理人际关系上主张相亲相爱,以保持人际和谐。与此相关,在个人与民族国家的关系上,中国自古以来就形成了以关心社稷民生、维护民族独立和继承中华文化为基本内容的爱国主义传统。这种人生境界和价值追求虽然也有其局限,但主张个人利益服从群体利益,个人独立人格与高度的社会义务感和历史责任感相统一,与社会主义集体主义人生价值观具有相似、相通之处。马克思主义主张社会本位,认为人的本质是一切社会关系的总和,人的需要是社会实践的产物,任何个人都不能脱离一定的社会关系和联系而存在。中国共产党人正是在把握这种文化契合的基础上,在马克思主义的指导下,将个人利益与集体利益结合起来,并确立了国家利益、集体利益、个人利益的"三兼顾"原则,丰富发展了社会主义的人生价值观。

此外,马克思主义主张群众史观,认为历史是由那些促使整个的民族、整个的阶级行动起来的重大持久的动机促成的。每个人都参与历史活动,而他们行为的总的结果就构成历史的"合力",这个"合力"代表了历史运动的方向。这一观点与儒家的"民本"思想也有相通之处。儒家提倡仁政,主张"民贵君轻",以民为本。

2. 马克思主义中国化对中国传统文化的现代塑造

在马克思主义中国化的实践中,中国传统文化现代化的两难困境得以化解。与世界上后起的民族国家一样,中国的现代化曾面临这样的尴尬:为了本民族国家的生存和发展,需要学习甚至移植西方的文化(包括学问制度),但这种移植又好像在受屈辱,因为它是西学,与本土文化直接相对。而马克思主义中国化使后起的中国现代化摆脱了文化上的尴尬①。作为文化建制上的社会科学,

---

① 刘小枫:《拣尽寒枝》,华夏出版社,2007年版,第16—17页。

隐含着两个困难,一个是特殊对象与普遍知识原则的矛盾,另一个是经验理性与政治利益的矛盾①。而马克思主义——列宁主义——毛泽东思想作为一种社会科学的形态既普遍又特殊,并能将经验理性与政治取向最佳地结合起来。掌握了这样一种文化和意识形态的国家才可能在心理上重拾自信,并对中国传统文化的现代塑造产生积极影响。马克思主义中国化不断为中国文化注入现代性的同时又规避了西化,走上了符合中国国情,具有中国特色的现代化之路,也为中华民族继承和弘扬民族精神开辟了道路。在马克思主义指导下,不仅"从孔夫子到孙中山,我们应当给以总结,承继这一份珍贵的遗产"②,而且"一切民族、一切国家的长处都要学"③,以"取其精华、去其糟粕、去粗取精、去伪存真"的精神,做到"古为今用,洋为中用",立足当下向前看,走出一条综合创新的文化发展之路。

在马克思主义中国化的实践中,中国传统文化在不舍弃心性修养的同时不断朝着经世致用的方向发展,把我们民族文化心理中的务实、理性、乐观等等已经成为习焉不察的东西充分地激发出来。在中国与现代化的世界已有如此紧密联系的今天,中国传统文化的发展事实上也不应该还只是一个纯粹理论建构的"明道"问题,而是在高度关注现实的过程中有所总结,并找到中国传统文化转化性创造的形与神。

在马克思主义中国化的第一次历史性飞跃中,以毛泽东为核心的党的第一代领导集体以马克思主义为指导,开启了中华民族精神从自在到自为的发展阶段的转变,并结合中国革命和建设的实际以及中国文化发展的要求,从不同层面对中华民族刚健有为、自强不息的弘扬和培育做出了贡献。马克思主义成为弘扬民族精神的指导思想;中华民族的精神品格被赋予时代性和阶级性内涵,实事求是、群众路线、独立自主熔铸和提升民族精神。当然马克思

---

① 华勒斯坦(Wallerstein)等:《开放社会科学》,刘锋译,三联书店,1997年版。
② 毛泽东:《中国共产党在民族战争中的地位》,《毛泽东选集》第2卷,人民出版社,1991年版,第534页。
③ 毛泽东:《论十大关系》,《毛泽东文集》第7卷,人民出版社,1991年版,第41页。

主义中国化对中国传统文化的现代塑造并非简单移植和修正延续。陈晋在《毛泽东的文化性格》中就曾强调:"当毛泽东在马克思主义范畴中思考现实问题时,他那意识深处的传统智慧和行为方式往往得到淋漓尽致的发挥;当他怀着伟大的民族感情一意要在尽可能短的时间内改造中国社会使之强大起来时,他确实又在自觉地同某些传统的价值观念实行'决裂',并一意遵奉马克思主义提供的思想武器和社会目标。"①

在马克思主义中国化的第二次历史性飞跃中,以邓小平为核心的党的第二代领导集体,通过解放思想,实事求是,坚持了毛泽东思想的指导地位,并赋予马克思主义中国化崭新的时代内容,创立了邓小平理论。邓小平同志求真务实的实践风格,给国内外留下十分鲜明的印象,在晚年他发表了一个非常意味深长的结论:"我们讲了一辈子马克思主义,其实马克思主义并不玄奥。马克思主义是很朴实的东西,很朴实的道理。"②邓小平坚信马克思主义是生活实践的道理,把马克思主义的精髓理解为实事求是的真理,他强调要按照马克思主义的方式来学习马克思主义,求真务实,讲求实效。所以,内容重于形式,手段服从目的③。邓小平理论及其风格强化了中国传统文化经世致用、务实乐观的一面。"三个面向"为中国传统文化现代化提供了开放的思路,"四有新人"为中国传统文化现代化提供了明确目标。解放思想、实事求是进一步强化了革故鼎新、理性务实的文化精神。

在马克思主义中国化的新阶段,中国共产党人坚持以马克思主义、毛泽东思想、邓小平理论为指导,结合新的时代特征和历史任务,创立并正在丰富发展着"三个代表"重要思想、科学发展观等一系列理论成果,对中国传统文化现代化,提升国家文化软实力产生了积极影响,针对弘扬和培育中华民族精神的具体途径和方法提出了要求——纳入国民教育全过程和精神文明建设全过程④。

---

① 陈晋:《毛泽东的文化性格》,中国青年出版社,1991年版,第166—167页。

② 《邓小平文选》第3卷,人民出版社,1994年版,第382页。

③ 李德顺:《邓小平人民主体价值观思想研究》,北京出版社,2004年版,第275—283页。

④ 参见刘力波博士论文《文化视域中的马克思主义中国化》第四部分。

3. 马克思主义中国化与中国传统文化的互动融合

马克思主义中国化的过程也就是马克思主义经过改造，不断融化在中国文化中。中国的马克思主义与中国传统文化——即生活方式、人生理想、价值观念、情感态度以及中国特有的人情世故等，在不断交错融合中组成中国的现代性。

马克思主义作为中西两元对立的解决方案和出路选择，已经成为今天中国的意识形态，也获得了当仁不让的文化身份。不仅引导中国社会摆脱殖民主义体系并赢得民族国家的建立，而且在30年的改革开放进程中，促使中国获得少有的经济进步和国家繁荣。所谓中国式现代化，我想应当正视这样一个基本事实。而中国特色社会主义文化，也离不开对马克思主义中国化及其创新成果的理论概括和升华。它是外来思潮在中国本土文化开花结果的合法依据。

中国传统文化现代化的过程也就是不断吸收马克思主义中国化的成果并实现转化性创造的过程。马克思对资本主义生产关系本质的揭示，对人的本质和人的解放的分析，对未来共产主义社会的远景展望，马克思主义的历史观、方法论和人民主体的价值取向也已不断强化中国传统文化的社会关怀、大同理想和伦理追求，"内圣"的心性修养转化为对生活意义和人生境界的追求，"外王"的入世关怀融入经济社会政治体制的建构。

马克思主义中国化和中国传统文化现代化的互动融合，无论在理论还是实践上，都不是简单相加，而是通过民族形式来实现马克思主义，赋予其普遍原理一种新鲜活泼的，并为老百姓喜闻乐见的中国作风和中国气派；是把中国历史和现实中的一些特殊规律上升到马克思主义普遍原理的高度来说明和发挥；是在两种文化的交合作用下，总结出一套关于中国问题的过去、现实与未来及其改造途径的理论体系和实践形态。它既不是原封不动的马克思主义，也不是传统文化的简单复归。[1]

马克思主义中国化与中国传统文化的互动融合将是一个不断

---

[1]　陈晋：《毛泽东的文化性格》，中国青年出版社，1991年版，第169页。

不尽的过程。在此过程中中国特色社会主义文化的形态和面貌将越来越清晰。坚持中国特色,优化中国特色,就应该继续走马克思主义中国化与中国传统文化现代化的互动互化之路。既用马克思主义创新中国传统文化,又用传统文化的现代化实践创新马克思主义;既使中国传统文化现代化成为马克思主义中国化的重要任务,又使马克思主义中国化成为中国传统文化现代化的题中应有之义。使马克思主义具有中国性格、中国气象、中国风韵;使中国传统文化真正获得其现代形态。

专题四　和谐哲学及其辩证思维

一、辩证认识"斗争哲学"

建设社会主义和谐社会已经成为中国共产党一个重要的执政理念,也正逐步成为广大人民群众乐意接受的一种价值观念。其实,从更深广的视野去看,和谐还是一种哲学思考方式。这种思考方式不是一味追求绝对的、无差别的统一,而是善于在不同主体的利益、需要、能力、条件等方面寻找相互关联的"共同点"和"交叉面"。"寻求共同点"也是处理多元矛盾和冲突,形成统一意志或一致意见的一条基本途径。

社会主义和谐社会的观念与早期中国共产党人的奋斗目标从最终的意义上说并不矛盾。在早年马克思主义的传播中,李大钊先生实际上十分强调"大同团结"的重要性,他在一开始介绍马克思主义阶级斗争学说的同时,特别着重宣传克鲁泡特金的"互助论"。他以"互助"、"协合"、"友谊"、"人道"、"改造人类精神"作为改造社会组织的互补剂和双行道,使社会主义革命和斗争具有某种伦理性质,并且将这种双行和互补建立在下层人民的劳动基础上[①]。阶级斗争与劳

---

① 《李大钊选集》,人民出版社,1978 年版,第 194 页,转引自李泽厚:《中国现代思想史论》,第 159 页。

动基础上的互助合作相结合，这才是李大钊所理解和宣传的马克思主义。不仅如此，早期中国共产党的所有革命活动，最终目的就是完成拯救中国于危难的重任，走向"大同团结"。

但是在学界和普通大众的印象中，早期中国共产党的活动更多地与斗争哲学联系在一起，而斗争哲学的名声实在不怎么样，何以如此？笔者认为要实事求是地进行历史分析。为实现"大同团结"理想而付出最大牺牲的是无数共产党员，承认这一点就意味着要把斗争哲学曾经有的历史合理性和运用不当产生的灾难性后果加以合理区分，还意味着要在革命和建设的双重意义上认识马克思主义，发展马克思主义，为今天和谐社会的建设奠定扎实的理论基础。

说到斗争哲学，就不得不谈及青年毛泽东的哲学思想、早期马克思主义在中国的传播以及中国共产党诞生时的社会背景。从毛泽东青年时期的《讲堂录》(1914—1915)、《伦理学原理批语》(1917—1918)或《体育之研究》(1919)等来看，"动"、"斗"是他的核心哲学观念：

> 人者，动物也，则动尚矣。……动以营生也，此浅言之也；动以卫国也，此大言之也；皆非本义。动也者，盖养乎吾生、乐乎吾心而已。……愚拙之见，天地盖惟有动而已[①]。

言下之意，"动"是天地身心的本性，并非为某种外在目的而服务；"动"还是豪杰之士的人格之源，一切外在的束缚、阻碍都被和应被这"动"的本性所排除和摧毁。正因为认定"动"是宇宙本性和人格本性，所以一方面应注意任何现象、事物、对象的变化性、相对性和二重性，另一方面强调自我主体的活动性和斗争性。青年毛泽东对动乱、差异、对立、冲突持完全肯定的态度，认为无抵抗则无动力，无阻碍则无幸福乃至真之理，至彻之言。他强调运动、对立、

---

① 毛泽东：《体育之研究》，《新青年》，1917 年 4 月，转引自李泽厚：《中国现代思想史论》，第 124 页。

冲突、斗争，以此作为宇宙规律，强调斗争不会因任何原故而削减，它将永恒存在，所以是普遍规律，而这种运动、斗争实际上又是由自我设定、自我觉察、自我实现的。这种哲学观以不断运动、顽强奋斗、克服"抵抗"、实现自我为人生至乐。我们可以称之为"力行哲学"，也可以称之为"斗争哲学"。它贯穿着青年毛泽东思想和行为的始终，也是他经过深思熟虑的自觉意识和理论主张，更是身体力行、锤炼意志的行动指南。但是应当引起注意的是，这种"动"、"斗"的哲学观在青年毛泽东那里不只是心灵性、精神性的活动，而是身心俱往的，包括体魄性的活动：

> 欲文明其精神，先自野蛮其体魄，苟野蛮其体魄矣，则文明其精神随之……体全则而知识之事以全①。

其实，明清以来掀起的人性解放运动中已经出现了李贽、袁宏道、汤显祖等一批"一世不可余，余亦不可一世"的人物，而且在强调运动、斗争、相对性和自我精神、意志等方面，青年毛泽东的思想与当时许多人大体相同，与中西好多哲学家相比，也无特殊之处，甚至连表述思想的某些语言也脱胎于谭嗣同的《仁学》。只有看重体魄活动这一点，还别具特色。"自信人生二百年，会当击水三千里"不复是读书人一般的豪言壮语和潇洒文辞，而是具有体力活动的实在根基，凝聚着意志成果和人生愉悦的思想表述和自我志向②。总之，在青年毛泽东的哲学思想中，运动、斗争是身心存在的第一需要。这与"天行健，君子以自强不息"也有些许相通之处。

一个伟人哲学思想的形成和发展不会无缘无故，它与时代的需要、主客观条件紧密联系在一起。马克思主义在中国早期传播也许就是一个重要因素。毛泽东在 1949 年总结中国革命历史并宣布基本国策的《论人民民主专政》一文中说："十月革命一声炮响，给我们送来了马克思列宁主义。"这可谓相当准确的概括。马克思

---

① 毛泽东：《体育之研究》，《新青年》，1917 年 4 月。

② 李泽厚：《中国现代思想史论》，东方出版社，1987 年，第 128 页。

主义在中国的早期传播,确实与十月革命和列宁主义紧密联系在一起,中国当时一部分知识分子也确实是把这三者相提并论的。他们所欢迎、接受、传播、信仰的马克思主义实际上是没有一个所谓的理论准备阶段的。这与俄国曾经经过普列汉诺夫等人的多年介绍、翻译、研究、宣传马克思主义的情况是很不相同的。也就是说,马克思主义在中国,一开始就是作为指导当前行动的直接指南而被接受、理解和运用的。马克思主义在中国的第一天所展现的便是这种革命实践品格。

当然,马克思主义的内容其实非常丰富,涵盖的领域也相当广泛,但由于当时中国的资本主义刚刚起步,无产阶级也非常薄弱,连可以进行宣传鼓动的厂矿企业都少得可怜,虽然李大钊、陈独秀等人介绍马克思主义时都要介绍剩余价值学说,但仔细阅读当时的文献就能发现,他们介绍的重点,真正进入接受者头脑和心灵并直接影响其实际行动的,更多的是马克思主义的唯物史观,尤其是阶级斗争学说。而李大钊、陈独秀所接受的唯物史观与阶级斗争学说又与列宁坚决反对第二国际的议会道路直接联系在一起。不走社会民主党的和平道路,而走俄国布尔什维克的暴力革命道路,成为早期马克思主义者对中国现实斗争道路的自然又必然的选择。而且也决定了他们所接受和理解的唯物史观总是与激烈的阶级斗争紧密联系在一起,用李大钊的话来说,马克思关于过去(历史观)现在(经济学)未来(社会主义)的理论,都由阶级斗争这一条金线联络起来[1]。总之,马克思主义在中国的早期传播,主要是以其唯物史观中的阶级斗争学说为主要内容的,它也是这样被许多中国知识分子接受、理解和奉行的。"阶级斗争,一些阶级胜利了,一些阶级消灭了。这就是历史,这就是几千年的文明史。拿这个观点解释历史的就叫做历史唯物主义,站在这个观点的反面的是历史的唯心主义。"[2]这样斩钉截铁的论断如果与早期马克思主义传播史联系起来思考,就不会觉得是空穴来风了。这恐怕是一个

---

[1] 李大钊:《我的马克思主义观》,《李大钊选集》,人民出版社,1978年版,第177页。

[2] 《毛泽东选集》,第1376页。

不可忽视的历史事实。应当正视这样的历史事实。这些话虽然不能充分概括中国马克思主义者甚至毛泽东本人对唯物史观的全部看法，因为阶级斗争并不直接等于唯物史观，唯物史观也远不只是阶级斗争，但阶级斗争作为唯物史观的一个重要的基本内容，数十年来对中国的革命知识分子来说确实具有关键性意义。共产主义作为唯物史观的未来图景，提供的只是革命的理想和信念，阶级斗争作为唯物史观的现实描述，才既是革命的依据，又是革命的手段和途径，于是它就成了马克思主义在中国最根本的理论学说和观念。

中国共产党正是在这样的马克思主义理论背景下建立的。建党是列宁主义的基本学说。以职业革命家为主体、有严格组织和铁的纪律的中国共产党组织在北京、上海、长沙等地相继成立，先后召开第一次、第二次全国代表大会，开始领导组织工人进行斗争。紧张的政治局势和严峻的民族救亡斗争使得早年的中国共产党在主客观上很少能有足够的条件来进行深入的理论思考，只能把主要的时间和精力，集中在必要的斗争实践中。这是马克思主义的实践性和革命性在当时的具体体现。在日益紧张的社会斗争和阶级斗争中，在日益加剧的日本帝国主义侵略形势下，中国共产党对革命状况和政治斗争的分析论证，具有比其他理论学说更有说服力的深刻性。这也正是他们运用马克思主义即唯物史观和阶级斗争学说来研究实际生活的结果。由此看来，中国接受马克思主义，中国共产党的诞生和发展，中国的道路和命运确实并非偶然，它并不完全取决于个别人的意志和倾向。

英国著名的左派史家艾瑞克·霍布斯鲍姆曾经在分析 1789 和 1848 年欧洲双元革命时肯定了革命和斗争在非常时期所具有的历史合理性，他指出：在旧势力和新生的资产阶级社会之间存在潜在的冲突，这种冲突不可能在现存的政治体制框架内得到解决，当然像英国这种资产阶级已经赢得巨大胜利的地方除外。旧制度受到来自三个方面的压力，即新生的力量，越来越顽固不化的既得利益集团，以及外国竞争对手。这三方面的压力使得旧体制变得更加脆弱。在西欧和中欧，使封建土地关系在各处都得以废除的的确是法国大革命

(通过直接行动、反作用或树立榜样)和 1848 年革命[①]。

只有清醒地意识到这一点，才能实事求是地肯定斗争哲学在一定历史阶段所具有的重要价值，崇敬无数为最终实现大同理想而献身的革命先烈。也才能在今后的实践中避免它带来的缺陷和弊病，从而才能更自觉地理解和掌握马克思主义。也只有从这样的历史渊源出发，我们才能理解，中国化的马克思主义，其辩证法和认识论不是思辨的纯粹理性，也不是静观描述，而是直接立足于也运用于实践的活生生的理论。

二、科学分析"和谐哲学"

在一定条件下具有历史合理性的斗争哲学如果不适当地夸大、扭曲、变形，那么就会造成灾难性的后果，给党和国家的事业蒙上阴影。事实上，早期中国共产党人运用的斗争哲学在建国以后到"文化大革命"的一段时期内被不同程度地放大了，以 1957 年为转折点，片面强调政治挂帅和阶级觉悟，强调要用阶级和阶级斗争的观点，用阶级分析的方法去看待一切、分析一切，终于酿成大祸。在抗日战争中，以毛泽东的《新民主主义论》为理论基础的中国共产党曾明确提出过建立一个新民主主义新中国的纲领，这个新民主主义在经济上允许资本主义存在和适当发展，在农村实行"耕者有其田"，政治上实行真正普遍平等的选举制，文化则是"民族的、科学的、大众的"。可惜在扩大和扭曲了的斗争哲学的作用下，在生产关系的不断革命中，这样的设想根本无法实现。学术界和民众对斗争哲学的诸多非议概在于此。但是我们不能因为扭曲和扩大的斗争哲学所造成的恶果而否定它曾经起过的重要作用和所具有的历史合理性。值得思考的倒是，斗争哲学的扩大和扭曲都是以马克思主义的名义进行的。如果到目前为止，我们还误以为马克思主义只是革命的理论、批判的理论，那就太危险了。站在今天的认识水平上，似乎应该明确：革命理论、阶级斗争只是马克思主义理论的一个方面，尽管曾经是主要和基本的方面。但无论如何，

[①] 艾瑞克·霍布斯鲍姆：《革命的年代》，江苏人民出版社，1999 年版，第 27—28 页。

阶级、阶级斗争、革命总体来说都只和一定的历史阶段相联系。在漫长的人类历史上，它毕竟是比较短暂的现象。不能天天革命，岁岁战争。阶级斗争不能年年讲月月讲天天讲。如果认为坚持和发展马克思主义，就是坚持和发展批判、革命，老是不断革命，这就要走向反面①。马克思主义不仅是革命的哲学，更是面向现实、重在建设的哲学。建设对整个人类来说是更为长期、基础和主要的事情。邓小平理论、"三个代表"重要思想和科学发展观正是从建设的角度丰富和发展马克思主义的。

经历过急风暴雨式的阶级斗争以后，我们转入以现代化建设为中心、以人民内部矛盾为主要矛盾的社会主义新时期。党的十六大提出小康社会的奋斗目标，十六届四中全会倡导和谐社会的理想，十七大以来贯彻落实科学发展观，都是对新时期中国特色社会主义理论的新探索，是对重在建设的马克思主义理论的创新。这是马克思主义发展史和共产主义运动史上具有重大意义的思考方式的改变，也是中国式现代化路径的合理调整。和谐哲学总体上代替斗争哲学，成为我们党改革开放以来执政为民的新思路。但是话说回来，为了专心致志地从事社会主义现代化建设，我们还必须对一些蓄意在人民中间、在党群之间制造分裂和冲突的势力保持高度警惕，必要时进行坚决斗争。因为和谐哲学总体上代替斗争哲学，并不意味着我们目前的现代化建设中就没有尖锐的矛盾和冲突。农民大量失地的问题，城市拆迁中的利益补偿问题，引进外资的质量和数量反差问题，国外敌对势力渗透与破坏问题等等都是新的历史条件下碰到的新难题，这些领域引发的矛盾处理不当，照样会造成不和谐的社会环境。用和谐哲学的思维方式取代斗争哲学，实际上更多强调的是工作方式方法的转变，目的是为了更好地为人民服务，实现我们党"立党为公，执政为民"的誓言。从这个意义上说，和谐哲学与斗争哲学不是非此即彼的两极。

从学理的角度分析，和谐哲学实际上可以分为两种，一种是相容式的，呈现为"对立而又不对抗"的和谐观：一方面看到宇宙中各

---

① 李泽厚：《中国现代思想史论》，第 207 页。

种不同事物和因素的异质性,另一方面又以"相反相成"认定"一阴一阳之为道"。相成即不同因素的和谐,相济即对立因素的和谐。另一种是不相容式的。西方古代哲学家赫拉克里特在对和谐的理解上就提出了不同于毕达哥拉斯的看法,他说:"互相排斥的东西结合在一起,不同的音调造成最美的和谐,一切都是斗争所产生的。"对立——斗争——和谐,这才是赫拉克里特的公式,他的和谐是冲突的、动态的。着眼于对立又不对抗的和谐,更注重协调和保存;着眼于对立面的斗争,更注重否定和新生。无论哪一种情况,我们都不难发现,和谐哲学总是与达到和谐的手段和方式包括斗争联系在一起。和谐哲学自有其内在的辩证法。所以严格来说,和谐哲学与斗争哲学并非不相干的两种思考问题的方式,而是可以相得益彰的。

从纯粹手段的角度去分析,和谐与斗争都可以用来解决矛盾和冲突。究竟选择什么样的手段取决于矛盾的性质、时代的需要和主客观条件的限制。中国共产党从诞生、发展成熟到执政兴国,经历了各种各样复杂的历史处境,在不同的阶段采取了不同的解决矛盾的方式。如果说过去革命战争年代主要解决对抗性的敌我矛盾,特别要强调对立面的斗争的话,今天在和平建设的年代主要解决非对抗性的矛盾,包括大量的经济建设中的矛盾、人民内部矛盾,以及和世界各国建立正常关系中的矛盾,在这种条件下,和谐的方式、动态平衡的矛盾解决方法更显出其重要的意义。我们不能简单的以今天的选择否定昨天的取舍,更不能以今天的评价标准随意臧否当年的相对真理。是和风细雨还是急风暴雨,是和谐还是斗争,不能仅从方式本身去判断好坏。

有时候主体解决矛盾的方式和手段的改变有一定的被动性,远不如人们想象的那样主观。过去我们往往把人类历史的发展过程看成是一个阶级反对和推翻另一个阶级,一个社会代替另一个社会的对抗过程,也容易把急风暴雨式的斗争看成解决问题的主要方式。但是,在不同国家的经济相互渗透又相互竞争的全球化背景下,人类社会客观上有了新的发展特点,即多种文明和多种社会制度的共存。这不是说没有斗争,而是斗争有了新的形式,即竞争和比较,必须通过取长补短、求同存异,通过长期共存来发展自己。于是,时代和环境逼着你作出认识上的调整和工作方式上的变更,是不得不为之,积极应对当然会主动一些,但客观事实的力量恐怕更为巨大,用马斯洛的话来说就是"事实要求应该"。许多历史认识的逐步完善也许就是在这样的情况下完成的。必须承认对真理的认识有一个过程,事实的显现也有一个过程,而我们每个人都是时代之子。

从目的与手段关系的角度去分析,和谐是目的,斗争是手段。为了达到未来的和谐,有时不得不进行现时的斗争,为了实现和谐的理想,有时不得不暂时放弃这个理想。这就是理论和实践的辩证法。但是无论如何,对手段的评价和选择,要以目的为标准和依据,也就是让手段为目的服务,用目的来检验手段。抱有不正当目的的人,必定会采取不正当的手段;而抱有正当目的的人,即使有时采取激烈的手段,他自己也能加以改正和弥补,这就是目的对手段有决定性和约束力的表现。中国共产党在自身的发展中就存在一个目的对手段的纠错机制。在带领中国人民进行社会主义现代化建设的探索过程中,难免失误和曲折,有时在手段的使用上也会存在这样那样的偏差,甚至造成严重的后果。但是常常在历史的关键时刻,因为事业的正义性,我们党没有偏离正确的轨道,而能够揭露自己的缺点和不足,正视自己的错误,并努力改正错误。正是这样一种自我认识和自我超越使我们党得到人民群众的肯定和拥护。反过来说,假如执政党的目的偏离"为人民服务"的宗旨,偏离和谐美好的社会理想,那么它采用的斗争方式就有可能损害人民利益。总之,手段是目的的镜子,在选择手段上出现的问题,归根到底要从目的上找差距。过多地限制和挑剔手段(包括斗争这样一种不得已的手段),对不正当目的的行为来说,只能治标,不能治本;对于正当目的的行为来说,则会使人过于拘谨,畏首畏尾,思想僵化,无法开拓新局面。

只要我们党制定的和谐社会的大目标、大方向是明确的,那就要相信"血管里流的是血,水管里流的是水",敢于放开手脚,不拘一格,选取最优手段,建成最新、最美的生活大厦。而斗争只不过是其中一种比较特殊的手段和方式。

从思维本身的辩证法出发,我们还应当走出和谐哲学与斗争哲学两极思维的误区。和谐与斗争是紧密联系在一起的两个范畴,非此即彼的思维方式要不得。不是"好得很"就一定是"糟得很"? 不是"健康"的就一定是"有害"的? 不是善就是恶? 不是美就是丑? 不是和谐就一定斗得你死我活? 其实,两极相通,不能把矛盾的解决方式看得过于简单化。在和谐与斗争这样两个范畴的中间地带,还存在着许多看似"中庸"的形态。不是非常的和谐,但还相安无事,所谓和而不同,也许就是这样的状态。别人的不同意见,不同的处世方式,听得进去,看得下去,还能平等待之,尽量学会共处,这就是很不容易的做人处世方式。当然,别人的意见和方式不一定对,但我尊重你的观点,尊重你对问题的探索,所以才可以和。和不等于同,和不等于没有自己的原则、立场和想法,而且我们可以发现真正能和为贵的人,其想法和做法很可能是与和者有别的,但他有容人的宽广胸怀,有和的气度,和而不同因此是很高的境界。反过来,同而不和的"斗争味"就稍稍浓一些。风闻别人也许比较前卫的观点就马上引为同道,甚至俯首称臣。积极赞同的背后是否有内心真实的思想支撑? 盲目求同存异,到头来就一定是和? 事实证明,那些虚情假意随便抛掷"坚决支持"词汇的人往往成为潜在的冲突乃至斗争的肇事者和积极参与者。和谐是一团永恒的活火,必将把对立面斗争的具体方式包括进去,而斗争本身也有一个方式方法和艺术问题,所以我们对和谐哲学与斗争哲学及其关系的理解不能"一根筋"。和谐社会理想的实现离不开某些领域斗争方式的运用,而斗争手段真正要起作用,又必须以和谐美好的社会目标为基础。不能把和谐与斗争人为地割裂开来,更不能把它们当作事物或社会两种不相关的状态,而要以整体和辩证的思维将它们看作事物发展过程中的相关环节。只有这样,我们才能既避免失去理性疯狂的"革命运动",又避免一潭死水式的单一生活。也只有坚持这样的辩证思维,我们党所倡导的和谐社会理想才能真正实现。

专题五　基本经验及发展前景

一、改革开放以来党的意识形态建设的历史进程

1. 从稳妥为重到适时调整

改革开放三十多年的历史进程其实是和整个 20 世纪的历史紧密联系在一起的,民族救亡、社会主义建设和改革开放是历史长链中环环相扣的关节点。在此过程中,制定正确的意识形态策略一直是我们党十分重要的任务。

革命战争时期,党的意识形态的确立经过了很长时期的反复和斗争。当时的中国究竟是怎样的社会? 中国革命的动力从哪里来? 革命的目标又是什么? 应该采取什么样的策略? 所有这些问题,曾经有着根本的分歧。我们党是在经历了反对陈独秀、王明、张国焘、李立三等人的错误路线的斗争后最终取得发言权的。以毛泽东的《星星之火可以燎原》、《论持久战》、《论联合政府》、《新民主主义论》等著作为代表的党的意识形态路线,坚持实事求是,一切从实际出发,正确估计了土地革命战争的性质和抗日民族统一战线的路线,确立了新民主主义建国方略。

进入社会主义建设时期,由于我们党没有建设新社会的经验,加上苏联模式的影响很深,曾经产生"大跃进"、"三面红旗"、"文革"等历史后果。在意识形态上,主张以阶级斗争为纲,否定价值论,反对商品经济,倡导"一大二公"等政策,导致了中国社会和经济发展的灾难性后果。

1978 年 12 月 13 日,党的十一届三中全会召开,以此为标志,我们党走出了一条解放思想,实事求是的中国特色社会主义之路。其中也包括意识形态建设上的逐步调整:放弃阶级斗争为纲,引进市场机制,重新承认生产力标准,重建法制等政策和措施等等。当然,不容否认,这种调整是缓慢的,需要解决的矛盾和问题依然存在。这里面不仅有要不要调整的问题,更有究竟朝哪个方面调整

的问题,还有一个调整究竟是坚持还是反对马克思主义的问题。其中任何一个方面,都可能引发思想领域的议论乃至激烈争论。一些教条主义思想就曾经对生产力论、以人为本、市场经济持这样那样的非议和指责,把改革路线等同于自由主义。与教条主义相对的自由主义在30年来的历史进程中也曾经有着广泛的影响和市场。否定马克思主义指导,否定社会主义基本制度的思潮也不同程度地存在。对此,我们党也采取了相当慎重的态度和做法,整体上保持了思想文化领域相对稳定的局面。

党的十五大召开后,马克思主义理论创新的呼声日高,逐步形成了一定的舆论氛围。在2000年的高州会议上,江泽民同志提出了"三个代表"。"三个代表"重要思想后来写进十六大新党章,并恢复了中共七大关于党是"两个先锋队"的提法。"三个代表"提出以来的近几年,我们党在马克思主义理论创新上迈出了更加坚实的步伐,总括起来包括如下基本要点:

(1)提出和确立"以人为本"的基本出发点

"以人为本"不同于中国传统思想中的"民本主义",也不同于西方的"人本主义"和"人道主义",而是中国共产党在新的历史条件下,对于马克思学说的正本清源,是马克思主义在中国的进一步运用和发展。"以人为本"的提法不是一时之需,也不是无关痛痒的局部政策,而是根本性的出发点,是"人民主体论"的具体体现。

(2)提出和确立"科学发展观"新理念

党的十七大总结了十六大以来科学发展观的理论和实践成果,更加明确地提出"第一要义是发展,核心是以人为本,基本要求是全面协调可持续,根本方法是统筹兼顾"。不仅充分重视发展不当的问题,更关注发展不足的问题,考虑标本兼治,立足长远。

(3)提出和确立"和谐社会"价值目标

"和谐"理念既有中国文化的传统特色,又是人类文明成果的合理表达。不仅包含经济和社会发展的指标,也包括了人与人之间关系的调适。

当然,我们还可以列出更多。但是上述三个核心理念及其内在一致性可以充分展示我们党根据形势发展的客观需要进行马克思主义理论创新的最突出的亮点。其中的任何一点都将对今后意识形态工作的整体有效推进产生积极影响。

2. 从允许争论到明确立场

改革开放三十年来，与意识形态相关的争论曾经有过多次，社会主义模式和道路问题、精神污染的问题、反对资产阶级自由化问题，也包括近年来关于改革方向的争论和指导思想提法方面的争论。真理越辩越明，通过实践过程中出现问题的争论和正确的引导，我们党对什么是社会主义，怎样建设社会主义逐步形成系统完整的认识，从而团结带领全国人民坚定信心，为马克思主义中国化作出巨大的理论贡献。

改革开放之初社会上曾经存在"穷革命，富变修"的奇怪思想。把富裕和资本主义直接联系起来。人们不敢言富，更不敢致富，甚至把一些正当的致富行为和路径，都当作资本主义。邓小平同志旗帜鲜明地提出，贫穷不是社会主义，社会主义要消灭贫穷。致富不是罪过。社会主义的目的就是要全国人民共同富裕。邓小平同志进一步阐明，共同富裕是体现社会主义本质的。在 1992 年初的南方谈话中，邓小平又把社会主义的本质最终归结为共同富裕。彻底否定和抛弃了穷社会主义的错误思想观念。

关于社会主义模式问题，也曾有过很大的争论，社会主义的传统观念认为，计划经济是社会主义的重要特征，市场经济是资本主义的特征。走社会主义道路，必须搞计划经济，搞市场经济，就是走资本主义的道路。邓小平同志强调指出："计划多一点还是市场多一点，不是社会主义与资本主义的本质区别。计划经济不等于社会主义，资本主义也有计划；市场经济不等于资本主义，社会主义也有市场。"①在此基础上，我们才一步一步加深对市场经济的认识，终于彻底抛弃了计划经济是社会主义本质的传统观念，实现了又一次思想解放。市场经济体制的建立，有力促进生产力的发展。

进入 21 世纪以来，尤其是近年来，我国意识形态领域的争论相对集中在以下几个议题上：

---

① 《邓小平文选》第三卷，第 373 页。

(1)"反思改革"

香港中文大学客座教授郎咸平在 2004 年 8 月上旬就中国国有企业产权制度改革等一系列问题发表看法[1]，认为目前中国的社会，是处在一个以片面理解的经济发展观为唯一导向的、最原始的人吃人的初期资本主义阶段，而这个阶段正是欧洲两百年前社会主义革命的温床。中国经历了那么多年的患难，打倒了西方帝国主义，赶走腐败的蒋介石政权，到头来片面强调经济发展的导向，又极为讽刺地把中国带回了两百年前的腐败窘境。对外而言，这种单纯强调经济发展的必然结果是重蹈日本覆辙——出口激增、以邻为壑——带来了世界各国对中国的贸易与汇率的制裁。对内而言，各地政府放弃了本身职能，变成了个大商贩，招商引资、卖地筹资搞政绩工程，盲目发展经济，造成中国特有的低水平重复建设的大量浪费现象。

2005 年 7 月 15 日，我国著名经济学家、中国社会科学院原副院长，就当前经济学教学和研究中的一些问题谈了一系列看法。刘国光集中讨论了当前经济学教学与研究中西方经济学的影响上升、马克思主义经济学的指导地位削弱的状况，提出了中国的经济改革与发展究竟是以马克思主义经济学为指导还是以西方经济学为指导的问题。

(2)"民主社会主义"

民主社会主义的争论起因于中央编译局副局长俞可平在 2006 年年底在《北京日报》和《学习时报》发表的一篇文章《民主是一个好东西》。此后，中国人民大学前副校长谢韬在《炎黄春秋》杂志 2007 年第 2 期发表《民主社会主义模式与中国前途》一文，称"民主社会主义剔除了马克思主义中的空想成分，使马克思主义由空想变成了现实。作为活着的马克思主义，在工人运动中生根的马克思主义，是给工人阶级和劳动人民带来高工资、高福利的民主社会主义，而不是可望而不可及的乌托邦。当代马克思主义的旗帜上写的是民主社会主义。坚持马克思主义就是坚持民主社会主义。

---

[1] 《东方早报》，2004 年 8 月 11 日。

社会民主党人既代表工人阶级的利益，又代表全社会的共同利益，有广泛的阶级基础和群众基础。不是挑起阶级冲突，激化社会矛盾，而是把社会各阶级团结起来，促进经济的发展，在社会财富总量的不断增加中，调节分配，走共同富裕的道路。"

（3）指导思想的表述

2007 年，中央党校哲学教研部副主任董德刚在《科学社会主义》杂志第 1 期发表文章《谈谈马克思主义中国化最新成果的定位问题》，就指导思想的表述发表意见。总的认为新理论形成和发展的时间过短，广大党员、干部和群众对它的了解、熟悉、接受程度都很有限。特别是能够列入党和国家指导思想的基本理论更必须经过较长时间的检验。注重现实和当前是正确的，但也不宜动辄把当前的一些提法都上升到指导思想的高度，即使把这些新提法摆到低一个层次，也并不影响它们实际的指导作用。

这些不同观点提出来后，改革的总体方向、马克思主义中国化的前景、中国特色社会主义价值目标的实现路径、党的指导思想的稳定性等问题都引起学术界和理论界的讨论。面对这一系列的争论和问题，我们党一方面包容差异，尊重多样，允许学术界理论界发表意见和看法，另一方面及时表态，注重方向和目标上的正确引导。我们党在各种场合一再强调指出：一切改革中遭遇的问题，应当依靠深化改革来解决，要在新的历史起点上继续推进社会主义现代化建设，毫不动摇地坚持改革方向，进一步坚定改革的决定和信心，不断完善社会主义市场经济体制，同时要加强和改善宏观调控，保证经济社会又好又快发展。党的十七大报告又充分肯定改革开放成果，提出"方向和道路是完全正确的，成效和功绩不容否定，停顿和倒退没有出路"。

3. 从规范倡导到体系构建

思想道德是我们党意识形态建设的重要内容之一，改革开放三十年来，道德生活、价值观念实际上也经历了一个从规范倡导到体系构建的过程。

（1）"五爱"

1982 年全国五届人大五次会议通过的《中华人民共和国宪法》

对"五爱"作了新的规定：把"爱护公共财物"改为"爱社会主义"，把"爱祖国、爱人民、爱劳动、爱科学、爱社会主义"作为社会主义道德的基本准则，既是对建国以来我国道德建设的经验总结与科学概括，反映了我国道德建设的客观要求，也是现阶段评价与判断公民道德行为的具体准绳；既反应了社会主义制度中人们利益的共同性，也对人自身所具有的道德责任提出了新的时代要求。作为一名中华人民共和国的公民，其德行如何，最终的评价标准就落实在"五爱"上。

（2）"公民道德二十字"

进入 21 世纪，时代的发展和社会生活的深刻变化，社会主义基本道德准则也必须与时俱进。2001 年 9 月，中共中央颁发了《公民道德建设实施纲要》。它以人的生存、尊严、全面发展问题为价值尺度，明确提出了新的基本道德准则，在全社会大力倡导爱国守法、明礼诚信、团结友善、勤俭自强、敬业奉献的基本道德规范，努力提高公民道德素质，促进人的全面发展。"爱国守法、明礼诚信、团结友善、勤俭自强、敬业奉献" 20 个字的基本道德准则，既包括了传统美德、革命道德的内容，又弘扬了时代精神，体现了时代特色，也涵盖了个人与社会、与国家、与他人的关系，易为大家所理解和接受。2004 年 9 月，《中共中央关于加强党的执政能力建设的决定》对此作了进一步强调。

（3）"八荣八耻"

2006 年 3 月 4 日，胡锦涛同志在参加全国政协十届四次会议民盟、民进界委员联组讨论时，根据新时期我国道德建设的现状，进一步强调一定要树立良好的社会风气，特别"要在全社会大力弘扬爱国主义、集体主义、社会主义思想，倡导社会主义基本道德规范，扶正祛邪，扬善惩恶，促进良好社会风气的形成和发展。要教育广大干部群众特别是广大青少年树立社会主义荣辱观，坚持以热爱祖国为荣、以危害祖国为耻，以服务人民为荣、以背离人民为耻，以崇尚科学为荣、以愚昧无知为耻，以辛勤劳动为荣、以好逸恶劳为耻，以团结互助为荣、以损人利己为耻，以诚实守信为荣、以见利忘义为耻，以遵纪守法为荣、以违法乱纪为耻，以艰苦奋斗为荣、以骄奢淫逸为耻。"①明确提出了以"八荣八耻"为基本内容的社会主义荣辱观。

（4）社会主义核心价值体系

党的十六届六中全会通过的《关于构建社会主义和谐社会若干重大问题的决定》第一次对社会主义核心价值体系做出了完整表述："马克思主义指导思想，中国特色社会主义共同理想，以爱国主义为核心的民族精神和以改革创新为核心的时代精神，社会主义荣辱观，构成社会主义核心价值体系的基本内容。"

社会主义核心价值体系的四个方面，都是社会主义意识形态最重要的内容，是我们党从更宏观的角度对社会主义实践中形成的丰富思想文化成果进行提炼和概括的结果。社会主义核心价值体系四个方面的具体内容，相互联系、相互贯通、有机统一。这个价值体系应该是相对稳定的，要长期起作用，但又不是一成不变的，必定要随着社会主义的发展、时代的发展和人们社会实践的发展而不断发展。这个价值体系不应该是封闭的，而应该是开放的，必须要吸收人类创造的一切先进、有益的思想文化成果，不断丰富和完善自己。更重要的是，这个价值体系需要在全社会宣传推广，为广大社会成员所感知、所认同、所接受、所掌握，真正成为社会精神生活的"主旋律"，成为社会发展进步的"生命线"。

二、党的意识形态工作的基本经验

1. 坚持走中国特色社会主义道路

改革开放三十年来，我们党始终高举中国特色社会主义伟大旗帜，明确前进方向。"中国特色社会主义"最初是在党的第十二次代表大会提出来的。1982 年 9 月 1 日邓小平同志在十二大开幕词中强调指出："把马克思主义的普遍真理同我国的具体实际结合起来，走自己的道路，建设有中国特色的社会主义，这就是我们总结长期历史经验得出的基本结论。"虽然在具体的行文中曾经有过"中国特色社会主义共同理想"、"中国特色社会主义事业"、"中国

---

① 《求是》，2006 年第 9 期，第 3 页。

特色社会主义道路"、"建设中国特色社会主义的历史进程"、"邓小平建设有中国特色社会主义的理论"等略有不同的提法,但是总体价值取向没有改变,涵盖中国特色社会主义理论体系和中国特色社会主义实践两个方面的内容。

改革开放三十年来,我们党始终把发展阶段、发展条件和发展目标紧密结合起来,高度重视定位问题,认真分析党情世情国情,作出我国仍处于并将长期处于社会主义初级阶段的基本国情,认为人民日益增长的物质文化需要同落后的社会生产之间的矛盾这一社会主要矛盾没有变,与此同时清醒深刻地分析当代中国正在发生的广泛而深刻的变革、当今世界正在发生的广泛而深刻的变化。党的十七大报告明确提出:当前我国经济实力显著增强,同时生产力水平总体上还不高,自主创新能力还不强,长期形成的结构性矛盾和粗放型增长方式尚未根本改变;社会主义市场经济体制初步建立,同时影响发展的体制机制障碍依然存在,改革攻坚面临深层次矛盾和问题;人民生活总体上达到小康水平,同时收入分配差距拉大趋势还未根本扭转,城乡贫困人口和低收入人口还有相当数量,统筹兼顾各方面利益难度加大;协调发展取得显著成绩,同时农业基础薄弱、农村发展滞后的局面尚未改变,缩小城乡、区域发展差距和促进经济社会协调发展任务艰巨;社会主义民主政治不断发展、依法治国基本方略扎实贯彻,同时民主法制建设与扩大人民民主和经济社会发展的要求还不完全适应,政治体制改革需要继续深化;社会主义文化更加繁荣,同时人民精神文化需求日趋旺盛,人们思想活动的独立性、选择性、多变性、差异性明显增强,对发展社会主义先进文化提出了更高要求;社会活力显著增强,同时社会结构、社会组织形式、社会利益格局发生深刻变化,社会建设和管理面临诸多新课题;对外开放日益扩大,同时面临的国际竞争日趋激烈,发达国家在经济科技上占优势的压力长期存在,可以预见和难以预见的风险增多,统筹国内发展和对外开放要求更高。

在此分析基础上,要求"我们必须始终保持清醒头脑,立足社会主义初级阶段这个最大的实际,科学分析我国全面参与经济全球化的新机遇新挑战，全面认识工业化、信息化、城镇化、市场化、国际化深入发展的新形势新任务，深刻把握我国发展面临的新课题新矛盾，更加自觉地走科学发展道路，奋力开拓中国特色社会主义更为广阔的发展前景。"

经过 30 年的探索和思考，我们在中国特色社会主义道路和中国特色社会主义理论体系上形成了越来越清晰的结论性判断：

中国特色社会主义道路，就是在中国共产党领导下，立足基本国情，以经济建设为中心，坚持四项基本原则，坚持改革开放，解放和发展社会生产力，巩固和完善社会主义制度，建设社会主义市场经济、社会主义民主政治、社会主义先进文化、社会主义和谐社会，建设富强民主文明和谐的社会主义现代化国家。中国特色社会主义道路之所以完全正确、之所以能够引领中国发展进步，关键在于我们既坚持了科学社会主义的基本原则，又根据我国实际和时代特征赋予其鲜明的中国特色。在当代中国，坚持中国特色社会主义道路，就是真正坚持社会主义。

中国特色社会主义理论体系，就是包括邓小平理论、"三个代表"重要思想以及科学发展观等重大战略思想在内的科学理论体系。这个理论体系，坚持和发展了马克思列宁主义、毛泽东思想，凝结了几代中国共产党人带领人民不懈探索实践的智慧和心血，是马克思主义中国化最新成果，是党最可宝贵的政治和精神财富，是全国各族人民团结奋斗的共同思想基础。中国特色社会主义理论体系是不断发展的开放的理论体系。

2. 坚持马克思主义理论创新

以改革开放为动力推进中国特色社会主义事业，已经成为三十年来贯穿始终的一条红线。在分享改革开放所带来的普遍收益和物质成果的同时，改革精神也为社会认同和支持。改革已成为执政党和社会公众共同承认和参与的公共行为。马克思主义理论创新正是在这样一种观念背景上推进才是合情合理的。意识形态的生命力来自对社会观念和价值的有效反映。不断把形成社会共识的观念和价值吸收到意识形态体系中，避免使其僵化，增强对社会公众的吸引力和说服力，是我们党意识形态建设的重要任务之一。改革在其中发挥了重要作用。

在过去的十几年中，我们党正是通过不断提出新的概念、理念、理论（"三个代表"重要思想、科学发展观、和谐社会、以人为本）来充实意识形态的内容，提高其反映实践的敏锐度，增强时代感。2000 年以来从提出"三个代表"开始，"以人为本"、"科学发展观"、"和谐社会"等观点，组成新的具有创新意义的中国特色社会主义理论体系的基础性内涵，得到海内外舆论的肯定评价（尽管具体表达还有待进一步提炼）。与此同时，通过发现和回答社会公众关心的热点难点问题，采取多种宣传形式，提高意识形态的社会性；探索充分利用网络为载体的舆论表达工具，以把握新的舆论空间。近年来由于马克思主义理论创新力度的加强，使一些重要媒体和理论杂志的话题讨论更加深入。在管理上讲究方法艺术，不轻易划分派别，不轻易扣"反马克思主义"帽子，甚至对出现的比较尖锐的带有政治性的一些争论、重大的理论分歧以及对改革进程的反思等，都比较理性地控制在学术层面，产生良好的社会效应。在价值取向上坚持实践唯物主义原则，不把已经取得的改革经验当作不能改变的神圣原则，也不把西方发达国家的经验当作无法超越的必然道路。以改革创新的精神推进马克思主义中国化建设。

中国改革开放三十年来，我们党始终强调只有和本国国情相结合、与时代发展同步、与人民群众共命运，才是真正坚持马克思主义，才能使马克思主义焕发出强大的生命力、创造力、感召力。为此，我们党高度重视哲学社会科学工作者在马克思主义理论创新中的重要作用。2002 年 7 月 16 日，江泽民同志到中国社会科学院视察并发表了重要讲话。他强调，哲学社会科学有"两个不可替代的作用"，并阐明了新世纪我国哲学社会科学必须坚持的"五条要求"。此前，江泽民同志还在北戴河和视察中国人民大学的两次谈话中提出哲学社会科学与自然科学有四个方面"同样重要"，指出在社会主义改革开放和现代化建设的伟大时代，哲学社会科学大有作为。2004 年 1 月，《中共中央关于进一步繁荣发展哲学社会科学的意见》提出繁荣发展哲学社会科学的指导方针和目标。这是党的历史上第一次以中共中央的名义专门对哲学社会科学工作制定的文件。2005年5月19日,中央政治局常委会议听取了中国社会科学院的工作汇报。会上,胡锦涛总书记指出,在全面建设小康社会、开创中国特色社会主义事业新局面的伟大历史进程中,哲学社会科学具有不可低估的战略地位和不可替代的重要作用。十七大报告再次强调哲学社会科学作为思想库的作用,勉励广大哲学社会科学工作者在马克思主义理论研究宣传方面发挥积极作用。

我们党高度重视马克思主义理论创新过程中面临的重大理论和现实问题研究,2005年在中国社科院成立马克思主义理论研究院,在全国范围启动马克思主义理论研究和建设工程。一方面开展重大问题研讨,适时推出一批有说服力的理论成果,帮助干部群众澄清错误认识,引导干部群众坚定不移地走中国特色社会主义道路。组织编写年度《理论热点面对面》,用深入浅出的语言和生动的事例,有针对性地回答干部群众关心的热点难点问题,有力推动马克思主义大众化,受到广大干部群众的欢迎;另一方面,从学科和教材建设入手,使马克思主义中国化最新成果的研究宣传落到实处。全国已设立马克思主义理论一级学科博士点21个,二级学科博士点89个。马克思主义理论一级学科硕士点73个,二级学科硕士点346个,同时还在本学科领域建立了25个博士后流动站。制定《马克思主义理论研究和建设工程高等学校哲学社会科学重点编写教材总体规划》(2004—2012)逐步形成全面反映马克思主义中国化最新成果,具有中国特色、中国风格、中国气派的哲学社会科学教材体系①。

三、面临的挑战和需要改进的问题

经过改革开放三十年来的不断探索和创新发展,我国主流意识形态的宣传和引导工作取得显著成效。以2009年为例,当年历史节点多、重大事件也多,我们党在引领社会思潮、加强舆论监督和维护社会稳定等方面做了大量积极有效的工作。作为主流思想

---

① 《马克思主义理论研究和建设工程成效明显》,《光明日报》,2007年12月28日。

文化建设的重要内容,2009 年中宣部编写的《六个为什么》引起关注。尽管理论界对"六个为什么"的论述有不同看法,但普遍认为这是党中央关于中国特色社会主义理论建设的一个有益探索。在具体文化实践方面,一大批影视片如《潜伏》、《人间正道是沧桑》、《我的团长我的团》、《我的兄弟叫顺流》、《建国大业》、《高考 1977》、《风声》等,改变了过去主旋律影视片人物形象脸谱化、扁平化的风格,把革命者的理想和信仰寓于日常工作和生活细节之中,使人物有血有肉,富有感染力,受到年轻观众的欢迎。学者们普遍认为,宣传管理部门和中央主要媒体应对危机的能力和水平显著提高。2009 年以来网络媒体、传统媒体在天价烟局长、习水"嫖宿幼女案"、湖北"女服务员刺官案"、湖南"罗彩霞案"、杭州"飚车案"以及上海"钓鱼执法案"、足球打假等事件中发挥了前所未有的舆论监督作用。特别是《人民日报》、《中国青年报》、中央电视台等中央媒体在一系列重大事件、突发事件面前不缺席、不失语,及时回应公众质疑,维护社会公正。主流媒体主动应对社会焦点、热点问题的做法,真正有助于化解社会不稳定、不和谐因素的舆论导向。改革开放三十年、新中国成立六十年、五四运动九十周年等大型纪念活动无论是形式还是内容都取得很大成功。特别是庆祝新中国成立六十周年的天安门阅兵活动,真正起到了展示国威、振奋人心的作用,而对青少年来说,举行重大节日的庆典活动、阅兵活动是一个进行爱国主义教育的有效途径和办法。

在取得成绩的同时,我们也要看到在马克思主义传播和研究领域、在宣传工作的艺术性和方法创新方面,在应对各种社会思潮和多元精神需求方面我们还有许多工作要做。具体来说,至少包含以下两个大的方面:

1. 创造一切可能的条件,使中国特色社会主义价值观获得最广泛的认同

经过改革开放三十年的实践和理论探索,我们党确实已经超越改革开放初期"摸石头过河"的状态,已经在中国特色社会主义理论的来源、内容、基础、要回答的主要问题等一系列方面形成比较完整的认识并作出比较科学的概括。今后的主要精力应放在持

之以恒地弘扬社会主义价值观上，使其获得最广泛的认同。

事实上各个年龄层对社会主义价值观的态度是很不一样的。老一代人更关心的是我们现在所倡导的价值目标以及为实现这些价值目标所采取的举措，与以往所受的社会主义教育中形成的对社会主义的理解有什么不同？又有什么承续关系？而在改革开放中社会地位相对下降，获益较少或者利益受到损害的群体，比较关注的是现在提出的这些价值目标还是不是"社会主义"的？其中不免疑问。而年轻一代，尤其是80年代以后出生的一代人则比较关注就业、收入、生活等等实际问题，对于社会理想等等并不那么关切，其中少部分人受消费主义，享乐主义以及通过许多流行文化传播的西方后现代主义所倡导的价值相对主义、甚至是价值虚无主义影响，根本不关心社会理想及其价值目标。这一部分社会成员，可以认同各种具体的价值目标，但是并不关心是否属于社会主义的。凡此种种，都对进一步弘扬社会主义价值观带来新的问题。为此，首先我们要对中国特色社会主义具体价值目标的宣传落实工作与一般社会主义学说进行适当区分。

社会主义作为一种理想和目标，作为一种理论学说发源于欧洲，其中有许许多多不同的流派，经历了几百年的历史。以往我们对于社会主义的理解和解释又受到苏联模式的影响，即使是对马克思主义的社会主义学说也是如此。尽管近年来学术界作了许多工作，但是理论上将这些问题梳理清楚还需假以时日，学界对此有许多不同的看法，不宜匆匆忙忙地将这些问题推到公众之中。在具体的宣传工作中，价值观上的教育包括历史观的教育固然重要，但是关键还是要把社会主义价值目标落到实处，切实解决诸如贫富分化、分配不公、权利保障等社会经济问题。十六大之后，中央提出"以人为本"的科学发展观和构建和谐社会的任务，突出了"公平公正"这一价值目标，并采取一系列的具体政策，付诸实施。十六届五中全会通过的关于"十一五"期间的发展规划的建议，更加明确提出：加快完善社会保障体系，以维护社会公正、协调社会利益；制定了逐步解决收入分配差距过大的原则和政策，确定了要更加注重社会公平，着力提高低收入者收入水平,逐步扩大中等收入者比重,有效调节过高收入,规范个人收入分配秩序,努力缓解地区之间和部分社会成员收入分配差距扩大的趋势等等重要的政策。同时明确了进一步改革的重要目标是要"完善落实科学发展观的体制保障",并且把坚持和完善基本经济制度作为改革的一个重要内容。这就把社会主义价值目标在制度上体制上的体现提上了议事日程。这就容易使社会主义价值目标获得更广泛的认同。与其在抽象的原则上同自由主义、保守主义展开争论,不如用具体历史的方法把中国人选择走社会主义道路,怎样走社会主义道路,究竟解决了和正解决着什么问题讲清楚来得更有说服力①。

2. 下大力气促进精神生产与精神消费的良性互动

意识形态的健康发展需要旺盛健康的精神生产的支持,需要与生产紧密相连的消费群体。我们要运用马克思主义关于文化发展中"消费与生产"的理论来把握社会主义精神生产与精神消费的关系,切实贯彻邓小平理论、"三个代表"重要思想和科学发展观,确立促进文化整体和谐发展的战略和策略。所谓"大众文化"、"通俗文化"和"时尚文化"等,主要是群众日常生活中的文化消费形式;而所谓"精英文化"、"高雅文化"的合理价值,主要在于通过专业化不断向新领域、深层次、高境界的探索和创新,因此应视为代表精神文化"生产"(原创、创新、提高)的形式。两者之间存在着相互促进、相互转化的一般规律。一方面我们要让文化消费的需要、特别是它的发展需要,尽可能成为文化生产的需要和动力,以促进文化生产的发展更新;另一方面,要让文化创新生产的成果,尽可能快地转化为消费的需要和动力,以使优秀文化真正成为大众文化的引导,帮助大众文化不断提升到新境界。就是说,不仅要适应市场经济体制,充分落实人民群众的文化权益,实现大众消费型(含次生产和再生产型)文化资源的优化配置;而且要调动整个社会资源,着眼于高层次文化的发展,实现生产型(原创型、创新型、

---

① 赵修义:《弘扬社会主义价值观》,转引自童世骏主编《意识形态新新论》,上海人民出版社,2006 年版,第 482—483 页。

提高型)文化体制的健全完善,以造就文化生产与消费积极互动、雅文化引导俗文化不断上升、和谐发展的良性机制。

我国改革开放的巨大成就,不仅表现为人民物质生活水平的迅速提高,也表现为人民精神生活的日益丰富、大量精神需求的释放和精神消费能力的急剧增长。在这种形势下,精神生产领域的落后和不足充分地暴露出来,成为精神文化发展的主要瓶颈,这是当前最大的"文化不和谐"现象。目前在精神生产(主要是哲学社会科学研究和文学艺术创作)领域不同程度存在的"高雅文化不够高雅,精英文化难出精品,主流文化缺少魅力",不足以显示伟大时代的精神风貌,不能满足广大群众文化需求的情况,当然是由多种原因造成的,其中对于从计划体制时期沿袭下来的思想文化体制改革尚未完全到位,是一个基本因素。计划体制下的精神生产主要是意识形态的"宣传教育型",即内容高度政治化,精神产品的原创或首创权力不得不高度集中于"上面",形式则着重于从上向下进行推广、普及、教育和灌输。这种体制事实上主要是精神再生产或次生产的体制,并不符合全面的精神生产、特别是市场经济条件下全面的精神生产的规律。因为精神生产的本性在于面向生活实践的探索、开拓、升华和创新,是整个社会自主创新的共同事业。局限于单一的"宣传教育型"体制,显然难以充分调动和依靠精神生产队伍(思想理论界和文艺创作者)的主动性和创造性,不利于造就精神生产领域普遍的自主创新机制。一味"眼睛向上"而不善于"植根大地"的精神生产方式,容易产生理论与实际、导向与群众、口号与生活之间彼此脱节的不良后果。长此下去,不仅使精神生产难以适应日益多样化、个性化的精神生活和精神需求,而且会使精神生产能力趋于萎缩,造成未来文化的落后①。

因此,我们目前亟需推进精神生产领域的体制改革和机制创新,以符合精神生产的一般规律和特殊规律,适应新的形势和发展需要,进一步解放和发展精神生产力,从制度和体制上促进、保证我国哲学社会科学研究和文学艺术创作走向新的繁荣,造就"思想

---

① 参见李德顺、孙伟平、孙美堂:《家园——新文化论纲》,黑龙江教育出版社,2010 年版。

库、智囊团"型的精神生产队伍,形成为社会发展提供更加强有力精神服务的文化体系,为创建新时代的先进文化提供富有生命力、凝聚力和国际竞争力的丰富成果;研究怎样从制度和体制上实现并保证哲学社会科学研究和文学艺术创作的精品成果,能够与社会需要和大众的文化生活密切结合,使它们相互转化的渠道通畅起来,从而取得可控的良好效果;研究怎样通过政府、社会和市场资源的有机整合,保护好、发展好体现民族精神的优良文化遗产,使它们成为我国新世纪的文化优势和综合国力的强大因素,等等。总之,作为文化发展的核心机制,精神生产领域的改革和发展问题应当有更具操作性的措施。

结语

变量共生、组合创新和意识形态的互动统一

一、递进

作为共生变量的文化和组合创新意义上的文化以及意识形态意义上的主流文化三者之间首先呈现为一个层层递进的关系。作为变量共生的文化，本质上来自百姓，活在民间，有其通俗易懂朗朗上口的表达，形象直白，直指人心。起作用的方式是润物无声，与现代化进程中的其他因素共生。

古今中外各种文化样式和理念通过社会经济生活具体入微地作用于人民大众，以他们能够理解领会的方式对生活实践产生潜移默化的影响。久而久之，作为变量共生于社会经济生活中的这一类大众文化将逐步取得话语表达的最佳形式，而一旦找到最佳的表达方式，它的作用又会得到进一步强化。对打拼的心领神会、对实用和理性的切身体会、对中庸之道和动态平衡的把握和权衡其实都经过了一个从实践中来到实践中去的过程，反复作用反复体会，最终形成大众普遍认同的话语表达。这种表达与诗意无关，与逻辑无关，甚至与知识多少无关，它唯一遵从的是生活实践的要求和检验。将这样一种朴素实在的话语表达进行提炼、加工、再思考，以至放入更加宏大的叙事和坐标轴中去衡量，基本上就进入了组合创新意义上的文化建设。

这一层的递进有赖于理论界和学术界的敏锐眼光和深入实际的作风甚至文风。如果局限于概念之间的转述和考证，满足于某个学术小圈子的自产自销，那么不可能有组合创新意义上对大众文化的提升和再概括。借鉴吸收古今中外优秀文化的成果，结合鲜活生动的亿万群众的实践，我们能够提出富强、民主、文明、和谐这样的共同理想，把变量共生意义上的文化推向一个更加宽广的空间。其实有时候甚至不需要过多的提炼和概括，直接的认同和肯定就是对活生生的大众喜闻乐见的文化样式的推动和发展。

意识形态角度的文化则是我们党和国家最核心的价值理念。是执政党必须坚持的信仰。富强、民主、文明、和谐的共同理想的实践最后总要靠正确、统一的思想指导，在中国，这个指导思想就是马克思主义。这是中国近现代以来的实践反复证明了的正确选择。当然中国马克思主义的继承、创新和发展还在继续，是一个不尽不断的历史进程。

文化建设是一个分层逐步推进的过程，具体建设主体也相应有所分别。变量共生意义上的文化，建设和实践主体是广大人民群众；组合创新意义上的文化，建设主体是理论界和学术界的知识分子，而意识形态意义上的文化，建设主体是执政党。每一个中国人选择什么样的文化样式和内容表达作为自己的价值追求，基本上还是由他们自己做出选择比较合理，而一个国家一个执政党需要怎样的价值追求和指导思想则需要全面、综合、历史的总结。我们不大可能让全体中国人民都把马克思主义作为自己一生的信仰，但对共产党员来说，这又是必须的原则和要求。因此文化建设需要多元主体协同努力，共同推进。

二、互动

当胡锦涛总书记说出"让我们大家一起打拼"、"不折腾"这样的话语时，全中国人民都感到非常"窝心"。变量共生意义上的文化与意识形态文化的话语互动其实不能中断，也不会长久地中断。客观上我们承认官话和民间语言存在很大距离。即使宣称为穷人写作的张承志也坦承：估计他的大多数主人公（如《黑骏马》、《心灵史》等)读不懂他的小说。弥合两者之间距离的只能是平等的教育和交流,用对话达到社会成员和衷共济的前景。这种互动不是执意要把意识形态文化变成雅俗共赏的文化商品,而是启动理解,获得原则上的认同。而对变量共生意义上的文化,互动是为了包容、引导和提升。只有互动才能各得其所。

那么两者互动的桥梁在哪里?我们需要从组合创新意义上的文化样式出发思考问题。理论界和学术界是这个中观意义上的文化不可缺少的载体。这个载体可以起到承上启下的桥梁和纽带作用。远不说为生民立命,为往圣继绝学,为万世开太平这样的千古宏伟志向,至少从当下的客观要求来看,理论界和学术界的一大批知识分子可以成为老百姓文化表达的转述者和意识形态文化的解释者。百姓的需求、党和政府的追求在以知识分子为主体的理论界那里可以进行信息的汇聚和交流。五四运动中部分知识分子对白话文的倡导也许就是上通下达的一个注脚。白话文当时就是一种普遍流行于底层大众的活生生的语言。究竟是居高临下地将救国理念传递给底层大众,还是谦逊地聆听来自底层大众的革命呐喊?灌输式教育和白话文的提升之间何去何从?面对这些问题,部分知识分子虽有矫枉过正的不足,但毕竟在争论中使两种距离甚远的想法和做法进行了充分的交锋。及至毛泽东《在延安文艺座谈会上的讲话》发表,对作为上层文化和民众文化之桥梁的知识分子高高在上的姿态进行了批评,要求他们将"立足点"移到大众之中。因为在毛泽东看来,文艺的问题基本上是一个为群众和如何为群众的问题。群众是延安文艺座谈会讨论的无可争议的主角。当然群众的喜闻乐见有明确的目的,意在可以广泛动员工农大众,促使他们彻底觉悟。服务的姿态与提升的要求合二为一。毛泽东曾经多次强调:革命的作家没有资格在"工农兵"面前自作聪明,必须放下架子,真心诚意地拜人民大众为师,熟悉底层的生活和语言,甚至变成底层的一分子。这些针对文学的发言今天看来仍有不少启发。以知识分子为主体的理论界和学术界完全可以在官方语言和民众语言的互动转化中发挥能动作用,首先确实需要肯眼睛向下,学习吸收那些刚健,清新,质朴有力,天然去雕饰的民众文化表达方式,切实改进文风。当然民众的声音并非只有一种,具体形态可能是"复调"或"双声",通过多方面往返对话也能获得鲜活表达的样式和美感。

通过不少专家近年来的一些调研和访谈可以发现:受访者普遍认为改革开放以来我们党一系列关于政治、社会、经济、文化发展的重要思想和重大决议都是正确的,但配合中央精神的新闻宣传和理论文章往往被淹没在大量空洞无物的教条语言和固定模式中,听起来费力,学起来困难,起不到应有的效果。有人将这些教条和模式戏称为"装筐式"、"穿衣戴帽式"和"数字虚拟式"。

所谓装筐式就是在宣传某个核心理念时,任何类型的讲话和发言都往这个理念的筐里装,导致简单化和平庸化。

所谓穿衣戴帽,是指每写文章的开头部分总是高举什么旗帜、按照什么思想、沿着什么道路,如此重复容易引起受众的心理反感和排斥。

所谓数字虚拟式,是开中药铺似的第一、第二、第三地依次往下写,但内容空泛,有些报告还反复强调以什么为中心、以什么为条件、以什么为核心、以什么为关键,繁琐透顶。这些程式化、形式化的表述在群众中产生很坏的影响。久而久之就造成上面洋洋洒洒作报告,下面昏昏沉沉睡大觉,拉大了党和人民群众的距离,使得原本可以互动交流的民众文化和官方文化相去甚远,思想理论的健康发展也就无从谈起。

互动交流不是为了将变量共生意义上的文化和意识形态意义上的文化最后变成一种文化、一个强调、一种声音,而是要在多元的碰撞和交流中强化主流,做大主流,使主流思想文化真正成为引领潮流、影响民众、培养民族精神,营造健康风气的精神力量。

三、创造

三种不同角度的文化实现互动固然需要桥梁,但是目前更加值得关注的还是主流思想文化的创造力如何提升的问题。党的十七大以来,执政党的理论创新有所加强,新的理论增长点也不断涌现,但长久以来形成的僵化、教条、唯上的思想方式远没有得到根本性改变。我们党相继提出科学发展观、和谐社会、以人为本等价值理念，都是很有前瞻性思考的成果，本来可以敞开讨论，但在宣传和贯彻落实中还是出现了千人一面、千文一面的现象，统一口径，照猫画虎，不思创新，好东西没有好说法，接受效果就打了折扣。与这种空洞政治化相对应的，是主流媒体的商业化、媚俗化倾向。通俗等于低俗、爱情等于调情、娱乐等于搞笑、戏说等于捏造、专家等于答案、口号等于现实。长此以往，在弘扬健康向上的精神文化方面不力，也就为其他思想文化的传播、发展乃至泛滥提供空间。而事实上，在适当和必要的范围内，重大理论问题需要不断讨论和斟酌，注意和以往理论的衔接和内在价值的统一。

目前，虽然通过制度和科技相结合的手段，反腐败工作取得一定成效，但是党内腐败现象仍然是人民群众诟病的难题，一些共产党干部在群众中的威信大大下降，甚至还成为他们私下言论中的嘲弄对象。这种情况下党的任何主张，党倡导的核心价值理念在公众传播中的影响力就会大大削弱，讲马克思主义、社会主义理想有时就成为一件可笑的事情，成为名不副实的代名词。

为此，我们需要从建设和谐社会的高度重视和理解主流，做大主流。主流决不仅仅只是马列主义、社会主义，主流也应当包括民族文化中优秀的精神遗产、世界文明的优秀成果、一切真善美的文化艺术，还包括群众喜闻乐见的有利于社会进步的各种文化样式。这是和谐文化建设的一个基本出发点。而在思想文化界，还需要花大力气造就一支真正的马克思主义思想文化建设队伍。在文艺界，需要高度重视和支持那些"叫好又叫座"的项目，要有高水平的"内行"来主持这些项目，把文化做得像文化，把艺术做得像艺术。社会思想文化呈现多元状态，本身不是坏事，但好与坏、美与丑并存，泥沙与珍珠俱下，需要正常的、有力的文化批评。否则就容易导致好的不香，坏的不臭，甚至美丑颠倒，是非不分。

网络传播和引导工作做得如何也将考验主流文化建设的创造力。以互联网为主要形式的新媒体正逐渐成为了解中国现实社会状况、重大事件、国民心理的重要渠道与路径。在建立有关法规和政策的同时，客观上需要关注社会民意的反映和可能的社会后果，必要时还应在主流媒体上及时交流讨论、引导,并采取可能的制度化解决方式,把民众的关注吸引到主流媒体上来。这就要求熟悉新媒体的特点和可能出现的问题,了解社情民意,既不要因为有少数人的过激言论而惊慌失措,也不要明明看到民意的真实流露而无动于衷。我们曾经拥有很大优势的思想政治工作已经遇到新的挑战,这个挑战有时甚至是技术上的,我们党的思想理论工作者队伍自身的创造力也需要不断提高。

附录

后现代语境中的历史真理和
社会信念①

　　任何国家或政党都有自己倡导的意识形态理论，并且努力根据时代和形势的要求巩固、调整、发展自己的意识形态。如果不顾主体的客观需要，不顾社会生活巨大而深刻的变化，一味重复老话，忘记寻找自己的话语，表达自己的意见，那么，久而久之，就会成为"话语迷恋"和"话语霸权"的奴隶。而真正的主流意识形态建设应当有勇气面对历史、直面现实、直面人民大众，走出话语崇拜的怪圈。在避免"口号疲劳"和"消化不良"上，学者一定要有自觉的历史意识和责任感，要有严肃的科学态度。我们的意识形态建设不需要"小学匠"、"搬运工"，而需要大手笔和思想家。

　　在中国社会转型的关键时刻，人们十分关注共同价值观建设问题。目前影响共同价值观建设的一股不容忽视的思潮是历史虚无主义。2005 年被各种媒体争相报道、较为权威的对历史虚无主义的分析和批判集中在北京大学的沙健孙、梁柱，中国人民大学的李文海、北京师范大学的龚书铎等学者的系列笔谈和文章

①　部分内容曾以章节形式收入童世骏主编的《意识形态新论》（上海人民出版社 2007 年版）。正是在这次写作中萌生了从三种不同角度研究中国特色社会主义文化的想法并开始思索之旅，特收在附录中。一个人达到理想的学问境界前不知要跌多少次跤，我愿意将跌跌撞撞的学步经历告诉读者，也感谢前辈学人在相关研究领域给我的启示。

里。根据他们的概括,历史虚无主义以"重新评价"为名歪曲历史,以"理性思考"为名否定社会主义,从歪曲革命的历史、社会主义的历史和党的历史入手,达到否定党和社会主义制度的目的,其根源是唯心史观。具体表现在近现代史研究中的历史虚无主义思潮,在历史客观性问题上尤其是对近现代历史客观性问题持否定观点。这一思潮把中国人民的革命运动、中国共产党的领导、马克思主义的指导、社会主义制度和人民民主专政"虚无化",而对早已有历史定论的叛徒、汉奸歌功颂德。不是从历史发展的真实情形出发去诠释历史,而是想当然地解读历史,虚构历史,歪曲历史,否定历史,为中国近现代史的发展寻找根本没有历史依据的另类的"历史规律"和"发展道路",不遗余力地把中国共产党的历史说成是一系列错误的延续并得出"告别革命"的武断结论。在这股思潮影响下的社会现实面前,如何"喊响"、"讲透"、"落实"马克思主义的科学历史观? 期间需要我们学者的良知、责任和智慧。

在历史虚无主义的洗礼之后,人们并不会轻易否定共同价值观的存在,我们需要进一步思考的不是有没有共同价值观,而是共同价值观究竟从哪里来? 恐怕要从群众那里来,从实践中来,从真实的生活中提取。多样中求统一成为当前比较时髦的话语,我们还应当思考一下"统一"又从哪里来? 新加坡曾经颁布过官方共同价值观白皮书,即国家至上,社会为先;家庭为根,社会为本;关怀支持,同舟共济;求同存异,协商共识;宗族繁衍,宗教宽容。这个"共同"其实是政府主导的,是从提倡的意义上讲的,我们所说的"统一"也应该借鉴这样的思路。共同价值观问题因此更多地是从整个国家群体主体的角度着眼,而不是要求每一个个体主体都放弃自己的选择。相反,共同价值观的形成就植根于每一个个体主体多元合理的选择之中。

第一部分 "无厘头"新生代：关于历史意识的思考和启示

一、"无厘头"现象和"无厘头"新生代

今天这个时代的年轻人，常常被称为"无厘头"新生代。他们不用像 20 世纪 80 年代的"潘晓"那样思考"为什么人生的道路越走越窄"。更多关心的是"如何生活"，喜欢的是"怎么都行"。

只要说起"无厘头"，就不能不谈周星驰。从一定意义上来说，周星驰就是"无厘头"的代名词。其实，"无厘头"文化应属于后现代文化的一种，特点是及时行乐，无深度表现，破坏秩序，解构正统等等。"无厘头"在广东话里的意思是指一个人做事、说话都不合常理，不按规律，令人难以理解，其语言和行为没有明确的目的，粗俗随意，莫名其妙。直到 20 世纪 90 年代，"无厘头"才逐渐转变为以周星驰为代表的一种喜剧电影的专有名词，也许是周星驰赋予"无厘头"这个词语新的含义并使其广为传播。如今，"无厘头"已成为新生代生活方式和价值取向的重要特征。早年周星驰在电影里尝试突破常规，破旧立新，但在香港人看来，他的表演只是瞎胡闹，入不得主流，因此冠其名曰"无厘头"，这也是为什么周星驰不喜欢别人说他"无厘头"的原因。但随着周星驰对这种特殊演绎手法的逐渐完善并自成一家，社会大众也从拒绝、排斥转变为认同和欣赏，周星驰因此也迅速走红。他这种特殊的演绎风格终被确认为"无厘头"。但是，这时候的"无厘头"已不再有贬义色彩，反而成为一种特立独行的新风尚。

这种新风尚具体表现在周星驰的电影中就可能是以下情形：在警匪枪战时，作为特警的周星驰在子弹呼啸而过的时候还悠闲地嚼着泡泡糖，拿出镜子梳头发，而他的身后居然背着一把特长的铁锤，最后用铁锤将匪徒砸倒。这些镜头在传统的电影里是根本看不到的，在传统电影里大概只能看到男主角很严肃的看着前方，

一本正经地交代任务,然后紧张地射击,最后至多来一个用嘴吹枪管的潇洒造型。周星驰则完全将传统颠覆了:电影就是电影,电影也可以不是电影,就是这么戏剧化却也不失真实——谁规定枪战的时候就不能嚼泡泡糖呢? 这既可以说是夸张,也可以说是一种心态。现实世界究竟是怎样的,是严肃? 是活泼? 是疯癫? 还是戏剧? 其实都完全取决于每个人不同的心态。"无厘头"们可能相信有鬼神,但他们的世界中绝对没有那个叫"上帝"或者类似上帝的人物,所以更谈不上什么崇拜和信仰,如果有,那一定是他自己。换句话说,"无厘头"们更注重自我意识和自我感受,在他们心里,自己最大。"无厘头"追求的是一种感受的自由,一种主观不受约束的状态,一种基于解构的随心所欲。他们追求的是快乐和轻松,因此,所有会给他们带来痛苦的因素都要被消除,所有令他们感到沉重和压抑的东西都要被排斥,这些具体表现为两个特点:反叛和解构。在 INTERNET 时代,"无厘头"在网络上的传播比电影还要疯狂和猛烈。大量周星驰电影中的台词成了网络聊天的流行语言,各种"大话"文章在 BBS 中广为传播。不但如此,网络上还诞生了大量原创的"无厘头"幽默网文和"无厘头"搞笑 Flash 动画。这使得"无厘头"在文化娱乐方面似乎显现出花开处处的景致。

不难看出,这中间就包含拆解中心、拒绝规律与逻辑、游戏化和无主体化的倾向,对真理和唯一持一种调侃和嘲弄的立场,以搞笑的方式掩盖对严肃问题的思考。反映在价值观上就是一种"什么都行"的态度和立场。这样一种生活方式和价值取向并非空穴来风,它与 20 世纪 90 年代以来学术界和思想理论界不同程度存在的相对主义、历史虚无主义思潮有着间接却深远的关系。在学界与"无厘头"之间,存在广泛的传媒空间,那里,轻视、抹煞、曲解、调侃、讥笑历史人物见怪不怪;任意裁剪、主观臆测、割断历史更是司空见惯;取其一点,攻其一点,无中生有,捕风捉影也屡见不鲜……总之,历史真理、社会信念、优秀文化传统在这个空间成了一个可以任意打扮的小姑娘,久而久之,人们对历史、对祖先、对前人的敬仰与敬畏之心也就随之失去存在的根基。

"无厘头"现象某种程度上形象地阐释了历史虚无主义的价值

立场。假如任凭这种倾向持久、广泛地影响新生代，那么所谓历史真理就成了空中楼阁，优秀文化传统的绵延发展也就成了一场游戏一场梦。

作家梁晓声就无厘头文化对中国大陆尤其对大学校园的影响有一个值得注意的评价，他说在香港，周星驰的电影看过就看过了，回过头来年轻人还是接受大学文化。为什么在中国大陆校园里呈现一片无厘头文化呢？这才是大家感到极为困惑的，而且扭转这一点要费九牛二虎之力，效果也并不好。凡男孩子，除极少数还能看到庄重行为，差不多都好像流水线上、复印机上出来的一样，行文为人都是周星驰式的。由此可见，中国一些特殊的文化现象并不是世界性的，"无厘头"就是其中之一。它与手机短信、网上聊天的俏皮、娱乐一起构成一种文化泡沫。这种泡沫看起来很美，有意思但缺乏意义。不是说文化不能有泡沫，美国人制造了大面积的娱乐文化，引领全球娱乐文化时代。但我们不难知道，美国人不只在那儿娱乐着，无论怎样娱乐，他们的智商并没有降低。可能恰恰在娱乐的过程中，其文化和意识还在提升。但另外一些民族可能是在快乐的过程中仅仅被塑造成了只会娱乐的动物，文化的其他元素散失掉了。这是我们应当考虑的问题。

有人说，每一代人都被他的上一代人所不满，但最后还是接了上一代人的班，完成历史赋予他们的使命，以至有资格来批评下一代人。为下一代担忧，为新生代担忧，实在是杞人之忧。每一代人都会有他们自己的问题，但不能看得太重，最终要靠他们自己解决问题。如此说来，我们应该相信新生代、相信时间？鲁迅先生曾经谈到：青年又何能一概而论？有醒着的、有昏着的、有躺着的、有玩着的，此外还多。但是，自然也有要前进的。醒着的、前进着的固然难能可贵，但不要因此忽略、排斥其他青年。如此说来，我们是否要设身处地地去理解：醒着的、前进着的是少数，而昏着的、躺着的、玩着的构成青年的大多数？他们的"无厘头"方式应当受到尊重？豪迈狂放、任情任性是青春的必要？问题接踵而来。在此，我们必须有自己的评价尺度，必须确立价值判断标准，必须让新生代口服心服地明白：绵长岁月中总有某些东西恒久不变而永葆蓬勃生机。历史真理、社会信念、美好和善良的心灵就是其中闪亮的部分。语重心长的交流如何不被鄙夷为陈词滥调？过来人的现身说法如何才能不被误解为摆老资格、端臭架子？民族文化中宝贵的真知灼见如何才能不被轻易地搁置一旁？所有这些，都需要我们确立科学合理的历史观和价值观，并认真思考传达中的艺术性。要从潜在危害上认清"无厘头"现象，有必要认真剖析历史虚无主义的错误立场，对历史事实、历史真理、历史价值及其内在联系进行深入分析。澄清一些容易混淆的概念和理论。理论不彻底，就不能说服人。

二、"经济决定论"、新历史主义及其他

也许"无厘头"现象与马克思的"经济决定论"没有直接的联系，但要说清楚这种现象背后的思想渊源，我们不妨从时下对"经济决定论"的非难说起。颇具讽刺意味的是，恰恰是科技——生产力——经济越来越大规模地决定、控制甚至主宰人们日常生活以及政治、文化等等，而且几乎一切都商品化的今天，反经济决定论却成为最时髦的语言，大肆鼓噪的却是西方的文化批判理论和后现代理论，与马克思、恩格斯和第二国际不同，自第三国际、左派马克思主义以及今天的"批判理论"和各种文化左派，都极少对当代资本主义的经济，包括现代科技在经济中的意义、位置和作用做真正仔细、系统的研究，反"宏大叙事"、反普遍规律倒风行一时。而"新历史主义"就是这种后现代反经济决定论的标本之一。

那么究竟什么是经济决定论？应该如何理解经济决定论？这些问题存在许多误解。要说清楚经济决定论，必须理解马克思、恩格斯所说的"生产物质生活本身"、"现实社会的生产和再生产"和"人类器官的延长"。前两者说到底就是在讲人类的衣食住行，后者在讲生产工具。这些内容作为历史，具有绝对性质。衣食住行、物质生产对人类生存的绝对意义，却为许多学者轻视、忽视甚至蔑视，也就是说他们无视基本的史实。当然由生产工具的变革所带来的历史性变化，每一个具体文明在发生和发展的过程中，生产工具以及科技在生产方式的结构中以及生产结构在整个社会结构中

究竟处于什么地位、能起多大作用和占多大地位，需要历史学作实证的具体研究。这是一般的哲学观与具体学科实证研究的区别所在。不能简单地用生产工具——科技来直接、单向度地解说经济形态及其发展，当然更不能直接用来解说政治和文化。所以所谓的衣食住行和生产工具方面的史实，所谓的"经济决定论"，只是就人类总体生存发展的存在也即从千百年的历史鸟瞰角度而言，它只是哲学提示，并非可以直接搬用的教条。在具体的历史行程中，它常常只是社会变更的必要条件而远非充分条件，与其说是"经济决定论"倒不如说成"经济前提论"。这个前提的作用在今天应该看得越来越清楚。科技对今天的日常生活、衣食住行及延长寿命的地位、作用、价值越来越重要。

而新历史主义这样一种后现代思潮干脆不承认有所谓最后的实在，将历史直接归结为文本。文本当然取决于叙述者、解说者的自觉或不自觉的意图、理解、认识和偏见（从一般的误会、误解到严重的意识形态的扭曲），所有这些又都在特定的时代——社会的权力话语的支配、影响之下进行活动的，历史始终是被人写下来的历史，而人是在权利和知识支配下进行活动。这里当然没有客观经济法则的地盘，也没有客观所指的历史，一切均是人为的编造。为数代中国革命知识分子一度奉为圣经的《联共布党史简明教程》是一本实实在在的说谎大全。其实中国古代帝王也有过类似做法，从李世民到乾隆"圣明天子"都做过删削篡改史实的事情。文本是由人写的，甚至包括各种实物、遗迹，也都由后人在不停地解说着。任何历史只是当代史，都被"当代"的权力话语所驱使，有的自觉和明显，有的不自觉、不明显。新历史主义突出并竭力推演的这一极端观念，在戳穿绝对的理性主义历史观所宣扬的价值中立、客观真理和科学研究的虚伪方面有好处，它至少提醒我们关于历史真相的问题不能简单对待，它强调历史即文学，是各种权力支配下的想象或虚构。这并非毫无道理。

有一位俄罗斯史学家分析苏联解体后史学研究所面临的种种困难，对于我们了解上述现象很有参考价值。他说，苏式马克思主义史学破产以后，俄国只剩下一片"哲学的空白"（a philosophical void)；现在许多人竟顺手乱抓一切荒谬的东西来填补这片"空白"，从神秘主义、"旁门左道"，到侵略性的沙文主义都大为流行。苏联的崩溃诱发人们操纵历史记忆的需要和思古的情绪，其结果是对历史的建构流入随心所欲而且往往出人意表的境地。思想的自由竟变成了不负责任的恣纵；人们在旧神话的残骸上又编织了新神话。这位史学家也希望通过史学研究以重建俄国的文化价值。因此他特别强调"从内部研究历史"的重要性，更强调史学家必须同时对他研究的对象和他所寄身的社会负起严肃的责任。

　　但新历史主义由此完全否认任何真相和客观性，认为一切都是文本游戏，所谓历史不过是不同文本之间的竞争和选择，这显然又是错误的和站不住脚的。从最基本的层面来说，人类的日常生活、衣食住行，并非虚构，也非文本。历史的主要部分本就是那些衣食住行和日常生活的记录和记述，为保存经验，巩固群体，传之后代，归根到底还是为了衣食住行。尽管世代存留的实物、遗迹会被不断解释和解说，但毕竟不可能被文本全部淹没，即使是想象和虚构也不可能随意飞翔。相反，各种文本总是围绕着特定的历史实物进行科学的、伦理的、审美的、意识形态的描述和解说。奥斯维辛集中营里留下来的鞋子、头发、假牙毕竟不是否认纳粹大屠杀的文本所能推翻的。这些劫后遗存恰恰说明：历史并非文本。文本无法取代史实。只要人类存在，历史最可靠的依据，仍然是这些生产——生活工具所标志出的人们经济生活的遗物。其上的政治体制、文化特征、宗教信仰，文本的编造性和虚幻性的比重，显然要沉重得多。所以，新历史主义与后现代主义的其他"主义"一样，最喜欢在文化和政治文本上做文章，关于经济——即人民日常生活的衣食住行的历史却总是轻描淡写，一笔带过，有的甚至视而不见。其实，这恰恰是带不过去的，因为经济是基础，既然是人类生活的基础，当然也就是历史的基础。新历史主义和其他的现代好些别的流派和思潮都坚决否认历史有所谓的"规律"，从而否认历史有所谓的必然。他们说历史即使并非文本，但毕竟由人创造，因此不可能存在所谓的不依人的意志为转移的客观规律。这是今日中外历史学的主流或强音。我想我们似乎应仔细分析"不依人的意志为转移"是何种意义上的？当然语言学家会有各种各样的解释和考证，但我理解的历史规律性是指有没有不依照人的主观意愿、欲求、计划却一定会发生的事件、现象或趋向。这当然是就宏观而言。恐怕还是存在的吧?!首先，人为了生活，现实生活的生产和再生产就具有某种客观普遍的规律性质，当然不能排除有某个群体或某个个人为了某种崇高目的不吃不喝，牺牲生命。但就人类总体而言，毕竟这样的行为是非常态的。规律总有例外，但不影响其普遍性，因为所谓普遍必然性也不过是客观社会性。也正由于与人民大众的衣食住行和日常生活密切相关，今天以科技为动力的社会进程和市场经济以不依照人的意愿为转移的速度前行。即使许多人抱怨今天的物质文明，非难现代文明所带来的种种弊端，但真正乐意回到茹毛饮血时代的人毕竟不多。这就是所谓客观必然性和规律的基本内涵。随着经济基础的变更与发展，马克思所说的生产关系和交换关系也随之发生变化，这也有一定的客观性，但由于它们与衣食住行的关系远了，间接了，这种规律性和必然性的形态、样式就远为复杂了，也远不及经济领域和生产工具领域那么确定、明显。也就是说必然性看起来不那么"必然"。因为人是主动创造历史的，这种主动性和创造性，既体现在经济生活中，又体现在建立于经济基础之上的各种活动中，而后者的自由度更大，这正是为什么帝王将相和政治史、文化史在传统史学中占据显赫地位的缘故。善于抓住时机，看准当时当地人们生存生活需要而进行改革，从军事大事到小小发明，从起义革命到创制某种作品，从英雄圣贤到文人墨客，都可以大显身手而载入史册，或流芳百世，或遗臭万年，这不就是被书写着的历史吗？当然这方面，文本的自由度很大，新历史主义讲的那一套便有其合理处和真实处。因为在那些领域，各种偶发性占据统治地位，解释的自由度极大，各种记述常常是半真实半想象。就历史有其真实性一面而言，这里的根本问题是偶然和必然的关系问题，即任何历史现象、人物和事件，其主动创造历史的成就和失误，到底多大程度、多大比例是必然，即制约于时空、条件和环境而出现，多大程度上是偶然，是由于个人主观的思想、品格、信仰、意志和情感等原因，是一个十分复杂而重要的问题,很值得研究。比如某个具体的历史事件,影响其发生的具体因素分别是什么? 它如何产生? 如何展现? 它们今天还是否存在? 作为这个事件的必然因素在当时和今后怎样? 是否可以有不同的引导方向? 这些就是应通过"必然与偶然"这一历史课题进行探讨以获取经验和认识的问题,而不是以"必然通过偶然出现"之类的公式来论证其合理性和必然性。人一方面主动创造历史,同时又被历史规定和制约。即使在最自由的文化领域,莎士比亚不可能出现在原始社会,如同今天不可能有屈原、杜甫。英雄和圣贤是应该承认的,但不可能完全是英雄造时势。因此不能把历史事情包括衣食住行在内的所有事件,都一律解说成必然规律和不可避免,恰恰相反,必然和偶然是什么关系,在结构中各占什么地位,才是问题的真正所在,因为所谓必然与偶然在事件中所占的比例、成分、结构是并不相同甚至大不相同的,这才是历史研究的主题和核心,而所有这些都包含在历史唯物论的范围之中。这些听上去像老生常谈,却依然重要。

上述马克思主义的历史必然性其实与理性主义认识论有着内在联系。而新历史主义那样的后现代思潮恰恰是反理性的。普遍必然、价值中立、客观真理是理性主义认识论的基本准则,按照这一逻辑,天赋人权、独立个体、社会契约等等,仿佛是无需证明的先验准则。具有普遍必然性的理性高居万物之上,甚至越过人类本身。康德的先验理性,黑格尔的绝对精神就是例子。马克思的历史观也可以认为是从这一理性主义思路上走来的。今日罗尔斯所强调的伦理规则,仍然可以认为是这种理性主义潮流的绵延。理性主义与现代科技的迅速发展、社会组织、科层机构的日益细密、政治制度的工具化等互相推动和促进,使工具理性主宰、控制着现代人类社会各个方向,并且浸润日常生活的各个方面。于是也就产生反对这种理性主义的反理性主义和后现代主义。作为理性主义的解毒剂,这种反理性主义和后现代主义恰恰成为现代化进程和建立、巩固资本社会的必需品。理性主义和反理性主义相反相成,既相互依赖又相互斗争、相互补充,以共同构成资本社会或现代化进程的思想基础和前进动力。但到今天为止,理性主义仍然占据主要地位,对抗、革命和解构仍然只是造成动态平衡。尽管相对论、量子力学和混沌理论似乎与后现代的相对主义、不确定性、约定论相关相似,尽管真的有一些后现代论者将这些自然科学观念或成果强行拉入后现代反理性主义的范围,尽管科技创造作为心理的自由想象不能列入理性范围等等,但就任何自然科学和技术工程来说,都包含必须经过严格的逻辑推理程序和实验验证过程,其整体仍然是理性和理性主义的。人际世间的现代社会结构、组织、行为和规范,甚至包括好多反理性主义的论说和著作,也仍然只能通过理性的秩序和逻辑来表达和言说。后现代倡导此也一是非,彼也一是非,并无所谓真正的是非,一切不过是在权力下的知识,充满相对性和特殊性。理性主义所构造的真理、客观和普遍必然,不过是假、大、空的宏大叙事,只有走向诗意的语言栖居,才能获得真正的个体存在的家园。这些内容确实对个体的精神存在产生极大的冲击和震撼,但这种冲击和震撼实际上并不真正摧毁、打碎理性,后现代不是去摧毁和否弃理性,而是补充、解毒理性。作为对现代的反思、补充和解毒,后现代主义始终处于次要和必要的地位,可以作为今天社会发展的新动力。但是,一旦反理性主义成了主导方面,影响控制整个社会的物质统治时,便极有可能走入纳粹和"文革"等灾难。理性也可以充当这种工具,如纳粹杀人的高效率性,文革时煽动情感的理性理论等。所以,将后现代观念搬进目前大部分地区、情况尚处于工具理性远未成熟的前现代状况的中国,确实需要特别小心,至少应当注意：在输入强调"颠覆"的后现代理论中注重"重建"。

所谓历史其实有两种含义,一种是指相对性和独特性,也即在特定时空环境条件下的产物(发生或出现),另一种是指绝对性和积累性,也即人类经验及其意识、思维的不断承继和生成。说人是历史的产儿,同时具有这两个方面的内容。传统的马克思主义更注重前一个方面,后一个方面其实不能忽视。人类正是通过各地区各文化传统亿万人群的有限性、相对性和独特性来获取积累性、普遍性和绝对性。人类因之而对个体成员提供历史创造者的必要前提和条件,任何个体的创造性和独特性都是站立在历史这块基地上而不断开拓和升高的。所以,所谓理性其实是历史地建立起来的,理性的基础是合理性。强调历史的相对性、非确定性和非客观性,但又不是相对主义。因为它建立在人活着这样一个现实的基础之上,它仍然认为由这种相对性、不确定性、非客观性,经由积累却建立了人类共同适用从而被一致遵守的"客观社会性",即所谓普遍必然性。

三、启示

绕了这么一个大圈子,好像在说与"无厘头"不直接相关的理论问题,但是就事论事有时候反而深陷其中。当然,说清科学合理的历史观与把这种历史意识生动形象地传播到广大青少年中去不是一回事。我们不能因为手中拥有某种理论武器就沾沾自喜,更不能简单地认为理论武器等同于物质力量和传达的直接有效性。历史意识其实就是现代意识,缺乏历史感的年轻一代难以开创现代性的事业。正因为如此,我们在一定程度上肯定"无厘头"感官愉悦、释放情绪的同时需要强调历史意识和价值观导向。在我看来,至少"无厘头"现象可以给我们如下启示。

启示之一: 对于健全的人和健全的社会来说,增强历史意识和创造新的意义都是必须的。正如尼采所说:无历史的和历史的对于一个人、一个民族和一个文化的健康来说同样是必要的。没有历史价值和政治智慧的继承,我们就会像原始人一样存在,可是如果我们不超越现存的意义,重新评估历史的价值,我们就不可能有历史进步。但是无论怎样人不可能摆脱历史,有的倒是历史的延续性及变迁以及历史意义的继承和扬弃的问题。

启示之二: 历史意识和历史责任作为经典理性主义坚持的认识论和价值观在后现代语境中遭遇挑战并不奇怪。历史真理、历史意识、历史责任等本身也是历史地建构起来的,作为认识论和价值观,他们要发挥作用,赢得人心,必须有其实践上的合理性。换句话说,所有这些内容的基础就是活生生的实践。经受实践的质疑、重读、解释和反思本是非常自然的事情。如果经过"无厘头"们的搞笑和随意臧否,我们一直坚持着的历史真理和社会信念就溃不成军,毫无招架之力,那只能说明原先所坚持的特定内容本身确有调整和自我更新的必要。处逆境而弥坚,历生死而昂扬,那才是青年一代要认识和坚持的历史真理和社会信念。

启示之三: 价值和真理本身就是相对和绝对的统一。偏激的相对主义也是望得到尽头的天涯路。一方面,如果价值和真理是绝对的、独尊的,它一向都应该由谁来审查和发布呢?霸主的宝座虚位以待,有幸可遇圣贤,若事不凑巧,很可能在魔鬼掌中。何况价值相对主义意味着——真理本来就是此一时也彼一时也,此一地也彼一时也,或时过境迁,或入乡随俗,绝难以一概全。西方有西方的价值思想,东方有东方的传统信念,凭什么要由你或由它说了算?另一方面,西方是谁?东方又是谁?西方有许多国家,若干亿人,东方也有很多民族,若干亿人,一国又有若干省,若干市和县,如此相对下去,只好每人一面旗,各行其是去吧。也许更合适的是这样的主张:每个人有每个人的梦,每个人有每个人惬意的活法,本来就是别人管不了的事。每个人有每个人的爱情,虽可能有失恋的苦果,但绝不容忍谁来包办一份"甜点"。但这样肯定不能长久通行。孤独的旗帜上早晚要飘扬起沟通的欲望,就算是玄奥的禅语,不也是希望俗众悟出其公案的含义?各行其是的人们,终于还会谋求合作,协作必须要有规则,而规则的建立难道能不依赖于价值的共识?正是从这样一个角度,我觉得也不必过分担心"无厘头"现象的长久蔓延,也似乎不必过分担心历史真理和社会信念会真正瓦解,需要担心的倒是我们宣传工作中惯性的导师意识和精神上没有足够依凭的优越感。

第二部分　"戏说"、价值渗透和客观性问题

一、帝王剧与"戏说"风

与新生代"无厘头"现象遥相呼应的是"戏说"风。荧屏古装剧

出现的频率最近几年非但没有降温的势头，反而越演越烈。数数时下的古装剧，除了武侠剧就是帝王戏了，无论是以戏说取胜的《铁齿铜牙纪晓岚3》、还是以规模宏大著称的历史正剧《汉武大帝》、甚至在港台地区大热的《金枝欲孽》，哪一个和宫廷、帝王脱得了干系？历史正剧、戏说剧、秘史剧、野史剧五花八门，一时之间让观众也过了几回帝王瘾，收视效果似乎也不错。

20世纪90年代初，一部《戏说乾隆》火遍大江南北，就算真正的乾隆帝相貌如爱新觉罗家族画像上清一色的佝偻老头状，但人们还是认定他就长成郑少秋的模样，其后关于乾隆的传说越来越多，越来越神，乾隆帝成了拥有神秘身世、风流倜傥、幽默智慧的代名词，受到无数少女的顶礼膜拜。除了乾隆，就连其貌不扬的朱元璋都由胡军这样的"性格帅哥"来演绎。我们不但看到郑少秋类的风流乾隆，还看到张铁林类的卡通乾隆，张国立类的平民乾隆，焦晃类的光辉乾隆，唯独看不到历史上也曾经武断、曾经荒唐的真乾隆。而《至尊红颜》中贾静雯扮演的年轻武则天竟然被一个宫女玩得团团转，完全有违于历史上武则天的真正性格。历史的真实与帝王剧"艺术处理"过的真实相差甚远，也就是说，堂堂历史人物，重大历史事件，在编导们的眼中成了随意剪裁、信手拈来的东西，尊重历史的意识、为历史负责的意识在这里严重缺位。

面临非议和争论，有些导演煞费苦心设计了一套理论，即"大事不虚，小事不拘"，也开设了一味药方，名曰"秘史"——夹在戏说剧和历史正剧之间，比戏说剧更关照历史，比正剧更富有戏剧性。"在大的历史背景和历史人物定位准确的前提下，以人文主义的视角，讲人的故事，在历史的字里行间讲述历史人物的感情，这就是秘史。"听上去挺有道理，但是如果将这种所谓的理论和药方付诸实践——将史书上仅有几行字记载的康熙第二子——历史上唯一一个被两立两废的皇太子扩展成32集电视剧，就会出问题。史书上记载的皇太子"肆恶虐众、暴戾淫乱终被废"，而《皇太子秘史》中马景涛扮演的皇太子却摇身一变，成了一个宽厚仁爱、重情重义的情种，似乎走得也太远了。

严肃而健康的历史剧确实是十分重要的精神文化传播方式，

有利于普及历史知识，让人知兴替、察殷鉴、明是非。然而，目前流行的许多古装剧和帝王剧与严肃的历史思考相距甚远，存在的问题至少有三个：一是对历史发展进程严重误读。不少剧作不但缺乏历史唯物主义的立场、观点和方法，而且也没有站在当代社会的高度去审视历史，许多莫名其妙的历史"翻案"文章完全是无中生有、混淆是非，许多重要的历史沿革和重大的历史事件，无端地成了帝王或其嫔妃们表达个人恩怨意气的即兴小品；二是"戏说"。使历史剧完全丧失了历史真实的公信力。历史剧在这里只有"剧"而没了"史"，历史成了完全听命于戏剧需要而任人打扮的灰姑娘，只要"有戏"，无论是多么违背历史常识的情节都可以杜撰出笼，无论是多么荒诞不经的"历史奇迹"都可以炮制出来；三是把历史娱乐化处理，深沉的历史主题演变为轻飘飘的搞笑闹剧，"历史剧"在一片嬉笑怒骂的无聊噱头中幻化成赚取商业利润的手段。这些"导"法、"演"法，表面看来赢得了一部分观众，迎合了他们茶余饭后消遣和游戏的心态，但毕竟不是我们这个时代所需要和提倡的历史意识和现代追求。今天，人们需要开拓创新的前瞻意识，期待社会的公平、公正与和谐，渴望建立完善的民主与法制，需要反映波澜壮阔的社会变革、展现人民创造历史的奋发精神和追求美好新生活的优秀作品。

帝王剧的毛病还不限于"戏说"，有时候它试图承担教化大众的功能，但这种教化显得比较僵硬和夸张，甚至很恶劣。编剧和导演们看待帝王时永远都是仰视。帝王们少年时肯定聪慧过人，稍大后就饱读诗书，年轻时就有鸿鹄之志，中年时更具雄才伟略，一辈子高瞻远瞩、忧国忧民、呕心沥血。总之，一步一个脚印，都是后人学习的榜样。光用剧情展现还不够，导演往往还用直抒胸臆的方式来讴歌，如《汉武大帝》主题歌中所唱的"你燃烧自己，温暖大地，任自己成为灰烬"，初初看来，还以为是歌颂劳动模范呢。有作为的帝王可以归为英雄的行列，但如此吹捧和宣传，未免滑稽。帝王戏的导演还远没有从文革时期样板戏的模式中走出来，他们太想借用历史来煽情，太急于塑造高大全的形象，对于皇帝们的野心膨胀和极权支配下的人格缺陷往往视而不见。非要说点不好，也多半在私生活上做文章——但对于封建时代的皇帝，拈花惹草不仅是天经地义，而且还可以当作他们个人魅力的明证。而皇帝在政治上的过失统统可以轻描淡写，或以另一种方式表达，如汉武大帝就为穷兵黩武的一生下了"罪己诏"。伟大的皇帝也懂得自我批评！这样一种对帝王的演绎，实际上就抹杀了中国历史不同发展阶段的个性。汉朝有汉朝的少年英发，唐朝有唐朝的巍峨气象，明朝有明朝的保守专制，而如今的帝王戏对各个时代、各个皇帝的理解和处理没有多大区别，以为吹胡子瞪眼再加点宫闱之争就是帝王和帝王戏了。缺乏个性，一味讨好市场和观众，质量令人生疑。

　　关于溥仪的影视作品国内拍了不知多少部，但没有一部超过意大利导演贝托鲁奇的《末代皇帝》。原因何在？因为贝托鲁奇抓住了溥仪的个性特征，这位皇帝一生都在迷茫地寻找"我是谁"的答案。而我们的很多作品，能把他的三角恋拍好，就算大功告成了。我们拍的皇帝戏的市场占有率很大程度上恐怕来自戏中的权力争夺战。宫廷中的各方为了权力而不择手段，让观众看得津津乐道，而在完美帝王形象的感染下，这些为求私利而不惜一切代价的人生观成了一些人的为官之道和人生哲学。帝王戏成了官场文化的投影？如果真是这样，帝王戏的强效力辐射已不仅仅是歪曲历史这么简单了，它正在主流意识形态宣传中产生恶劣影响。

　　作家王蒙在 2005 年 3 月结束的全国政协十届三次会议第三次全体会议上就提出电视剧的扫"皇"问题。剧作家魏明伦也表示：不加思考的"帝王崇拜"意识会严重误导观众，非常不利于民主法制社会的建设。

二、价值渗透与历史认识客观性问题

　　"戏说"现象的存在和市场效应引发我们思考以下一些重要的理论问题：如何评价历史事件和历史人物？有没有一个堪称客观公正的价值尺度？如果有的话，这个尺度会不会影响历史事实的真实性？也就是说，历史的客观性与历史评价活动的主体性能不能统一？这些理论难题不解决，戏说的思想土壤是随时准备好的。而只要这个土壤存在，我们关于马克思主义唯物史观的教育和宣传就缺少空间和舞台。因此这些理论问题本身具有很强的现实针对性。

"戏说"现象客观上要求我们特别关注价值选择和价值渗透在历史认识上的重要作用，关注历史评价问题。因为这一现象正是以价值取舍的方式"裁剪"历史的：东取一点，西抓一点，拼凑一个媚俗的形象。这就要求我们从深层次上搞清楚：对历史的价值选择是不是随意的？有没有限度？如果有的话，这个限度是什么？对某个历史事件或历史人物的认识，确实时时伴随评价活动。现实利益、社会需要也确实对对象的取舍起着十分重要的作用。每一个人都是时代之子，电视剧的编导也不例外。作为现实的人，他们生命的一部分生活在今生今世，前人无法感受到的变革时代的种种复杂因素环绕左右，但作为职业和饭碗，又有具体的要求和限制，尤其是帝王剧的编导，他们生命的另一部分又必须生活在过去，当面临现实与职业的微妙却并非微不足道的对立时，他们在拍摄对象的再创造上常常依靠在现实中逐步形成的价值评价系统，带有十分强烈的主观色彩。这种主观性和自主性在帝王剧中就表现为面向大众、迎合大众的潜在愿望。在历史教科书中，帝王将相与大众的距离是相当遥远的，没有所谓的"圈外消费"（非学院式消费）。只有在市场经济对知识传播和学术事业影响日甚一日的今天，那些电视剧的编导们才能比以往更为强烈地感受到与大众交流的重要性和迫切性，才能更加自觉主动地去理解、把握"圈外人"的消费偏好（评价标准），进而大幅度调整自己的叙述对象和叙述方式。这种对象取舍上的选择某种程度上使他们获得一个广泛而鲜活的现实文化基点。这是一个客观事实，也体现了历史评价活动的主体性。只要编导们的这种自主选择是以历史责任感为基础的，而不是在片面的躁动声中跟着感觉走，那么他们的这种选择就不至于瓦解历史本身。

许多编导们制播帝王剧的目的除了可观的经济利益外，恐怕也不能排斥所谓"鉴往知来"。以古证今者有之，以古鉴今者有之，以古喻今者有之，以古启今者有之，以古讽今者有之。历史知识成为获取现实之果的大网，往昔的成败是今日成败的直接参照。其实这是一条中国古代史学传统中被加重加粗的基本脉络，没有帝王剧编导们的添枝加叶，这条脉络也清晰可辨。马克思主义也一般性地肯定这个价值目标。需要反思的倒是：编导们鉴的究竟是什么"往"？知的是什么"来"？如果"往"就是剪刀加糨糊，"来"就是"官道"加阴谋术，那就成问题了。况且，鉴往知来本身也是值得进一步思考其局限的。简单地依赖于"往"，也许结果反而是心智弱化而非"知来"。为了深入认识今天，必须认真直面过去，必须对人类以往辗转曲折的足迹进行扫描探测。这个过程不是简单地把思考的焦距对准既往得失，把历史实践与现实生活的一些外部现象加以简单化比附。生活在今天的编导们，需要摈除的是简单化的借鉴意识，需要培养的是深沉的历史感。

与"直笔"和"实录"的史家风格相比，在选择、加工、解释某些历史事实和现象上，帝王剧的编导们似乎有着更多的自由空间。与含蓄地表达自己价值意识的史学家不同，编导们更直接显露他们的主观想象。因为编导毕竟不是历史活动的研究者和专家，在艺术加工过程中允许一定范围的虚构。但自由到随意的地步，直接到舍弃基本史实的程度，至少是非历史的，也不能称作历史剧。镜头底下的波澜中是否凝聚着家园之爱？对人类的正义之感？对人民的热情歌唱？通过对人民生命活动的一次又一次感受，一次又一次提炼，一次又一次升华，展示历史所具有的人性力量？这也许是主体性的一个限度吧?!

谈到限度问题，说到底就是带有强烈主观色彩的历史评价如何拥有客观性和普遍性？换句话说，价值评价的主观性会不会影响历史认识的客观性。而要从根本上说清这个问题，又必须对历史认识客观性的实质有一个正确而合理的认识。中外学者对历史认识的客观性问题看法各式各样，有的认为历史就是一个任人打扮的小姑娘，根本不存在客观性，这种观点暗中支持帝王剧的制作。既然根本就没有什么客观真实的历史，胡编乱造与严肃制造又有什么区别？有的则认为历史是有客观性的，不过这个客观性是在我们之外、永远达不到的"本体"，因为历史事件和活动一去就永不再来。这样的客观性在我看来，即使有也无助于问题的解决。

还有一些学者是折衷论者,随时都可能滑向主观论或非主体的"客观论"。犹豫中的左右摇摆本身就表明理论的不彻底性。在我看来,要解决好历史认识的客观性问题,必须先解决两个前提,第一,必须承认人类历史是客观的。假如根本不承认人类历史的客观性,那就根本谈不上历史认识的客观性。皮之不存,毛将焉附?第二,必须较为准确地把握历史认识的本性,而不是简单套用一般认识论原则作穿凿附会的解释。

承认人类历史的客观性存在似乎没有什么理论上的困难,人类历史的物质性、人类物质现象和精神现象的客观性、人类整体运动过程有其客观规律性等已成为中学历史通识教育的内容。但作为历史认识的对象,情况又有些不同,虽然它也是客观存在的,但绝大部分都是已经过去的客观存在,人的认识不能直接作用于这个已经过去了的客观历史存在本身。在许多情况下,历史认识主体和历史认识客体无法形成现实的两极矛盾关系,简单地套用一般认识论的反映概念是行不通的。如此说来,是不是反映论原则不适用了?不是这样,而是说必须考虑到历史认识对象的特殊性。虽然许多历史认识对象已不完整地存留于现在。但它们毕竟或者以遗迹文物的形式,或者以历史资料的形式,或者以两者兼而有之的形式存在于历史认识主体面前,主体是通过上述种种中介形式把握历史认识客体,通过中介,历史认识主体可以间接认识历史对象。总体说来,历史认识作为反映的一种形式是间接性的,在这种情况下,历史认识的客观性就表现为对客观历史的正确的间接反映。无论新发掘了多少遗迹,多少材料,这些遗迹和材料总不可能包括过去历史的所有丰富内容,所以一般历史认识只能做到大致的正确反映。尽管如此,历史认识本质上还是一种反映,历史认识的客观性还是指对客观历史的大致正确反映。

但是历史认识的客观性也有自己的辩证法。首先这种客观性作为历史认识追求的目标并不能一次性完成,而是要经过主客体的多次往复才能完成。其次,历史认识的客观性主要关注的是对人类历史现象整体性、全局性乃至本质性的大致正确的反映,而不在于一味追逐细节上的正确,强调必然和偶然相互作用而形成的整体景象。再次,历史认识的客观性是历史认识与客观历史的具体的历史的统一,是相对和绝对的统一。最后,历史认识的客观性不仅是认识与客观历史的符合,而且还是能动的符合,也就是说历史认识的主体性与客观性不是互相排斥的关系而是对立统一的关系,客观性中就包含主体性。对于历史认识主体来说,不发挥主体性,历史认识根本不可能产生,也就不存在历史认识的客观性问题。发挥得不当,反过来也会阻碍历史认识客观性的获得。帝王剧的编导们选择的"戏说"方式就是主体性发挥不当的典型例子。

帝王剧的编导们通过艺术二度创作来反映历史、认识历史,他们的主体性体现在设定研究对象(历代帝王)、接纳和整理历史文本、历史遗迹所提供的信息,理解和解释这些信息。要描述在具体时间、空间条件下活动着的历史人物、事件及过程,编导们必须运用形象思维,而在描述历史人物的心理活动、性格结构,在描述社会习俗、社会心理以及历史过程的细节时,这种形象思维显得尤为重要。它可以抓住帝王们的典型特征予以描绘,省略掉那些无关紧要的细节;可以求助于合理的想象和猜测去弥补材料之不足,以填补历史连贯链条中的空白环节;可以以头脑中原有的其他具体的历史形象与所要描述的对象相类比,增强说服力和感染力。但是无论编导形象思维的作用如何能动发挥,他们所描绘的画面还是要力求真实可信,必须在时空中有明确定位;必须与历史大体一致;必须用历史证据加以证实。历史认识的主体性发挥因而还是有限度的,超过这个限度,就会把历史认识变成滑稽剧,变成完全的想象和虚构。

除了形象思维外,帝王剧的编导们在编撰故事情节时或多或少还要运用概念、判断、推理等逻辑思维能力和已储存的相关理论知识。编导本身的理论储备如何有时直接决定着历史认识客观性的程度,这是因为如果编导们没有系统的历史观点,又没有基本的历史常识,还缺乏与史学相关的各门学科的知识,那么他所描绘的一幅历史图画必定只是经验性的认识,而所达到的客观性程度必定是表层和肤浅的;如果既具备基本的历史学知识,同时又有与史学相关的各门学科的知识,但他缺乏系统的历史观,那么他所描绘的历史图象虽然可以解释许多东西，但是由于整体上没有系统的历史观贯穿其中，对历史的认识就不能达到整体上的客观性；如果他们既具备基本的历史学知识，又有系统的历史观，但缺乏相关自然科学如天文学、地理学、考古学等与社会科学如经济学、政治学、教育学、人类学等基本知识，那么尽管他可以在整体性上达到客观认识，但在细节处理上还会存在很大的经验直观性；如果他们具备一切必需的历史学、自然科学、社会科学知识，又具有系统的历史观，那么他就可以较好地解释历史现象，较好地把握历史剧的价值取向，并达到对历史的客观性认识。当然这种客观性仍然具有历史性和相对性。运用各种知识和理论框架进行解释的过程也就是编导们发挥主观能动性的过程，但这种主体性的发挥是有限度的，它必须尊重客体，把从客体所获得的信息作为解释的对象，而不能把历史信息当作工具和任意处理的对象。此外，主体能动性也有个如何发挥的问题，发挥得不当，就会出现错误的概括和解释，从而遮蔽客观历史的本来面目。而且编导们主体逻辑思维图式本身也有一个正确和错误之分，错误的理论知识框架有可能影响对历史认识客观性的把握。

认识和评价紧密联系在一起，价值评价的主观性会不会影响历史认识的客观性？认识中的对与错就是评价中的应当不应当，对历史本性的认识同时意味着评价，这是一件事情的两个方面。历史发展的规律其实就是人民群众创造历史的规律，它内在地包含对人民群众根本利益的肯定，而社会历史的发展规律同时也符合并有利于促进人民群众的根本利益的实现。因此原则上看，价值评价的主观性与历史认识的客观性对立统一。

一般来说，真理和价值之间是彼此存在差异和对立的。真理不是价值，价值也不是真理，真理不一定对任何人都有用，对人有用也不一定符合真理。但站在人类历史进步发展的高度，以人类历史的创造者和推动者人民群众为主体，符合人民群众利益，满足人民群众需要为价值标准，那么这种价值就与社会历史发展的客观真理之间有着内在的不可否认的高度一致性。正是在这个意义上，刘少奇同志才会说：好在历史是人民写的。社会历史的客观真理,作为社会存在发展的本质和规律的显示及其反映,归根到底,是社会历史主体及其活动的本质和规律的真理,它必然存在于、表现于社会历史主体——人民群众自身存在、活动及其条件和过程的深处,必然同人民群众的根本利益及其条件的变化互为表里。社会历史的客观真理就是人类和人民的存在、利益、活动及其条件运动变化的逻辑;人类和人民的生产和生活方式发展变化所遵循、所体现的逻辑就是社会历史的客观真理。真理与价值内在统一的原理说明:如果想获得对客观历史本性的正确认识,就需要树立正确合理的价值观和人生观,要站在促进社会进步的价值观的高度,站在人民主体的高度进行探索。

正确合理的价值观会有助于编导们获得历史认识的客观性,积极的价值评价与客观性之间是手段与目的关系;与此同时,由于历史的客观性之中有评价的因素,历史认识的客观性与价值评价的主体性之间又是整体与部分的辩证关系。

消极的价值观往往妨碍人们获得对历史事实的客观性认识。有两种情况值得关注:一种是编导们有时候明明知道历史的真相,却碍于市场取向和迎合观众的需要故意歪曲历史真相。正如马克思所说:"资产阶级在法国和英国夺得了政权。从那时起,阶级斗争在实践方面和理论方面采取了日益鲜明的和带有威胁性的形式。它敲响了科学的资产阶级经济学的丧钟。现在问题不再是这个或那个原理是否正确,而是它对资本有利还是有害,方便还是不方便,违背警章还是不违背警章。不偏不倚的研究让位于豢养的文丐的争斗,公正无私的科学探讨让位于辩护士的坏心恶意。"(《马克思恩格斯选集》第 2 卷人民出版社 1995 年第 107 页)虽然这里说的是经济学的情况,但其中的道理也适用于帝王剧。另一种是由于狭隘的价值观的限制,使得编导们不太可能获得历史真相。那些英雄史观的标榜者怎么可能获得关于人类历史本性的客观认识?

三、交换率、贴近大众和历史认识的现实性

现在的问题在于编导们对这些理论探讨没有兴趣,他们也不

觉得要为任意剪裁、随意夸大、添油加醋、无中生有负起什么严肃的责任，收视率淹没了一切，市场导向指挥着思想的跑马场。除了部分文化界人士，大多数受众也不觉得这中间存在什么严重的问题。电视嘛，就是消遣，任何东西都可以拿来找乐子。娱乐人生而已。既然如此，我们似乎很没有必要指责帝王剧的"戏说"之路了。细细一想，编导和观众的这种心态，恰恰就是市场经济发展到一定阶段生长起来的新的社会意识形式，这种形态是无历史的、非历史的，即使有，也与历史活动中的人民群众无关。在我们的主流意识形态宣传工作中必须十分注重这种与市场经济伴生的社会意识和"戏说"心态。

我觉得我们必须在价值观念上有一个大的转变：从关注收视率向关注交换率转变。一档节目在当时当地拥有一定的观众群，甚至万人空巷，但是播完以后雁过无痕，这样的收拾率再高也是暂时的。长久地被不同地区不同文化背景的传媒机构所交换才能加倍放大传播的效果，才是真正有生命力的。像"DISCOVERY"、"神奇的地球"等名牌栏目，无数次被不同的电视台购买、播放、传送，超值实现它们的商业价值和文化价值。如果我们的电视节目包括帝王剧，哪怕在国内也达到类似的换手率，那才没有辜负电视这样了不得的大众传媒。不用勉强搞笑，不用装腔作势，不用乾隆来乾隆去，节目本身的魅力足以赢得一切。只有让交换率的观念深入人心，尤其是深入广大电视人的心，才能从收视率的诱惑中走出来，也才能从更深广的视野认识帝王剧所谓的"贴近大众"。

因特网的出现给注意力经济的资源再配置提供了契机和商机。做了网中人，你可以发现有许许多多免费享受的"服务"，从几兆到数十兆的免费邮箱、免费开辟个人网站到免费的小说阅读、免费的旅游咨询服务，给人一种天上掉馅饼、拣也拣不完的感觉。这一切的背后，心甘情愿"烧钱"的目的就是为了吸引更多的注意力。贴近大众、瞄准一切潜在的受众成为媒体商机的先导。报纸、通讯社、电视、广播、电影等都不同程度受到注意力经济的挑战，贴近大众成为它们数字化时代生存方式的理智选择。导向正确、格调高雅，再加上贴近大众，当然是各大媒体的理想目标，但如何贴近是有讲究的。贴近不是一味迎合。

就历史题材的电视剧而言,大众的需求和取向其实也是分层次的,有高下、文野之分,并非只有"戏说"一味。所以贴近的姿态是吸引,是从群众的现实生活和多元情感出发,使媒体传播的信息吸引受众注意、引起受众兴趣。人为制造所谓的轰动效应或搜奇猎艳,实质上都是盲目迎合受众的产物。

贴近不是"我讲你听"、"我传你接"的俯视式传播而是平视式报道,是语气平等、朋友式交谈。是从群众容易接受的角度切入,用大众喜闻乐见、通俗易懂的谈心方式娓娓道来。但贴近并不因此就等于可看性,等于为大众解闷。贴近仍然需要从信息传播中把握社会、历史变迁的真实脉搏,获得有助于提升大众正义感、道德感和良知感的较为重要的内涵和启示。

贴近不等于没有把关人的骨架,也不等于没有思想和品位。即使完全是纪实手法,也还有一个如何浓缩人间真情、提炼人性的问题。贴近仍然需要引领。贴近不是"追尾",而是站在大众前面,转化他们不仅合理和健康的精神需要,疏导那些庸俗的东西,贴近中不能丢掉责任。

帝王剧的编导们以"戏说"的方式让我们从一个不同的角度重新思考意识形态性与客观性的关系,虽然他们市场运作中的意识形态与马克思主义唯物史观相去甚远。任何历史认识都有其现实性。当代许多史学家都很强调历史认识的现实性。法国年鉴学派的著名代表布洛赫就说:"史学的主题就是人类本身及其行为,历史研究的最终目的显然在于增进人类的利益。"①

他所说的最终目的正是历史的现实性,而且这一现实性是指内容上的现实性,即在历史认识活动中体现为现实服务的目的。这个现实性与历史认识的客观性究竟是什么关系? 在这个问题上,从历史上看,起码有以下几种观点:

1. 以现实性吞并客观性

这种观点认为,研究历史、认识历史的目的都是服务现实,它

---

① [法]布洛克《历史学家的技艺》张和声、程郁译,上海社科院出版社,1992年版,第12页。

是否具有客观性是无关紧要的,客观性也不是其本质特征。美国 20 世纪的所谓现代主义史学流派就是这种主张。

2. 以客观性排斥现实性

这种观点把现实性与客观性绝对对立起来,认为历史学的任务和目的只有一个,那就是追求客观性,追求唯一的历史之真,如果研究者在其中夹杂服务现实的意识,那只能损害客观性。

3. 把现实性与客观性融为一体

伽达默尔的"视界融合说"就是这种观点的典型体现。他把历史认识看成一种生存方式,是在理解历史现象中达到天人合一的生存方式。

4. 把现实性与客观性外在地联系起来

这种观点认为现实性和客观性都是历史认识的特征,但它们并没有本质上的联系,一方面追求客观性,另一方面则对获得的客观性成果片面地与现实的某种需要相联系,以达到不可告人的目的。

5. 现实性与客观性的辩证统一

这是马克思主义的观点。马克思主义不回避社会历史认识的现实性,相反,它要求历史认识者自觉意识到现实性,而现实性就是客观性认识在现实中的运用和体现。某些情况下客观性为现实提供借鉴和证据,某些情况下总结客观规律为了更好地认识现实,有些情况下直接为现实决策服务。无论何种情况,服务于现实的价值目的必须是根据客观性认识并以客观性认识所能逻辑地引出的结论和所能运用的范围为界限,不能不顾客观性认识的许可而胡乱体现其现实性。

比较而言,在历史认识的任务和目的之间,任务即客观性是第一位的,它是历史认识之为历史认识的标志,而现实性则是历史认识的重要特征,它反映认识者以其特有的方式在从事现实的实践活动。

而现实性的重要体现就是意识形态性。意识形态性在这里有双重含义,一是站在特定历史时期的某个阶级阶层的立场上对历史认识对象进行考察;二是根据这种价值立场进行自觉评价。这两种意识形态性需要分别对待。第一种意识形态性在发挥作用时要与客观性兼容,也就是说它不能不顾客观事实随意借题发挥,以免损伤历史认识的客观性。第二种意识形态性,如果是正确合理的,则它本身就是客观性的一部分,与客观性构成整体与部分的关系并受客观性的制约。意识形态本身其实也有合理和不合理之分,合理的意识形态有助于人们获得客观的历史认识,不合理的意识形态对历史认识的客观性造成消极影响,帝王剧所持的意识形态其实就是一种不合理的、媚俗的意识形态,以收视率的幌子掩盖了其中的消极因素和恶劣影响。

客观性与现实性的论辩启示我们:对历史的认识和对历史的价值评估是完整历史研究的两个不可缺少的方面。认识历史确实不仅单纯为了弄清过去曾经发生的种种事情,还为了探究过去的事情对现在社会进程的影响。后者就是对历史事件社会价值的评估。一方面,过去的事情是编导们尤其是帝王剧的编导们关注和研究的对象,只有从中找出这些事实的历史意义,这种关注和研究才不至于停留在玩味古董的水平。另一方面,历史意义又不是外在于历史事实的强加之物,只有把对价值的评估和对过去事实的认识结合起来,才构成完整的研究过程。只要不是与历史无关的虚拟存在,编导们的戏说不能不有所限制,帝王热不能不有所降温,国家广电总局等有关部门不能任其招摇过市、扰乱视听。消极的意识形态如果一直占据文化传播的主阵地,那么合理的意识形态就没有办法深入人心。更值得注意的是:谎言重复一千遍就变成真理的神话,在意识形态传播领域并非天方夜谭。一旦非历史的心态通过造势、阐释、强化、巩固,变成文化生活的一部分,再去改变它就太晚了。对此我们应有清醒的认识。

第三部分 "后现代在中国"、
"中国后现代"
及其逆向启示

"无厘头"现象、"戏说"热和躲避崇高的文学思潮,其实都只是中国后现代主义的一些感性外观,在初步地了解这些现象及其产生的负面影响之后,还很有必要对中国的后现代语境进行分析,因为中国的后现代语境对深化认识现代性意义上的历史真理和社会信念,推动更为有效的主流意识形态传播,还具有逆向启发价值。一般人们理解中国后现代语境,主要是从"后现代在中国"这个意义上进行的,其实"后现代在中国"与"中国后现代"是两个不同的概念,尽管实际上难以避免两者之间的交叉和借用。"后现代在中国"简而言之是指中国学者对西方"后现代主义"文艺作品、思潮和理论的转述。稍稍广义一些,"后现代在中国"还包括对当代西方"后工业社会"的生活方式和文化心理结构的一般性介绍。这种介绍和转述,可以看成是我国 20 世纪 80 年代出现的"现代主义"思潮的继续,目的无他,就是争取与西方发达资本主义国家尽量同步(或接轨)。从这个意义上看,"后现代在中国"是学院派的,只在很小的圈子里行走,终究有局限。但弄到"无厘头"们对此津津乐道,王朔们也耳熟能详,毕竟说明"后现代"还是反映了一些现象世界的真实性。它与中国经济的日益国际化这一大的物质背景联系在一起。因此虽然是学院派的"后现代",我们也不能忽视其作为一种当代中国社会的意识形态的地位和可能有的力量。

20 世纪 90 年代以来,中国社会的经济基础、生产方式、消费结构、社会心理发生了深刻变动。资本、信息和市场的日益国际化是不争的事实。这个物理意义上的事实使"后现代在中国"向"中国后现代"转化成为可能。学院派的描述成为更多的大众对自身历史和社会境遇的意识并非天方夜谭,因为社会转型的深刻性是学院和大众都感同身受的。与"后现代在中国"相比,"中国后现代"是一个模糊得多的范畴,因为模糊而留白,具有更多的理论潜力和空间。"中国后现代"看问题的角度与"后现代在中国"至少在侧重点上有差异。它不仅仅把中国看成是全球性"后现代"历史阶段及其文化的消费者,同时也看成是边界和内含尚不确定的巨大历史变动的参与者和新社会文化形态的生产者。中国的经济改革(比如不同所有制的混合,市场与国家间的重叠等)、政治体制(比如"一国两制"、基层民主选举)、社会形态、文学艺术风格都突破了经典"现代性"形态的框架（这个框架就包含历史真理和社会正义等确定性的范畴），有了一些微妙复杂的变化，这本身就为"中国后现代"准备了一定的土壤。只有在这个意义上，我们才可以理解：中国有大量的文艺作品和文化现象，即便按最拘泥的西方学院式定义，也符合"后现代"的戴帽标准。从各个不同层面上描述各个门类中的"中国后现代主义"从来都不是什么难事。尽管严格的、技术性较强的后现代主义理论话语基本上是西方理论的寄生物。所以也许更值得分析的还不是当代中国的文艺创造如何借鉴了西方后现代的风格和潮流，而是这些在西方转瞬即逝的风格和潮流如何通过"中国后现代"的表达而获得了它原本没有的历史价值。毕竟中国人谈后现代主义，不是为了满足这套理论话语的内在欲望，而是要对当前中国社会文化作出有效的分析，对自己所处的历史空间具备反思的能力。

而一旦我们把目光转向"中国后现代"，面对中国的具体现实，我们就会感到西方后现代主义理论的抽象性甚至空洞性。然而，这种抽象性、空洞性和不确定性也许正是我们探讨"中国后现代"的切实出发点。因为在中国，"后现代"首先是一套来自西方的话语系统。它所指涉的全球性的经济、政治、社会和文化状况同中国当前的社会变化有着远非直接、透明的复杂关系。它们必然要经受中国现代性的特殊经验和既成体制的筛选和制约。在此，中国革命和社会主义不仅仅是全球资本主义体系的"不均衡发展"的结果，同时还是对这种体系的抵抗和挑战。其次，后现代主义全面置疑以西方为中心的"现代化"（工业化，都市化）和"现代性"（启蒙、理性化、民族国家等），更对帝国主义、殖民主义、男性中心主义这些内在于西方资本主义历史的价值观念体系大加挞伐，但这种当代西方知识分子针对现代西方传统的批判并不能代替中国（或任何非西方）知识分子自身的文化、政治和意识形态立场，更不能被当作思考本国社会经济政治文化前途的现成答案。因此，在中国语境中，"后现代主义"目前只能是一个过渡性的、开放的符号。也就是说，"中国后现代"毕竟生存在现代化事业未竟的中国，谈论的也不是什么东西已经过去了，而是什么东西随着一系列"放之四海皆准"的教条、定律、规范、标准、等级和历史阶段论的动摇或失效而出现在我们的视野中,比如:多元化、消费主义、"无厘头"等等。"中国后现代"包含的还不完全是"历史业已终结"或"一切新事物早已被试过"这样的世纪末的消极颓废和玩世不恭,而是一种对正待展开的历史的期待,一种对"此地此刻"的投入,一种对多元可能的肯定,尽管期待中有疑惑,投入中有茫然,肯定里有不稳定的情绪。由此可见,"中国后现代"与经典的现代性之间实际上存在着一种既合作又冲突、既认同又颠覆的关系。在对这个问题的认识上不能"一根筋"。目前,中国后现代的理论表述也许还失于粗疏,但它却传达出一个重要的社会价值观和文化取向上的变化:大众消费文化的兴起在国家与社会、日常生活领域和精英文化领域、公共空间与私人空间、国内主流意识形态与国际主流意识形态之间营造了一个新的文化和意识形态的中介面。它的种种表象和话语为当代中国人提供了个人想象和集体自我形象的氛围。这个氛围既是商品化和全球化的产物,又反过来在商品、资本、国家和国际意识形态主流之间创造出一个吸纳吞吐的场所。

这个中介面的特点与 20 世纪 80 年代现代主义思潮并不完全相同。后者的政治经济学基础和社会意识形态前提来自国家推动的改革,也可以认为来自改革中的国家体制。尽管国家权力系统和知识分子阶层之间存在着矛盾(这种矛盾和差异往往被似是而非地描绘成"左与右"、"官方与民间"的冲突),有时甚至形成激烈冲突,但国家威权与知识分子在其中的相互依赖却是根本性的,这也是当时社会共识的基础。而 20 世纪 90 年代以后的"中国后现代"基本上是反精英的,反映了现代性精英集团(国家权力及依附于它的知识分子群体)同兴起于市场和日常生活领域的无名的消费大众之间的紧张关系。从其所反映的紧张关系中我们也许可以粗略地认为:"中国后现代"客观上提出了当代中国的文化民主问题。主流意识形态的传播将不得不面临文化民主的时代特征和内在要求。

另一个值得注意的问题是:正因为"中国后现代"是在中国现代化事业未竟之时出现并产生影响的,所以它本身与现代化、现代性存在着不可分割的联系,而西方后工业化阶段的矛盾和问题在中国也初露端倪,这一方面可以使我们惊醒,努力避免重蹈覆辙,另一方面,我们又容易被西方的所谓灵丹妙药迷惑,弄不好别人的良方可能就是自己的毒药。要把现代性与后现代的任务毕其功于一役或分阶段完成都是比较困难的。也许"中国后现代"问题的出现本身就包含了双重的历史意味:它一方面表明"现代性"过程在中国还远没有完成,还将以不同的形式反复地回到我们面前;另一方面,它也暗示,中国现代性一定程度上的展开正是"中国后现代"问题存在的客观条件,而在此条件下出现的"中国后现代"必然包含了对现代性经典理论的再思考和"重读"而非彻底否定。也必然包括对现代性的客观现实的反省和批判。

如果以这样的价值观面对"中国后现代",那么漫画《论语》,大话《西游》,戏说乾隆,"搞笑"诺贝尔奖金,"交配"鲁迅小说中的人物,以及王朔的"痞子文学"和"无知无畏"的文学批判等等都不妨看作对现代性经典理论的"重读"和对现代性实践的"批判",这种重读和批判其实还是以内心对经典现代性绝望中的希望为依凭的。如果已经一无所凭,那么批判的犀利锋芒和重读的勇气都将不存在。"中国后现代"的合理性也许就是这样嵌入现代化进程中的。其批判精神对中国现代化事业的发展有一定的约束意义。当然,肯定中国后现代的合理性和解毒意义决不意味着无视其负面影响。"中国后现代"对真理、进步等价值的否定,确实会导致相对主义、怀疑主义和虚无主义。在20世纪90年代初对崇高、道德、理想极力否定的喧嚣声中,在以君子为耻、以痞子为荣的价值颠倒的恶浪中,某些中国后现代的极端主张就曾起过推波助澜的作用。但我觉得在目前的情况下,我们有必要从技术和策略层面更多的重视"中国后现代"对经典现代性理论的重读技巧和思路拓展,恰恰这一点可以从细节上对主流意识形态的研究和宣传工作具有启发意义。从这样一个角度出发,中国人民大学杨念群的文章《"后现代"思潮在中国——兼论其与20世纪90年代各种思潮的复杂关系》中叙述的多学科视野中"中国后现代"的分析不无启发。

在他看来,"中国后现代"的思想表述总是与某种特定的理论形态纠缠在一起,这就使得我们无法孤立地把它从各种不同的思想形态中剥离出来单独进行评价和审视,因此对"中国后现代"思潮的研究和把握,就不可能是一种边界清晰、内涵明确,具有规范意义的独立思想形态的研究,而必须把它放在 20 世纪 90 年代形形色色的多元思想脉络中加以把握,从多学科视野中去分析问题。

中国文学界是借助"东方主义"叙事获得"后现代"话语表述的优先权的。其论说焦点始终定位在如何区分西方对东方民族的"他者化"想象,以及中国思想界如何设计出可以替换此种想象的各式"民族主义想象"。所以文学界发生的各种所谓"后现代"论说,大都关注的是中国与西方在互动过程中的跨文化临界状态,基本上无法回答中国内部如何应对现代化的制度挑战等问题。

中国史学界所涉及的"后现代"问题正好与此相反,其关注点并不聚焦于跨文化意义上的解读,而是把主要精力用来探讨中国历史所应呈现出的某种"前现代"状态。他们的基本判断可以表述为:现有的历史解释基本都受到现代因果关系叙事与线性进化史观的影响,使我们无法知晓历史在某一特定时间内的真实状态。"后现代"史观的任务就是要割断进化史观人为搭建的前后衔接的连续性解读路径,而是选取某一段历史场景,尽量设身处地在那特定的历史脉络中评估其可能造成的影响,这样一来,各种历史现象的出现变得只具有某种"阶段性"和暂时性的意义,而并非扮演着衔接前后相续之历史链条的粘合角色。因此,历史界借用的更多地是某种特定的"后现代方法",或者其"后现代"表征更多地体现在具体研究的叙述过程中,而不是像文学界那样体现在自我标榜出的所谓"后现代"是什么"主义"之类的争辩姿态中。这样的"中国后现代"方法就不完全是无稽之谈。

要凸现历史在某一特定时段的独立状况,就仍然无法回避对传统的重新理解。无论从什么角度进行考察,中国后现代思潮的形成均以对"传统"(某种程度上历史真理和社会信念正是经典现代性的传统话语)在当下生活中的位置的理解有关,同时也与如下问题是否能得到合理解答有关:即"传统"在中国社会生活形态发生剧烈变化的现实处境中到底有何种作用。在后现代史观看来,

20 世纪 80 年代的历史观是现代化论支配下的独断性解释,这个解释建立在以下的论断之上:中国实现现代化的程度必然与对传统清算的程度成正比关系。这种对传统与现代化关系的简化处理在 90 年代初即遭遇尴尬,因为"传统"被现实变化检验以后发现并非可轻易彻底清算,现代化的动机自然立刻遭到了质疑。90 年代改革实践有悖于上述独断论逻辑的现象还表现在:中国现代化程度越高的地区,某些"传统"复兴的速度反而越快。比如某些乡村地区的宗族、祭祀制度的大面积复苏,就与现代化程度构成了正比关系。当然这种所谓"复兴"不是简单地向过去形态回归,而是与现实的政治控制策略和市场经济的发展存在着十分复杂微妙的纠葛关系。对这种纠葛关系的分析显然不是 80 年代粗糙简单的现代化命定论式的研究所能胜任的。

人类学中的后现代方法正是从改变视传统(特别是乡村传统)为社会发展之障碍的旧有观念格局开始产生影响的。人类学介入历史研究最初有些自身发展与变革需求的考虑,其目的是改变以往只注意阐释共时现象而忽视时间流程对社会变化的影响的偏向,力求使立足于现实生活的田野调查增加历史感,但这种学科内部的自我调整至少在两个方面深刻影响了历史研究在 20 世纪 90 年代的转向:一是不再囿于思想或观念史的范围内奢谈"传统"的功能,而是把传统置于基层社会组织与日常生活的实际运作中加以考察。二是在诠释何为"底层记忆"并与"民族记忆"做出区分的同时,更细致地梳理出了民众观念与政治意识形态之间复杂的张力关系,从而与文学界简单地借助民族主义话语取代历史与现实分析的姿态区别了开来。这两个方面都与广义上的"中国后现代"思潮有一定的关系。这种方法的调整和策略的改变提醒我们:从粗放型、独断型走向精细型和分类推进恐怕也是主流意识形态研究工作的现实走向。

另外,"地方史"研究的兴起也许与上述方法的调整和策略的改变有极为密切的关系。目前中国的"地方史"研究基本上受两个思路所支配,一个是国家-社会互动关系的模式;二是对"文化"作为传统象征资源如何支配基层社会生活的考察。前一个思路比较接近"现代主义"的思考模式,后一个思路就属于"后现代"思潮影响下的反应。国家-社会二元结构分析的导入源于对"市民社会"与"公共领域"等社会学理论的移植。这个理论被移用于中国历史研究的思考前提是:认定19世纪以后中国某些城市已出现不同于传统的"社会组织"萌芽,成为发展现代化的有效空间,这些空间与政府官僚制度制约下的社会运行机制颇为不同。其着眼点仍在于力求发现和证明中国早已出现自有的类似"现代化"的因子,这类因子的出现并不依赖于西方的赐予。国家-社会的二元分立框架拓宽了政治史研究的内涵,尤其是促成中国史界摆脱了长期以来仅仅以上层官僚机制运作的研究取代对下层社会组织的观察这一传统的取向。不过对此框架的使用总是难以避免过度机械移用西方社会理论的质询,尽管很多移用此框架的研究一开始总是预先声明自己要进行"本土化"的尝试,但仍难免使用官方-民间、主体-附属这样简略的划分来勾勒中国现代社会的面貌,所以其论述框架基本是在现代化论的变通范围之内,这与人类学家对历史的关注点显然大有差异。

　　而中国的一些人类学家恰恰是通过对基层传统运作机制的再发现,以挑战西方命题所规定的现代化道路的唯一性论述,其阐述理路并非要争夺现代化要素在中国历史中是否早已存在的历史优先权,而是要论证"传统"作为某种符号和象征的存在完全可以在现代化线索的命定式控驭之外对社会生活起着至关重要的支配作用。因此,"象征人类学"一度在中国研究中扮演着相当重要的导引角色。而中国大多数历史学家却恰恰把对"传统"的关注仅仅与中国社会实现现代化的程度联系起来,其区别仅仅在于当代中国史家虽然承认"传统"不应仅仅作为政治现象解释的附庸,但仍并没有把"传统"的作用与反思政治对它的支配过程区别开来加以独立对待,这正是中国史家较容易接受国家-社会模式的潜在思考背景。

　　"象征人类学"的思考进路与传统"地方史"研究的区别在于,传统的"地方史"研究往往脱胎于"现代化叙事",其研究指向是反对仅仅在宏观层面上解释现代化的进程,而并非要质疑现代化叙事的合理性。"地方史"的认知前提在于：中国幅员辽阔，历史情境复杂多样，仅仅在大叙事中解读其变化多端的整体状态是不够的，应该把它置于相对狭小的地方单元中加以把握。然而"地方史"的总体逻辑仍遵循现代化叙事下对民族国家即有权力支配关系的认同。而"象征人类学"则希望从根本上质疑民族国家所采取的现代化策略，或者通过强调地方文化在历史与现实中的正面作用而颠覆现代化仿佛不言自明的正当性逻辑。所以其研究取向即使并非严格意义上的"后现代"范畴，至少也受到了"后现代"思潮的强烈影响。

中国社会学界接受"后现代"思潮的影响在"口述史"研究中表现得最为明显。一些社会学家曾制订了庞大的研究计划，准备对中国20世纪50年代开始的土改运动进行广泛深入的口述采访，借以分析其与主流叙事不同的更深层的"异类"表现形态。在访谈过程中，他们十分注意区别普通民众对一些"历史记忆"的删除，与"国家记忆"对民众思维的塑造这两个不同的方面，重构了国家意识形态与民间社会实际的互动场景。"口述史"研究者注意到，在土改过程中"诉苦"与"权力实践"之间所达成的一种政治意识形态的规训关系是如何改造基层民众的日常生活态度与感觉，并为新社会秩序树立其合法性的。这似乎比"革命史叙事"仅仅从政治翻身为民众带来物质利益的角度所进行的教科书式书写更有说服力。

另一方面，"口述史"着重处理的另一个主题是这种"权力"如何在民间"历史记忆"的细流中被慢慢消解。如此理解无疑受到了后现代思潮的影响，即强调传统中相对不可改变的部分如何持续抵抗着现代化的普遍有效性。从表面上看，这个研究路径颇类似于"象征人类学"对"传统"的阐发态度，然而两者的差别在于口述史更注意对"记忆政治"的观照，更多地渗入了对政治与民间日常生活互动关系的分析，"政治"成为相当独特的对记忆进行筛选与遗忘的干预因素。

在对民间记忆的考察中也存在不同的研究路向，一类研究更倾向于"政治事件"对民间记忆的塑造过程及其支配性影响。另一类研究则更强调政治控制与历史记忆相互纠缠运作的复杂意义和关系。尽管有认知形式上的差异,这两种研究路径在反思批判现代国家政治权力对中国社会的渗透过程方面,均有异曲同工之妙。

零零星星散布于社会学、人类学和史学之间的对传统社会中民众记忆与日常生活进行复原式寻究的动向,多少折射出了一些"中国后现代"的批判能量和精细追求。尤其是这些研究所细腻揭示出的政治意识形态对民众认知体系的塑造过程,开启了既超越"革命史叙事"又超越"现代化叙事"的历史解释新框架的可能。这些内容对深化历史真理和社会信念的认识无疑具有启示作用。

通过上述挂一漏万的分析,我想在"后现代语境中的历史真理与社会信念"这样一个大标题下至少可以有这样几点不算严格意义上的结论:

(1) 后现代语境虽然以反叛、解构、平面化的面目出现,略显理论准备的仓促,但是它逐步渗透和影响的学科研究方向和价值转向却可以使我们学到防止主流意识形态空洞化的技艺。同样一个主题,同样一个词语,同样一种思想,叙述的技巧,言说的方式,可以多种多样,究竟哪一种效果更好,这里面有一个最优化过程。价值观正确、合理、科学固然重要,但传播的技艺也很重要,否则也会产生糟蹋好东西的罪过。我们的主流意识形态宣传中的军事化语言和工程类术语的超长运用就是一个很大的问题。在和平年代,哪来那么多阵地? 堡垒? 主战场? 攻坚战? 夺取最后的胜利? 到处是工程,到处是硬邦邦的语言,哪有春风化雨润物无声的效果? 连佛经上都"倡导"说"软语"而非"妄语",我们的思想宣传工作必须具有它的艺术性和人文特点,最起码做到语言传达上的艺术性。

(2) 后现代语境中的历史真理和社会信念本身是历时态和共时态的统一,不能把它们直接混同于事物的性质。作为经典理性主义坚持的认识论和价值观,遭遇时代和言说方式的挑战不足为怪。但另一方面,作为感性实践活动的精神成果,历史真理和社会信念又可以构成一个脱离现实事物和实际世界而自行繁衍生殖的世界。这个世界所具有的可能性和神秘力量令人惊叹。而中国文化过分强调理论联系实际,特别是在后现代语境中,过于重视现实的可能性,忽视逻辑的可能性,经常轻视和贬低"无用"的历史真理和社会信念。逻辑、规律等等敌不过人事经验、现实成败。虽然历史真理和社会信念形成的基础确实是生活实践,但是如果简单地将他们作实体化理解就成问题。将主观的辩证认知当成客观事物的"必然规律",就会制造许多"先验幻相"。历史真理和社会信念作为认识论和价值观都是人类处理事物的立场、观点和方法,而并非事物或对象本身的性质,也就是说它们不能实体化、存在化。这一点,恐怕在理论界和宣传领域还没有引起足够的重视。

（3）主流意识形态研究、宣传中也要注意借鉴宗教传播的一些具体方法。即使从历史真理和社会信念的非逻辑的层面来看,后现代语境中毕竟还有无法抹杀、不能消解的内容。在后现代思潮的影响下,作为绝对、独尊意义上的价值和真理被嘲笑、冷落乃至否定,相对主义是随风飘扬的旗帜。但相对本身无法一直相对下去。是人,毕竟还得有希望,这是心灵有所依凭的根本。约伯的信心前面没有福乐作诱饵,有的倒是接连不断的苦难。这些无尽的苦难曾使约伯的信心动摇,他忍不住质问上帝:作为一个虔诚的信者,他为什么要遭受如此深重的苦难？但上帝仍然没有给他福乐的许诺,而是谴责约伯和他的朋友不懂得苦难的意义,上帝的意思是:威力无比的现实,这就是你要接受的全部！这就是你不能从中单单拿掉苦难的整个世界！约伯于是醒悟。不断的苦难才是不断需要信心的原因,这是信心的原则。倘若预设好哪怕一点点福乐,信心就容易蜕变为贿赂,难免与行贿同流。上帝终于还是把约伯失去的一切还给了约伯,终于还是赐福给了这个屡遭厄运的老人。关键在于那不是信心之前的许诺,不是信心的回扣,那是苦难极处不能消失的希望！上帝不许诺光荣与福乐,但上帝保佑你的希望。命运并不受贿,但希望与你同在,那就是信仰的真意,也是信者的路。这样的寓意,我们的意识形态研究和宣传中也是十分需要的,灵魂的事应该从灵魂的需要出发。

参考文献：

1. 杜赞奇:《文化、权力与国家——1900-1942 年的华北农村》,江苏人民出版社,1996 年版,第 4—5 页。

2. 参见方慧蓉:"'无事件境'与生活世界中的真实-西村农民土地改革时期社会生活的记忆",载杨念群主编:《空间 记忆 社会转型——"新社会史"研究论文精选集》,上海人民出版社,2001 年版,第 467—586 页。

3. 郭于华、孙立平:"诉苦:一种农民国家观念形成的中介机制",中国需要什么样的新史学:纪念梁启超《新史学》发表一百周年学术讨论会会议论文。

4. 如应星:《大河移民上访的故事:从"讨个说法"到"摆平理顺"》,三联书店,2001 年版。

5. 汪晖:《当代中国的思想状况与现代性问题》,收入《死火重温》人民文学出版社,2000 年版,原载 Arif Dirlik and Zhang Xudong ed. , Postmodernism and China, Durham and London: Duke University Press,2000.

6. 李泽厚:《实用理性与乐感文化》,三联书店,2005 年版。

7. 史铁生:《灵魂的事》,百花文艺出版社,2005 年版。

8. 杨念群:《后现代思潮在中国——兼论其与 90 年代各种思潮的复杂关系》,载《开放时代》2003 年第 3 期。

9. 高少星、万兴明主编:《无厘头啊无厘头》,中国电影出版社,2002 年版。

10. 李泽厚:《历史本体论》,三联书店,2002 年版。

11. Aaron I. Gurevich, The Double Responsibility of the Historian, Diogenes, No. 168, Vol. 42/4, Winter, 1994. 参见余英时:《现代危机与思想人物》,三联书店,2005 年版。

12. 史铁生:《灵魂的事》,百花文艺出版社,2005 年版。

13. 尼采:《历史对于人生的利弊》,商务印书馆(中译本),1998 年版。

14. 《马克思恩格斯选集》第 2 卷,人民出版社,1995 年版。

15. 《历史学家的技艺》,张和声、程郁译,上海社科院出版社,1992 年版。

16. 韩震:《西方历史哲学导论》,山东人民出版社,1992 年版。

17. 袁吉富:《历史认识的客观性问题研究》,北京大学出版社,2000 年版。

18. 彭卫:《穿越历史的丛林》,三联书店,1997 年版。

www.ingramcontent.com/pod-product-compliance
Lightning Source LLC
Chambersburg PA
CBHW050348270326
41926CB00016B/3643